贵州师范大学文学院
2016年硕博学术论文报告会论文集

贵州师范大学文学院◎编

西南交通大学出版社
·成都·

图书在版编目（CIP）数据

贵州师范大学文学院 2016 年硕博学术论文报告会论文集 / 贵州师范大学文学院编. —成都：西南交通大学出版社，2018.1
ISBN 978-7-5643-5915-7

Ⅰ. ①贵… Ⅱ. ①贵… Ⅲ. ①汉语–语言学–文集②中国文学–文学研究–文集 Ⅳ. ①H1-53②I206-53

中国版本图书馆 CIP 数据核字（2017）第 289593 号

贵州师范大学文学院 2016 年硕博学术论文报告会论文集

贵州师范大学文学院　编

责任编辑	吴　迪
助理编辑	王　硕
封面设计	严春艳

出版发行	西南交通大学出版社 （四川省成都市二环路北一段 111 号 西南交通大学创新大厦 21 楼）
邮政编码	610031
发行部电话	028-87600564　028-87600533
官网	http://www.xnjdcbs.com
印刷	四川煤田地质制图印刷厂
成品尺寸	185 mm×260 mm
印张	13
字数	297 千
版次	2018 年 1 月第 1 版
印次	2018 年 1 月第 1 次
定价	48.00 元
书号	ISBN 978-7-5643-5915-7

课件咨询电话：028-87600533
图书如有印装质量问题　本社负责退换
版权所有　盗版必究　举报电话：028-87600562

目录 ‖ CONTENTS

博士组

英语世界女性主义批评现状探视…………………………王秀花　林树明 / 003

大赋铺陈程式的祖述生成……………………………………………何　凯 / 013

虚字用弃：主情向铺陈的转变………………………………………汤仕普 / 023

多维向度下的心灵变奏………………………………………………张挺玺 / 031

鲁迅作品在越南的转播与影响研究…………………………………阮秋江 / 037

抗日语境下民族意识的另类建构
　　——以郭沫若历史剧《孔雀胆》为例……………………………杨　洁 / 043

硕士组

山歌《好花红》的流变与布依族身份认同的建构…………………罗太颖 / 055

《西游记之大圣归来》成功逆袭的"原力"探究……………………蒋　燚 / 065

南朝咏雪诗赋比较谫论………………………………………………马　言 / 072

唐代宵禁制度与唐传奇的时空构成…………………………………梅　雪 / 081

刘禹锡谪居心态流变论………………………………………………孙语林 / 090

朱熹校勘学的方法论…………………………………………………马瑞梅 / 100

雁赋主题流变论………………………………………………………赵金平 / 105

论郑珍《汗简笺正》的文字学价值…………………………………花友娟 / 114

苗语固有词与汉语借词的结构差异
　　——以贵州省松桃县苗话为例……………………………………田再时 / 132

《说文解字注》"浅人"说辨析……………………………薄路萍 / 147

揣测副词"敢是""怕是"的比较研究……………………魏　雪 / 156

鲁迅一生的漫画情结与作品中"漫画"特点………………王祝婧 / 165

由内而外的心灵触动
　　——论杨启刚诗集《遥望家园》与《打马跑过高原》…………黄梦芸 / 172

诗意乡村的溃散
　　——《百鸟朝凤》解读……………………………………徐　成 / 182

构建高考语文写作测试中的模糊评估体系…………………夏　雪 / 190

文学视域下的梵净山佛教源流考……………………………谢慧文 / 196

后　记………………………………………………………………………203

博士组

英语世界女性主义批评现状探视

王秀花　林树明[①]

【摘　要】 21世纪以来，西方女性主义文论在理论发展和批评实践等方面有不少变化。一方面，后女性主义阵营并非铁板一块，有的也表现了对第二波女性主义的理解与同情及对男性中心主义的批判；同时，老牌的女性主义者仍持守女性主义立场，不懈地对父权制进行解构。女性主义批评还呈现出互渗性、包容性及机构化等特点。

【关键词】 女性主义批评　两性平等　互渗性　包容性　机构化

当下，国内女性主义文学批评方兴未艾，呈现出持续而多元的发展势态，但对英语世界女性主义批评现状却少有人涉及。本文扼要讨论其特点，为国内女性主义文学研究提供借鉴。

一

20世纪90年代兴起的一些后女性主义（postfeminism，又称第三波女性主义）者对70年代的第二波女性主义浪潮进行了否定，其负面宣传使女性主义四面楚歌，一想到"女权"，有些人脑海里浮现出来的便是烧胸罩、裸上身游行、仇视男人和孩子的剩女形象。

1998年6月，《时代》周刊发出了"女性主义死亡了吗？"这一质疑，并配以贝蒂·弗里丹（Betty Friedan）等和《律政俏佳人》中艾莉·迈克比尔的四个鲜明对比的头像来彰显"女性主义已变得蠢不可及"[1]，已成为"失败"的代名词。早在80年代，初见端倪的"后女性主义"思潮就受到了媒体关注。代表人物苏珊·弗拉迪（Susan Faludi）、瑞尼·丹弗尔德（Rene Denfeld）、克里斯提娜·霍夫·索莫斯（Christina Hoff Sommers）、劳米·伍尔夫（Naomi Wolf）、卡

[①] 作者简介：王秀花，贵州师范大学文学院博士生，山东科技大学讲师。
　　林树明，贵州师范大学文学院教授，博士生导师。

米拉·帕歌利亚（Camille Paglia）等发表了众多诟病第二波女性主义者的言论。她们宣称，传统的女性主义过分强调并夸大了女性作为"牺牲品"和"被迫害的女性"的维面，女人不必斗争，在既定秩序内享受差异即可，也不必属意政治，嘲笑"个人的就是政治的"等口号。弗拉迪抨击女性主义是虚伪的，正如"披着羊皮的狼"。丹弗尔德也在《新维多利亚人：一个青年妇女对旧女性主义规则的挑战》（The New Victorians: A Young Woman's Challenge to the Old Feminist Order，1995）一书中说："这些极端主义者以女性主义之名发动了一场道德和精神运动，这将把我们带回到比母辈更糟糕的日子，回到19世纪关于妇女性道德、精神贞洁和无缘政治的价值观。在有力的号召和确切的理由下，今天的女性主义也将会制定出类似一个世纪前的角色：道德纯净却无能为力的殉道者。"[2]索莫斯在《谁偷走了女性主义：女人自我之叛》（Who Stole Feminism? How Women Have Betrayed Women，1995）中宣称，女性主义者对男人的憎恨使女性主义的构建误入歧途。

对于这种思潮，国内不少学者坦言，英语世界的女性主义批评已鸣金收兵，其批判锋芒消失殆尽，我们的女性主义批评也应该随之转向。其实并不尽然。

第二波女性主义批评浪潮并未偃旗息鼓。女性主义理论的代表者贝蒂·弗里丹、G·葛瑞尔（Germaine Greer）、苏珊·格芭（Susan Gubar）、桑德拉·吉尔伯特（Sandra M. Gilbert）、G·斯皮瓦克（Gayatri C. Spivak）和托莉·莫伊（Toril Moi）等人依然旗帜鲜明地坚持女性主义立场，批判男性中心主义，坚持平等也强调差异。本世纪初，弗里丹好像与她早期的立场不同，提出了妇女"回归家庭"的主张，称女性走出家庭工作是女权运动的第一阶段，接下来，女性亦可选择与男人一起回归家庭，但在这种自由选择中女性并未丧失自我，是妇女主体地位的全面提升。家庭并非是反抗之音的"消声器"，故其本质上仍在强调女性的独立性。肖瓦尔特回顾了18世纪以来主要的女性主义知识分子玛丽·沃斯通克拉夫特、夏洛特·帕金斯·吉尔曼和卡米拉·帕格利亚等人的贡献，出版了"现代女性主义的文学地标"式的论著《发现自我：女性主义知识分子的传统》（Inventing Herself: Claiming a Feminist Intellectual Heritage，2001），描绘了这些妇女在曾面对工作、旅行、思考、爱甚至死亡时的想法，认为每一代冒险的妇女共同创造了一个史诗般的历史——这不是一部完美女人的历史，而是真实的女人们，甚至是经历了错误和悲剧的女人们鼓励指导着当今的妇女们继续创造自我的光荣史。曾出版过著名女权论著《女宦官》（The Female Eunuch，1970）的葛瑞尔也指出，后女性主义只不过是一种市场化现象，是跨国公司推销涂料、春药、美容及方便食品等的阴谋，"我们被告之未来是女性的，而女性主义在为这一目标而努力后，现在得滚蛋了。如果说女性主义是长发、戴长耳饰的、衣着朴素的女性，那么后女性主义就是衣着正式、浓装艳抹的女性。后女性主义就是爱卖弄的、行为不检的荡妇"。"如果你像我一样坚信，成为一个女性主义者使你明白,在作为任何一个种族、国籍、民族及家庭的成员以前,你首先是一个女人,那么,由西方霸权而导致的大多数女性的政治地位及经济实力的崩溃的直接后果也将波及到你。"[3]格芭宣称,诸多问题依然存在,如家庭暴力、女工低酬、性别歧视,在这种状态下宣布"女性主义已死"是多么令人焦虑。在《真正的忏悔:女性主义教授校园外的故事》(*True Confessions: Feminist Professors Tell Stories Out of School*, 2011)中,她从历史方面回忆了六七十年代早期的女性主义者所遭遇的挑战和女性主义建设的学科化过程,强调生理性别自始至终是社会性别,女性主义作为一种实践与话语实质上就是女性认同的构造与重建,必须持之以恒。吉尔伯特也表达了对女性主义发展的担忧:"因为对整体现实世界的隔离和对学术团体的推崇,我们的同事脱离了与现实的联系","这么多妇女的历史不能睡一觉就忘了,在真正的变化来临前,恐怕需要不断地发起意识革命。"[4] 2011年,吉尔伯特出版了《重读妇女:发现文学传统之三十年》(*Rereading Women: Thirty Years of Exploring Our Literary Traditions*),通过女性主义的视角重新检视了文学史,以夏洛蒂·勃朗特、艾米莉·狄金森和西尔维娅·普拉斯为例,探寻弗·伍尔夫提及的"文学之母"在写作和生活中的影响,回顾了自己作为女性主义者的成长轨迹,解释了性别和流派的研究方法,并描绘了在伊丽莎白·巴雷特·勃朗宁和乔治·艾略特文本中对母性的书写,回溯了六七十年代女性主义的重要性以及这些女性主义概念在新世纪的延伸,强调最重要的是"知识母亲"在今天应该如何塑造新的思想。斯皮瓦克也意味深长地说:"女性主义文学批评必须改变其孤立的状态,以足够的耐心和专注将一个拥有特殊自我意识的女性主义群体融入到主流中去。"[5] 2006年,她在北大的演讲中仍强调,殖民主义消失后,处于"底层"的妇女的处境依然很艰难,要为她们说话,让她们说话,这一工作远未结束。著名批评家莫伊在两次接受采访时皆认为,后女性主义是父权制的阴谋,为了让我们忘记女性主义批评而放弃为女性争取权利,但我们不能这样。直至当下,性别歧视并未销声匿迹,而只有当性别歧视结束之时,女性主义理论才会走到尽头。如今(至少在很多西方国家)女性主义是公认的学术生活的一部分。[6] 2014年3月,她受英国社会科学院邀请做了关于女性主义理论家西蒙·波伏娃的讲座,这是1914年以来英国社会科学院"思想精英"系列讲座中所出现的第二位女性。她指出:"西蒙·波伏娃的成就证明了文学和心理学为人类存在提供了必需的理解和女人在社会中的作用。当前,波伏娃关于人文和艺术的辩护比以往任何时候都更重要。"[7]继而,她在挪威颇具影响的新闻周刊《早报》发表了《性与赞美:美国校园中的性骚扰》(*Sex and Consent: about Sexual Assault on American Campuses*, 2014)、《禁忌之最:论莉娜·杜汉姆〈不是那种女孩〉》(*The most Taboo Thing: about Lena Dunham's Not That Kind of Girl*, 2014)和《女人会成为什么?关于生物、文化和性别差异》(—*What can Women Become?—(about Biology,*

Culture, and Gender Differences, 2015）等一系列文章来探讨这永久的话题, 即引起当代性与性别差异的原因,高举女性主义批判大旗。

与此同时,女性主义批评各流派如黑人女性主义批评、精神分析女性主义批评、第三世界女性主义批评、生态女性主义批评、女性主义叙事学、女性主义"后人类"(赛博空间)研究及女性主义生物学(考察人与动物的关系)研究等也有长足发展。这些内容将在下面的文字中有所涉及。

二

发展至当下,后女性主义也并非铁板一块。她们中的一些人汲收了第二代女性主义的成果,坚守女性的主体性这一女性主义基本立场,对男权秩序有所批判。

许多诟病女性主义的人也对同阵营的卡米拉·帕歌利亚提出了批判,如劳米·伍尔夫从九十年代就开始批判帕歌利亚,她在美国权威杂志《新共和》(The New Republic)中称其为"父权制的最孝女"[8]。索莫斯也认为卡米拉是"抵制女性主义的最强音"[9]并反对其参加布朗大学的论坛。在近著《自由女性主义:惊人的历史及其影响的今天》(Freedom Feminism: Its Surprising History and Why It Matters Today, 2013)中,克里斯提娜针对"女性平等是西方文明的巨大进步之一,但今天的大多数美国妇女却不愿成为'女性主义者'"这一现实,反思了这曾经在自由的历史上如此伟大的名词似乎已声名狼藉的现实,通过介绍女性主义发展史中被遗忘的女英雄如第一位女性主义哲学家玛丽·沃斯通克拉夫特(Mary Wollstonecraft)、18 世纪英国的宗教作家和慈善家汉娜·摩尔(Hanah More)和 19 世纪美国参政活动家弗朗斯·威拉德(Frances Willard),重新追溯了美国女性主义者们遗失的历史并论证了女性主义批评的现代转型。

后女性主义者对男权的批判典型地表现在新媒体领域。随着现代科技的发展,一些后女性主义者利用新媒体坚守女性主义立场,解构男权秩序。她们宣称,机器使女性在父权制中不可避免地成为为男性服务的群体,使其丧失自主权和自我意识。男性运用科技使其成为主导,因而女性也只有运用高科技去改变这个社会,运用虚拟空间去改变性别惯例。1985 年,唐娜·哈拉维(Donna Haraway)发表了《合成人宣言》(又将"赛博宣言"。"赛伯"是英文 Cyborg 的音译,意为"半机器人""合成人",Cyberspace,一般翻译为"虚拟空间"或"赛伯空间"),文章称 20 世纪下半叶人类已进入信息时代,多元、零碎的后现代主体已代替了界定明确的二元对分主体。合成人这一意象,可使人们走出二元论的迷津,呈现出充满活力的异质性。海拉威倡导"合成人写作",宣扬创造那种人/动物、实体/非实体、有机体（人、动物）/机器之间"疆界崩溃"的形象，让女性藉这种写作获取发言权，消解传统主流文化的压迫，并宣称"我们全都是合成人"。她进而论称合成人也有好坏之别，其判断标准是看其是否有女性主体意识："从某种观点看，合成人领域颇似网络对地球的控制，是占有女性身体的酷爱战争的男性，发动了星际防卫战；由另一视角看，合成人的世界与活生生的社会及肉体有关，人们不再恐惧与动物和机器的亲密关系，也习惯于分离、破碎的主体及矛盾的立场。"[10]哈拉维在2003年和2008年还分别出版了《陪伴物种宣言：狗、人和重要的他者》(The Companion Species Manifesto: Ldogs, People, and Significant Otherness)和《物种相遇》(When Species Meet)，继续探索人类与豢养物间的关系，如宠物、实验室里的动物以及被驯化的狗等，从哲学、文化和生物学等方面剖析人类、机器、动物、自然和文化之间的关联，解构男权秩序。帕特·卡迪根(Pat Cadigan)的小说《合成人》(Mind Players, 1987)较典型地表现了"宣言"的倾向。玛吉·皮尔西(Marge Piercy)的《他、她与它》(He, She and It, 1991)也运用了相同的策略。随着女性大众传媒制作者的增长，女性获得了更多有利的地位。哈拉维等人的理论及书写实践被视为后女性主义或女性主义第三波浪潮的重要部分。新的沟通技术和"赛伯空间"被广泛地视为为全球女性新盛世提供了广泛的机会，像妇女的纸质文学创作那样，网络文艺被抬高为提升全球妇女意识的有效工具，妇女运用此非实体空间去改变和超越社会性别定性。

一些后女性主义者还强调了互联网技术的普及对女性解放的独特贡献。"我传故我在"，关于性别的刻版印象已受到无线传播技术的挑战。她们指出，由电信、交互通信系统和快速交通运输技术等支持的"流动空间"解放了普通妇女，使她们能在任何时间、地点保持与社会的联系，维系社交网络和组织家庭活动，帮助女性接触别人，更多地融入社会，同时又保有自己的独立性，消弥了性别差异。"从本质上看，移动电话的使用使男性将公共领域拓展为私人生活，而女性使用移动电话则为了将私人生活拓展为公共领域。"[11]"移动技术在女性中扩散的水平已赶上甚至超过男性。"[12]"互联网就是我的'女性奥秘'"，"互联网给了我们上一辈女性主义者所梦想的途径和新舞台，如果艾莉·迈克比尔的反性骚扰请愿书能早年诉至网络，我们无法想象会有多少支持者。性别不平等不应该作为一种生活方式被大家接受，女性主义绝对没有死亡，只是演变为其他形式的运动。网络女性主义是女性主义的未来，是用电脑和手机等作为'冲锋阵地'的时候了。"[13]

以上皆可说明新一代女性主义者正面临反思自身的性别立场的问题，女性主义文学批评在当下并不是像一些人所说的已缴械投降、发生了根本改变，而是在各种思潮并行不悖的状况下，持守着批判男性中心主义的价值底线。

三

女性主义的力量和生命力在于其多样性及现实针对性。那么，在新的社会环境及理论语境中，女性主义批评呈现了哪些新特点呢？

（一）互渗性

这主要是指各学科理论的相互渗透与借鉴。女性主义基础理论正有所复兴，在语言学、心理学、政治理论、社会学、视觉艺术及新媒体中寻求新的更宽阔的理论支撑。2014年4月在纽约召开的"汉娜·阿伦特/雷纳·舒曼纪念研讨会"上，以"女性主义研究：一个宣言"为中心议题，美国杜克大学教授莫伊、塔夫茨大学文理学术学院教授南希.鲍尔（Nancy Bauer）、纽约新学院大学的哲学家艾莉丝·科拉瑞（Alice Crary）、法国索邦大学的哲学教授桑德拉·洛吉雅（Sandra Laugier）等强调理论的"互渗性"，应从维特根斯坦（Ludwig Wittgenstein）、奥斯汀（J. L. Austin）和卡维尔（S. Cavell）的理论尤其是普通语言学中为女性主义理论寻找资源。语言学、后结构主义、精神分析学说等正成为性别诗学理论化的背景，为女性主义发展提供了新的视角。第一位把维特根斯坦思想与女性主义理论结合起来的是明尼苏达大学的哲学教授劳米·司格曼（Naomi Scheman）。她在《维特根斯坦的女性主义解读》（Feminist Interpretations of Ludwig Wittgenstein, 2002）中称："维特根斯坦让我们把语言回归到日常用法中，因为语言是各种生活中用来判断的标准；而女性主义理论正是对我们日常所言说的一种强烈批判，它准确地瓦解了生活中被认为理所当然的事物。维特根斯坦和女性主义者一样，不从自身起源的传统中找到'意义'，只有依靠其他的方式，如包括讲述日常生活中的故事、改变对'什么意义'和'什么'的认识来获得。对两者来说寻求基础是有困难的，但特殊判断的假定基础必然有话语特征并需要理解。对于女性主义理论，维特根斯坦建议回应现代主义理论模式和后现代主义之间的顽固较量。对于维特根斯坦，女性主义理论者建议他回应那些把他变成'普通'哲学家的人，一个对哲学问题可能提供了非传统解决办法的人。"[14]

后女性主义批评的领军人物朱迪斯·巴特勒（Judith Butler）的理论也典型地呈现出"互渗性"的特点。巴特勒在《性别麻烦》（Gender Trouble, 1990）、《激动的言说：述行政治》（Excitable Speech: A Politics of Performative, 1997）、《给人一个理由》（Giving an Account of Oneself, 2005）、《公共领域中宗教的力量》（The Power of Religion in the Public Sphere, 2011）等论著中宣称性别这一词语背后其实没有真正的性别身份，实际的性别划分只是一个反复被引用的词语，性别身份是在反复使用的"词语"述行性（performativity）行为中建构的。

性别表演理论改变了关于性别认知的思维模式,主体与他者和谐共存,解构了性别背后的主体。只有将性别主体视为一个互渗的、发展中的主体,自我在他者中彰显,才能把性别放在一个变化表演的空间中,赋予性别过程化、表演性、变化和开放性的特征,从而具有极强的颠覆力。性别研究与政治、结构、种族、性和民族交织在一起,多种不平等的互渗性是理解全球化、多元文化主义、世界主义、组织化和种族复杂性的关键,它强调了如何在组织化、性别与种族、宗教和非异性恋规范、残疾人等之间的交互作用,各民族生活方式的相异性反倒加强了自我的身份。"巴特勒关于性别、酷儿、女性主义、身体、政治的观点改变了世界范围内学者对主体、权力和政治的思维和言语方式;也改变了不计其数的人因身体、性别和性欲问题而导致的压抑或暴力生活。"[15]格芭的近著也体现了"互渗性"的特点。在其自传《一个被切除的女人回忆录:遭遇卵巢癌》(*Memoir of a Debulked Woman: Enduring Ovarian Cancer*, 2012)中,她以自己的身体为观察对象,实践了法国著名作家埃琳娜·西苏(Helene Cixous)的"身体书写"并探讨疾病、身体与死亡的关系,宣称数世纪以来男人被描绘为外在的、精神的,而女人则是内在的、身体的。因为谨慎、害羞或隐私使女性对便秘、腹泻和化疗的一些副作用保持沉默,担心真实地书写疾病中的身体会被认定为只是一副躯体而不是一个人。甚至,许多宗教也限制女性的参与。如何真实地叙述女性身体,女性主义理论家应将关于身体与精神、生理反应与精神分析、历史与现状、伦理与政治等的互渗与延展结合起来思考,才能促进女性主义理论的真正成熟。虽然西苏是法国著名的理论家及作家,但其《美杜莎的笑声》(*Le Rire de la Méduse*, 1975)和解构菲勒斯中心主义的"女性书写"等理论著作被译介到英语世界后引起了极大的反响,所以也可把她视为英语世界的理论家。西苏的话语一直有较强的"互渗性"。她吸纳、批判并超越弗洛伊德、拉康等人的理论,对性别差异、语言、"女性书写"以及戏剧、音乐和绘画广泛涉及。例如,在《绘画的诗意》(*Poetry of Painting*, 2012)中,她介绍了一些当代艺术家,如美国人南西·斯佩洛(Nancy Spero)和罗妮·霍恩(Roni Horn)、伦敦艺术家玛丽亚·柴伍卡(Maria Chevska)和法国时装设计师索尼娅·里基尔(Sonia Rykiel)等,以诗意的手法,探讨了多种媒体和流派,如摄影、绘画、电影、舞蹈和时装设计等,把艺术赏鉴和文学批评结合起来。

(一)包容性(宽容性)

这主要是指对男性及他者的重视。受后女性主义思潮的影响,女性主义批评研究的包容性不断增强,对男性关怀、男性气质、男性性别角色的关注不断加强,呈现了明显的包容性。在男性研究方面,国际知名社会学家瑞恩·康奈尔(Raewyn Connell/R.W. Connell)是男性气质建构的先行者,她的"男性霸权气质"概念在各领域引起了较大的反响和争论。最近,康奈尔开始关注新自由主义的南方理论和性别及变性主义。她坚信"变性妇女是对性别秩序的一种重建,提倡对变性妇女的政治关怀和社会公正。"[16]康奈尔的变性理论是对女性主义理论的一种补充,也是架构性别诗学包容性的一部分。当代女性主义者们正团结男性,邀请他们携手并肩为女性和女童所受到的不公正待遇而抗争,表现出极大的包容性。因电影《哈利·波特》红遍全球的英国女星艾玛·沃特森(Emma Watson)在2014年9月担任"联合国妇女署亲善大使"并出席了联合国促进性别平等的"他为她"(He For She)活动,她在演讲中宣称女性主义不是憎恨男性而是男女平权,她恳切地邀请"尽可能多的男人和男孩们加入到寻求改变的倡导者行列中来",并且"让我们一起行动,终结性别不平等吧!"邀请男性和女性团结起来争取在2030年结束性别不平等。[17]此外,不少女性主义的男性倡导者也大力提倡性别平等,一些年轻的男生在学校里创建了团体和工作坊,采访男性犯罪者、提供反色情作品、反性骚扰咨询和社区教育活动,并支持在学校内设立男性研究和性别平等的相关课程,有时也与一些女性主义者团体合作,比如反家庭暴力中心等,推动男性批判和性别平等的发展。近年来,女性主义批评论文中男性形象正能量研究亦有逐年递增的趋势。

对包容性的讨论还包括了对动物意象的关注。一些批评者注意到了多丽丝·莱辛(Doris Lessing)和西苏作品中的动物意象,将其与女性的包容性特征联系起来。莱辛在《老妇与猫》(Collected Stories,1967)、《特别的猫》(Particularly Cats,1967)等作品中,把可怜的动物与妇女的生活毗连,将动物性弃置一旁,用"他者还原"的手法,消解了人与动物的二元对立。西苏作品中众多的动物更受到了评论家的青睐。动物在西苏的创作中常常扮演"热情的揭示者"的角色,倾听其声音可能获得另一种"思维方式"。"西苏在《狼之爱恋及其悔恨》(L'Amour du loup et Autres remords,2003)中,通过狼的喻象,仔细思考了主体与他者之间的亲密关系:在不减少其差异性的情况下,我们如何去爱他者?……西苏在另外一篇文章中也讲到,任何没有听懂'猫的语言'的人,必然没有听懂'一个女人或一个犹太人或一个阿拉伯人或者任何一个属于这些民族且遭受流放的人'的声音"[18]这样一些评论,诚如乔纳森·卡勒所言,"为我们思考层级制、多样性和差异等的影响提供了与众不同的多种视角"。[19]

(三)机构化(体制性或学科化)

女性主义批评体制性或学科化趋势在英美高校中较为明显,性别研究机构已成为女性主义理论深度探索的重要基地。世界知名大学内"妇女与性别"研究中心的广泛建立促进了妇女与性别的学术繁荣,支持着女性主义批评的持续发展。本科、硕士和博士层次课程的设置为学院派女性主义者提供了发展空间和机构之间的交流，并且越来越多的毕业生和专业设置为学科发展提供了基础和机构化的力量。仅密西根大学，单单就2008年春季课表来看，一个学期给本科生、研究生的妇女学课程就有76门之多。"三十年间，它从无到有，发展成博士项目，发展成学科领域中非常稳定的学科项目，在学术界很有地位，被大家接受，很多基本理念已成为常识性东西，年轻一代的男性学者也都在用。"[20]巴特勒、唐娜·哈拉维、西苏和法国女性主义学派的代表人物露西·伊利格瑞（Luce Irigaray）等人的理论已应用到女性主义机构的发展和管理中。比如，"西苏的性别理论被用来调节机构内不定时出现的两极对抗状况；机构中的工作坊早期就利用露西·伊利格瑞的相关性别理论来研究女性身体的性感与排斥；唐娜·哈拉维的'讽刺文化政治'和对机构内技术的观察如主体、计算机、建筑物等来获得的相关意义"[21]。哈佛大学、斯坦福大学、剑桥大学等均成立了"妇女与性别"中心或教学系等研究机构，通过开设女性主义在文学、美学、艺术、社会学、传媒等领域的课程来研究女性主义理论，哈佛大学在2013年秋季学期开设了"英语文学：文艺复兴时代的性与性别、法语文学：法国文学中的'坏'女人等三十一门相关课程。"[22]英国剑桥大学的"性别研究中心"（Centre for Gender Studies）的系列讲座也曾邀请了巴特勒、美国编剧、作家及LGBT权益活动家拉里·克莱默（Larry Kramer）等人。牛津大学的"女性学"硕士课程综合了文学、语言学、心理学、社会学等多学科来阐释女性主义理论，强调女性对人类哲学、文化和历史的贡献。这些机构的全球化对女性主义的发展产生了广泛的积极影响。

综上所述，在英语界，女性主义批判男性中心主义的锋芒并未消逝，互渗性、包容性及机构化特征使其已成为一个张力巨大的"开放的文本"，众多的批评视域正在探索和构建。

注释

[1][4][5] Susan G Critical Condition: Feminism at the Turn of Century, [M] Columbia University Press, 2000: 3-164.

[2] Sarah G Critical Dictionary of Feminism and Postfeminism, 1999: 46-47.

[3] 林树明.迈向性别诗学[M].北京：中国社会科学出版社，2011：16-17.

[6] 参见何成洲.性别研究的未来—与托莉·莫伊的访谈[J].南京大学学报，2009（1）.许庆红.女性主义理论和普通语言哲学—美国杜克大学文学系托里尔·莫伊教授访谈录[J].文艺理论研究，2009（3）.

[7] Simone de Beauvoir [EB/OL]. http://www.britac.ac.uk/events/2014/Simone_de_Beauvoir.

[8] Naomi W, Camille Paglia "The Last Words"[J], The New Republic,1992：4-5.

[9] Christina H S. Who Stole Feminism? How Women Have Betrayed Women[M]. New York: Simon & Schuster, 1995.

[10] Donna H. A Manifesto for Cyborgs: Science, Technology, and Socialist Feminism in the 1980s[M]//Linda J N, Feminism/Postmmodernism New York and London, 1990：196.

[11][12] 曼纽尔·卡斯特尔，米里亚·费尔南德斯-阿德沃尔，等. 移动通信与社会变迁：全球视角下的传播变革[M]. 清华大学出版社，2014.

[13] Vagianos A. Kat Lazo Deliver A Manifesto For Millennial Women [EB/OL]. http：// www.huffingtonpost.com/2014/04/23/kat-lazo-ted-talk-feminism_n_5198384.html.

[14] Scheman N, O'Corner P. Feminist Interpretations of Ludwig Wittgenstein[J]. Notne Dame Philosoohical Rewiews, 2002.

[15] Barney, Darin. "In Defense of Judith Butler". Huffington Post. Retrieved 9 October 2013.

[16] Connell R,Transsexual Women And Feminist Thought： Toward New Understanding And New Politics [J]. Signs：Journal of Women in Culture and Society, 2012,37（Volume 37 Number 4）：857-881.

[17] 联合国启动"男性促进女性权利运动"旨在动员 10 亿男性为女性争取平等权利（1：30）[EB/OL]. http：//www.unmultimedia.org/radio/chinese/archives/213718/#.VV3r5 NKl_Ew.

[18] Segarra M. Helene Cixous's Other Animal：The Half-Sunken Dog[J]. New Literary, 2006, 37）（1）：119-134.

[19] 乔纳森·卡勒. 当今的文学理论[J]. 外国文学评论，2012（4）：56.

[20] 荒林. 中美比较：女权主义的现状与未来——美国密西根大学王政教授访谈录（上）[J]. 文艺研究，2008（7）：83.

[21] Harding N, Ford J, Fotaki M. Is the 'F'-word still dirty? A past, present and future of/for feminist and gender studies in Organization[J]. Organization: The Criticasl Journal of Orgnization, Theory and Society, 2013, 20（1）51-65.

[22] 2013-2014 Pre-Approved Courses [EB/OL]. http：//wgs.fas.harvard.edu/2013-2014-pre-approved-courses.

大赋铺陈程式的祖述生成

何 凯[①]

【摘　要】　铺陈是大赋的文体要求，表现为结构空间、堆砌并描绘物类。宏阔的铺陈空间，必资物类罗列而见其繁多，以性状描绘而见其精粹，共同表现"繁富"而有美颂之用。这种"繁富"意义的表达，在大赋中表现为空间方位的布置铺陈单元、在单元中按以类相从的原则填充物类，同时又以抑此扬彼的结构将物类性状推向极致而实现美颂的目的。作为铺陈的方法，凡此深受战国策士游说之辞的影响，经宋玉赋的继承与开拓，在其后的大赋创作中成为常用的铺陈程式。

【关键词】　大赋　铺陈　物类　性状

　　大赋以铺陈为目的，总以名物堆砌以及对铺陈对象性状的描绘，使文本具有"包括宇宙，总揽人物"[1]的磅礴气势和宏阔空间。易闻晓先生指出，大赋的消亡即表现为"铺陈的丧失"[2]。扬雄认为大赋创作"必推类而言，极丽靡之辞，闳侈钜衍，竞于使人不能加"[3]3575，葛洪则谓"汪濊博富"[4]70，王岂孙以"富"说"赋"[5]306，所论均在大赋包括总揽、经纬万端的宏大气象。刘勰谓"灵均唱骚，始广声貌""遂客主以首引，极声貌以穷文""枚、朔以下，品物毕图"[6]134-135，显见大赋铺陈本义，表现为对"声""貌"的图摹。"声""貌"的所指，即是赋的铺陈对象及其性状特征。能极声、貌，则得益于创作中成功运用的程式化的铺陈方法。《西京杂记》载相如答盛览问作赋时所谓"一经一纬，一宫一商"，"合綦组以成文，列锦绣以为质"的精心构结；扬雄心壮相如之赋而"拟之以为式"[3]3515，"经、纬、宫、商"及可以则拟之"式"，正是司马相如所谓可得而传的"赋家之迹"，即是可供拟习的程式化铺陈。万光治先生认为汉赋"类型化的描写方法很难避免繁琐的堆砌和铺陈"[7]366，指出汉赋创作在咏物、建筑描绘、人物等方面存在高度相似的类型化描写。其是已注意到大赋创作中的程式化铺陈特征。如空间结构的布置、物类的堆砌与描绘、逐层否定的语义推进，都在大赋的创作中经常使用。这些作为铺陈的方法，已见于众多

[①] 作者简介：何凯，男，贵州长顺人，贵州师范大学文学院2014级中国古代文学博士研究生。

先秦文献。将《楚辞》作为大赋的源头之一，肯定大赋铺陈深受《楚辞》的影响，业已成为学界的共识。但应该指出，《楚辞》的空间结构及名物使用，要在抒发深广的忧怨，与大赋铺陈的程式化的形成尚有一段距离。作为铺陈程式的形成，大赋在铺陈单元的组织及物类描摹既有对纵横辞说的继承，又有受宋玉赋的深刻影响，后者的影响尤为重要。大赋铺陈程式的生成，明显有祖述策士辞令与宋玉赋的痕迹。

一、策士辞令：空间叙述的开创

章学诚谓赋"恢廓声势，苏张纵横之体也……征材聚事，《吕览》类辑之义也"[8]116，指出赋体创作受到的多方面的影响。"纵横之体"是战国策士侈陈利害的铺张谈说，"征材聚事"是立说的凭借和依托，"材""事"，是就赋体铺陈所用的物类及典事而言，物类多用于体物之赋，典事则多用于写志之赋。"类辑"则为结构"材""事"的组织手段。在修辞上，则是类聚事物，堆砌语词，对事物的性状重复叙说。类辑事物，可表现为物类的繁富；类辑性状，则可全面展示物类的性状，以为夸饰之用。"类辑"的构结方式，在大赋创作中表现为程式化的铺陈。

大赋的铺陈程式，主要表现为空间结构的布置、对物类①在铺陈与描绘、参照物的取用三种。前两种最见"类辑"之义，驱遣文字，以类相从，而成繁富之观。唐人李善注《文选》时已经关注到大赋铺陈空间的开拓与纵横家言辞之间的关系。兹举数条如表：

表：一

序号	赋	注
1.	《两都赋》"左据函谷二崤之阻，表以太华终南之山。"	《战国策》苏秦曰："秦东有殽函之固"。
2.	《南都赋》"至乎临谷为塞，因山为障，峻崿塍埒，长城豀险，吞若巨防。"	苏秦曰："齐南有太山，东有琅邪，北有渤海，西有清河，所谓四塞之国也。"

---

① 说理写志之赋类辑的对象为"事类"，但所堆砌的典事总与情志的主题相关，是对"志"多层面的述说，不失铺陈之义。如潘岳《西征赋》，以辑事而为长篇。但本文探讨的大赋仅限于体物一类，诸如贾生之《鹏鸟》、班彪之《北征》、刘歆之《遂初》、冯衍之《显志》之"失志"抒怀之赋，堆垛典事，确然可作类书观，但以无关"声""貌"，不在本文的讨论范围。

序号	赋	注
3.	《三都赋》"儦儦欒欒，交贸相竞，譊哗喧呷，芬葩荫映，挥袖风飘，而红尘昼昏，流汗霡霂，而中逵泥泞。"	《史记》苏秦说齐王："举袂成帐，挥汗成雨。"
4.	《三都赋》"温泉毖涌而自浪，华清荡邪而难老。"	善曰，《史记》苏秦说魏襄王曰："南有鸿沟，东有淮颍，西有长城，北有河外。"
5.	《吴城赋》"昔全盛之时，车挂轊，人驾肩。"	《史记》苏秦说齐王曰："临菑之涂，车毂击，人肩摩。"
6.	《两都赋》"精曜华烛，俯仰如神。"	《战国策》张仪谓楚王曰："彼郑国之女，粉白黛黑，立于衢间，非知而见之者以为神。"

例1、2、4所注赋中名物，均引苏、张纵横辞说在空间方位上的布置，即先在空间上以方位结构铺陈单元，而后在单元中类聚事物；注3、5、6均是使用夸张辞格对铺陈空间中物类性状的描述，将物类的性状无限夸大到与事实偏离的程度，使这种性状得到强调。例如《三都赋》"挥袖风飘，而红尘昼昏，流汗霡霂，而中逵泥泞"，欲见都邑繁富，必以人口众多为说。挥袖即能成风，行路荡起的尘土使白昼昏暗，流汗而成雨，并使道途泥泞。以此呈现人众繁杂的景象，则城市的繁富遂有可观，但已与实情偏离，这就是侈言夸饰。例5"车挂轊，人驾肩"与例3同，也是语义与事实偏离的夸饰情形。例6《两都赋》注"俯仰如神"与例3、5稍有区别，引"郑国之女，非知者以为神"为注，是外取参照以为借重的性状夸饰。为预设郑女的美貌，必为人间所无，这是借神喻女。借重他物以展示此物的性状，是大赋造语惯用的程式。赋句与注均借重他物以资夸饰凡俗之人的高贵如神。在此，神的作用只是作为对美女夸饰所借重的参照物，本身没有独立的意义。班固《两都赋》"雨师泛洒，风伯清尘"及庾信《哀江南赋》"水神遭箭，山灵见鞭"亦足为证。班赋为了展示仪仗的华丽与威严，庾赋旨在显现民生受到的惨毒。历史上某一领域的杰出人物，或与其相关的器用，也常为赋家铺陈所借重，以此说明铺陈对象性状的精粹，这是大赋夸饰性状的又一程式。而从李善注赋引《战国策》中，可以看大赋惯用的铺陈程式确与策士的辞说高度相似。

策士对形势利弊的言说方式对大赋铺陈的影响是多个方面的，从李善注赋所引《战国策》的文献来看，大赋常用的修辞方法几乎都可以在策士的言辞中找到，而结构铺陈空间，并在空间中填充符合主旨的名物，是纵横辞说对大赋影响最主要的方面。遍在于大赋作品中的"其东""其西""其南""其北""其阴""其阳"等铺陈单元的组织，并在其中堆砌名物，如"其木则""其鸟则""其鱼则"等物类的程式化创作，显然深受纵横辞说的影响。从上表例 2 李善注引《南都赋》所引全文，即可看这种影响的痕迹。

> 苏秦始将连横，说秦惠王曰："大王之国，西有巴、蜀、汉中之利，北有胡貉、代马之用；南有巫山、黔中之限；东有肴函之固；田肥美、民殷富；战车万乘，奋击百万；沃野千里，蓄积饶多；地势形便。此所谓天府，天下之雄国也。以大王之贤，士民之众，车骑之用，兵法之教，可以并诸侯，吞天下。"[9]18

论辞中，东、西、南、北各自作为铺陈单元，用以展示可供防御的"山溪之险"。在空间方向四下展开，以"类辑"的方式堆砌符合游说主旨的物事，用以充实铺陈的空间。在"东""南""西""北"的空间单元中，各以地形、兵革，物产填充其间。应该看到，在空间中填充物类，并非只是对物类作简单的呈现，而常常对物类的性状进行描绘，以显其精粹，如"万乘"以饰"战车"、"百万"以饰"奋击"、"千里"以饰"沃野"。物类之多、性状之精的意义均已远乖实情。上文"举袂成帐，挥汗成雨""车毂击，人肩摩"亦是如此。地域空间中的物类既多而精，是其繁富的证据，以此而使国君确信自己有"并诸侯""吞天下"的实力，藉此而定"连衡"之策，理所当然。

纵横辞说在组织铺陈单元，而后在单元中堆砌并描绘物类的方式，为大赋的繁富铺陈提供了有益的借鉴，经宋玉赋的继续开拓而趋于成熟，在铺陈上形成明显的程式化特征，对其后的大赋创作产生深远影响。

二、《高唐赋》：大赋铺陈单元组织程式的确立

大赋铺陈程式的形成深受战国策士辞说的影响，但在宋玉《高唐赋》和《登徒子好色赋》中才被确立下来。《高唐赋》乃写"高唐之观"，主于叙物自不待言。《登徒子好色赋》虽非体物大赋，但其外取参照之物以突显铺陈对象的性状，并以否定方式实现语义递进的程式化创作，却对后世大赋的夸饰产生重大影响，将详论于后文。《高唐赋》在空间的结构与布置、物类的堆砌与描绘方式上继策士辞说，使其成为相对固定的铺陈手段，而且在后世的大赋作家中得到广泛的应用。《高唐赋》先以序文的方式对高唐之观简略叙述，而后将赋序内容敷衍为长篇。赋中多对铺陈对象反复叙说，借以彰显物类的性状。尽物之性、穷物之形，是《高唐赋》最显著的特征。物类不仅作为对象被呈现，且其性状也被反复详尽地述说。这种先在空间上确立铺陈单元，而后呈现并描摹物类的铺陈程式，被后来的大赋广泛运用。

《高唐赋》在空间结构的组织、名物的堆砌与描绘方面，均为后世大赋作家取法。《高唐赋》之铺陈物象，叠加多个用以铺陈的空间单元，以此开拓作品铺陈的开阔空间，体现大赋"宏大"的规模与气象[2]。李善注"篸蹱漫衍，芳草罗生"下云"自此以前并述山势"，已经看到《高唐赋》铺陈空间的组织，前叙山势，后述物产。《高唐赋》大的铺陈展现单元，一为宋玉之对"云气"之状；二为宋玉为王所赋"高唐"之观的"珍怪奇伟，不可称论"[10]265之状。赋为对楚王之问"其状若何"，全篇俱在展现高唐之状。此所谓"状"，即是高唐景象。描述一地景观如何，必然以罗列此间物类所有，并描绘这些物类性状的形式呈现出来。《高唐赋》正是从这两个方面描摹高唐之观的。《高唐赋》述朝云之状，以"其始出也……其稍进也……"的时间向度为区分，构结"朝云"形状的铺陈空间，对"云"的物状情态进行铺陈；摹山势之态，则以"登巉岩而下望……中阪遥望……登高远望……仰视山巅……上至观侧……"等空间标志从不同的观察视角结构铺陈单元，使高唐山势在不同视角下得到全面呈现。

　　《高唐赋》中宋玉先将高唐之状的总体特征总括为"珍怪奇伟""不可称论"，对这种性状特征的具体展现，则先在被细分出来的铺陈单元中填充物类，而后对这些物类详加描绘。"朝云"之状，在"始出""少进"的时间单元转换中，呈现为"嘟兮若松榯""晰兮若姣姬扬袂鄣日而望所思""忽兮改容，偈兮若驾驷马建羽旗""湫兮如风凄兮如雨"等不同状态，以比喻的修辞手段，对朝云之状多重述说。李善注"嘟"即"茂貌"之义，"若松榯"，"榯"即"直竖貌"，总成一句之义，则为朝云始出，其状如"直竖而茂"之松。对其"稍进""改容"之状的呈现亦是如此。

　　左思《三都赋序》谓"升高能赋者，颂其所见也"[10]74。《高唐赋》的铺陈，即以沿途行进的视角转换结构多个铺陈单元，渐次编排并描述"所见"之物，使高唐之状得以呈现，这种铺陈程式在汉大赋以降的创作中被广泛继承。高唐之观"高矣""显矣""临望远矣""广矣""普矣""万物祖矣"的总括特征，都借后文"行进"视角转换所见高唐之物及其特性呈现出来。在虚设的"行进"过程中，物先被呈现，而后被描述，并随"视角"的转换在空间上不断延展和变换，如"巫山""道路"作为所见之物先被呈现出来，而后描述各自"赫""无俦""互折""层累"的性状特征。对"巉岩""大坻""水势""水中之物""磐石""玄木"，以及"动植飞走"等等物类及其性状的描绘，俱是如此。西汉枚乘《七发》以"数千言之赋"[11]在铺陈单元的选择及空间的布置上，犹深受《高唐赋》的影响。李善注谓"'七发'者，说七事以起发太子也"[10]478，其赋"听至悲之乐""尝天下之至美""游天下之靡丽皓侈广博""畋猎""观广陵之潮"，以及"听天下之要言妙道"，每事各自成为意义相对完整的铺陈单元。每事各自聚集若干物类，且对物类的精粹性状多作多重描摹。各事之间，以"吴客"说一事毕,"太子"云"仆病未能"联缀。《高唐赋》中,铺陈单元的转换,随虚拟行进中的不同位置描绘所见,各单元间联系紧密;而《七发》所写七事,各单元仅以"仆病未能"为联缀标志,每事的意义相对独立。又《高唐赋》中,以"于是……"提示铺陈单元的转换,偶或一用,在《七发》中,已经大量使用。可见,无论是堆砌物类以见繁富,还是描绘之物类性状以见精粹,这种多个铺陈单元的结构方式都有巨大的包容性。这种叠加方式的运用,正是将《七发》作为汉大赋成熟的根本标志。铺陈单元以叠加方式组合,可使赋篇创作的内容具有包罗深广的可能,更是成其为"大"的途径。这是《高唐赋》对大赋铺陈程式的重要示范。

如果仅从铺陈单元的组织上尚无法确定《高唐赋》对大赋铺陈程式形成的影响,在选择铺陈对象组成单元上,完全可以看出《高唐赋》对后世大赋创作的范本效应。枚乘《七发》、司马相如《子虚》《上林》、扬雄《甘泉》、班固《两都》、张衡《二京》,几乎所有汉代大赋的宏篇巨制,其所选择的铺陈单元,大都肇端于《高唐赋》。《高唐赋》以游览为题,而《七发》有游览一事,概本于此;《高唐赋》之写水势,不仅为《七发》所祖,也被司马相如《上林赋》承袭。《高唐赋》对水势的描写,旨在表现珍、怪、奇、伟的"高唐之观",《七发》之观潮一事,对水势描摹同样是展现盛大景观,冀其可起太子之疾;《上林赋》之写水,与《高唐赋》《七发》的相同之处,也是将"水势"作珍奇之景,只是其作为铺陈的单元,"水势"在《上林赋》中的语义指向却更加强调八川分流的水文条件所造就的丰足物产,并以之为炫富之资。

汉"京殿苑猎"类大赋对铺陈单元的选择,多自《高唐赋》中承袭而来,甚或将《高唐赋》中极少的铺陈内容,敷衍成单篇大赋。在以多个铺陈单元的叠加来展现铺陈的空间,以收"钜丽"之效的方法上,《高唐赋》对后世大赋的创作有明显的示范作用。尽管《高唐赋》铺陈单元的区分标志远不及汉大赋明显,但汉大赋创作单元的选择中多见《高唐赋》的痕迹,自《七发》已然。《七发》铺陈单元结构继承《高唐赋》,又在很大程度上影响汉代大赋的创作,体现为大赋用以铺陈的各个单元从《高唐赋》的浑融走向刻意安排,从各被选择的意义对象紧密相联逐渐变成标志明显的单元叠加。在《高唐赋》中只是浮光掠影地被涉及的描写对象,在汉代大赋中却被全面地呈现和描述。这既是对《高唐赋》以铺陈单元结构作品铺陈空间,在单元中填充并描摹物类的程式化铺陈方法的娴熟运用,又是对这种铺陈程式的进一步丰富。《七发》所言七事,用以"起太子"之疾,但每事各成单元,无怪萧统《文选》谓之"八首"。七事之中,多是对《高唐赋》所写内容的回应。《七发》"音乐"之"至悲",得自《高唐赋》叙写水声的凄寒,且自此以后凡赋及音乐,多有这种以悲为美的倾向,极言乐器之独特,音响之感人至哀。如"音乐"于《七发》仅为一事,于《洞箫》则为一赋,取悲的取倾则为同调。又《高唐赋》之"乃纵猎者"一事的选取,对汉代大赋的泽被尤多，"京殿苑猎"之赋中，畋猎之事或为铺陈单元的重要内容，如《子虚》《上林》，《两都》，《二京》；或者直以畋猎为赋题，如《羽猎赋》。

大赋的铺陈在如"其东……""其南……""其中……"等程式化的空间布置，深受策士辞说的影响，而将整个铺陈对象切分为更小的单元，并在其中堆砌物和描摹物类，显见其深受宋玉《高唐赋》影响的痕迹，此后的大赋创作中，诸如以"于是……""尔乃……"等为标志结构叠加多个铺陈单元，事实上可以看作《高唐赋》之用结构单元的变体。当然也应看到其间踵事增华的内容，后世大赋的创作继承《高唐赋》类辑并描摹物类的方式，但其如易闻晓先生指出的大赋以直以四言一句一顺铺陈的方式堆砌名物的特点[2]，却为《高唐赋》所无。《高唐赋》在铺陈单元中填充名物，通常伴随对名物的描绘，明显不同于后世大赋创作中联边字类的密集堆砌。

三、《神女赋》：层递推进的成功运用

大赋的程式化铺陈，除上文所论确立铺陈单元，而后于其中堆砌并描摹物类之外，尚有先将铺陈对象不断夸饰，而不断否定的方式将铺陈对象的性状特征层递推进一途。这种夸饰性状的铺陈程式的形成，深受宋玉《登徒子好色赋》的影响。《登徒子好色赋》虽非体物大赋，但其将对象的特性极尽夸饰，而后又将这种被夸饰的特性置于抑此扬彼的层递序列之中的铺陈结构，对后世大赋创作中此类意义的程式化表达有深远影响。在这个序列中，事物的某一特性先被赋家极度夸饰，而后笔锋陡转，谓其不足多誉，并顺势推出他物，将其特性置于刚被否定的事物之上。在这种抑此扬彼的语义场中，每一被述及的事物在赋家所欲铺陈和展示的特性上大体处于同一范畴，其中的一物的特性既是否定抑制前物的依据，而又为后出之物所损抑的对象。这种铺陈的手段作为程式的运用，也成熟于宋玉，而在后世的大赋作家那里得到了广泛地继承。

抑此扬彼的修辞手段，在先秦文献中已有用例，但其递推实现的夸饰效果远不及《登徒子好色赋》明显。如《左传·庄公十年》载：

> 十年春……入见，问何以战。公曰"衣食所安，弗敢专也，必以分人"。对曰："小惠未徧，民弗从也"；公曰："牺牲玉帛，弗敢加也，必以信"。对曰："小信未孚，神弗福也"；公曰："小大之狱，虽不能察，必以情"。对曰："忠之属也，可以一战。"[12]1767

作为支持国君进行一场战争的理由，庄公应问从"衣食所安"到"牺牲玉帛"，再到"小大之狱"的处理态度，可靠性逐步提升。曹刿对庄公对每一理由的否定，逐层推出并肯定了第三个"可以一战"的理由，在语义层次上处于递

进的系列，属于以后者否定前者的抑扬辞格。这种辞格在宋玉《登徒子好色赋》已被用于表现"臣不好色"的特性，枚乘《七发》后出转精，使这种对事物性状的程式化的夸饰更显纯熟。这种铺陈程式对后世大赋作家的影响，不仅体现在司马相如非散体大赋的《美人赋》中亦步亦趋的模仿，更体现在枚乘《七发》，司马相如《子虚》《上林》，班固《两都》，张衡《二京》等大赋名篇之中的成功使用。

《登徒子好色赋》按其辞旨，在自证"臣不好色"。这一意图的实现，得益于抑此扬彼的方法使用。在如何证明"臣不好色"的问题上，宋玉先言"天下之丽莫若楚国，楚国之丽，莫若臣里，臣里之美者，莫若臣东家之子"。"丽人"的语义符号所指向的对象，从"天下"直至"臣东家之子"的一段叙述，乃是以层递的语义推进指明东家之子的姿色美貌在空间上的绝无仅有。"一分"不可增减，"脂、粉"不可妄施，姿色体态，已为浑然天成的恰到好处、美妙绝伦。天生的丽色，已然成为常理无法抗拒的诱惑。其登墙"窥臣"三年，而"臣"不为所动的行为叙述，更能突显"臣"见常人之可欲而能淡然自持的品格。否定极致的诱惑对"臣"会产生效用，"臣不好色"之义自明。

《登徒子好色赋》"臣不好色"的辞旨表达，是先将东家之子"丽"的特征夸饰到极致，而后以"臣"的不为所动否定这种"丽"质的诱惑力，对"丽"色效用的否定，本身即可突显"臣不好色"的品格特征。在这篇赋中，极丽之"色"于常人为极致的诱惑，而于"臣"则失其效用，对"丽色"贬抑，适可突出"臣"不好色的定力。处于这种抑此扬彼的结构中被叙及的每一内容，既以否定他物的形式出现，又常被作为被贬抑的对象以突显另一事物。一般而言，在经系列否定之后最终推出的物类性状，是被夸饰的最高层次。

《登徒子好色赋》这种夸饰方式的成功运用，深刻地影响了汉代的大赋创作，呈现出明显的程式化特征。尤其在京殿苑猎之类的大赋创作中得到了广泛回应，处处可见深受这种方式影响的痕迹。枚乘《七发》"说七事以起发太子"之疾。吴客欲言"至悲之乐"以起太子之疾，故强化音乐"至悲"的特性，进而描写造琴之木生于极其艰险的环境，"丝、钩、约、隐"等为琴的器件，无不联系着悲苦凄绝的故实，并由善解音律之人鼓奏。材质之精、匠作之巧、乐师之善，成为音乐"至悲"特性的语义依托。与此相同，其后所叙"饮食""畋猎""观涛"数事，均是将常人驰逐的欲望对象极尽夸饰，使其成为常人而言不可抗拒的诱惑。但太子"仆病未能"的陈辞，在逐一否定每事具有的诱惑特性。数事所具的于常理无可抗拒的诱惑并未能"起"太子之疾，而闻"要言妙道"即"涩然汗出，霍然病已"，即是通过对前叙数事的贬抑，以突显后者的重要。有"赋圣"之称的司马相如，在大赋的创作中就采用了这种虚夸方式。其步趋宋玉《登徒子好色赋》的《美人赋》虽非大赋之作，但其在结撰取类上的几近剽拟，也如宋赋一样先言丽人之色，但这种丽色的诱惑对自己并无效用，适资证明"不好色"的品质。然而，《美人赋》抑此而扬彼的夸饰并未于此止步，"臣"之所以不为丽色所诱而能矜庄自持，乃以"窃闻大王之高义"，对丽色的损抑，正以突显大王"高义"的诱惑力。从中也不难看出，最终被褒扬的"高义"，是赋篇最终要表达的美颂意图。其虽非大赋，但却表明了司马相如在赋的创作与学习过程中对这种递推方式的清晰认识，并成功将这种抑此扬彼的铺陈方式运用于美颂意图的表达。

易闻晓先生已经指出汉代大赋总体有"赋体颂用"[13]的倾向。对这种现象进一步分析，可以看到在《子虚》《上林》《两都》《二京》等汉大赋名篇中，赋家这种为颂意图的实现，抑此扬彼以实现语义推进的方式已成为程式化的写作。《子虚赋》《上林赋》中，子虚从齐王畋猎，齐王示以车骑之众，而子虚对以云梦之事，以云梦之富使齐之物产相形见绌。而后乌有先生从齐国在疆域开阔的角度，以"徬徨乎海外，吞若云梦者"八九的虚夸，用以否定子虚所虚夸的楚国物产。云梦仅为楚大泽中的"小小者"云云，是以小见大的炫富。齐国物产在子虚的夸饰下显得微不足道，而乌有先生对子虚的反驳，又立刻显现出齐国物产的丰盈。亡是公责子虚、乌有"欲以奢侈相尚，荒淫相越"，如果从另一个角度理解，这种"奢侈"与"荒淫"正是一国物产丰盈、国力雄豪的表征。但楚的富足在亡是公"大汉之巨丽"的物产展示之下又显得不值一提。完全是以在叙述顺序上后出者的繁富否定前者，并在不断否定的递推中展示出大汉物产的丰饶及国民的自豪意绪[13]。赋文至此，已然可见赋家对天子一统天下、富兼四海的称美意图。但赋家的美颂更进一层，亡是公所夸饰的大汉在地域、物产方面可彪炳史册的丰功伟业以及"上林"的巨丽，天子却自悟为"此太奢侈"，于是开禁苑、弛山泽，从而将国家物产与民同享，又是以对巨丽的损抑来赞颂天子在当时儒家宣扬德政方面的崇高品行。《两都》《二京》立意，则均以东都的德胜掩抑西都的形盛。在结篇上，是代表西都的叙述者极夸饰之能以见西都巨丽，而后代表东都的叙述者出，使西都宾客自矜为胜的山川、宫室、畋猎、讲武等物事都在与东都的比较中黯然失色。左思《三都赋》在结篇上同样采用了这种抑此扬彼的虚夸方式，使对都城繁富的夸饰从蜀都到吴都再到魏都成表现为一个递进的序列。汉代都邑大赋抑客扬主的程式表面上是西都形胜不及东都的德胜，但从更深层的意义上解读，抑宾尊祖的根本所在，是要颂扬以洛阳为都的东汉政权的天然合理，是在东汉经学兴盛的背景之下，以赋篇创作的形式附会经学论调来言说东汉"顺承天命"的绝对正确。而《三都赋》将魏都作为颂扬的最终归宿，则是以晋承魏统的思维将魏都置于夸饰的最高点。从这些大赋作品中可以看出，这种由《登徒子好色赋》开创的抑此扬彼的递推程式在大赋铺陈中的广泛运用。

参考文献

[1] 葛洪. 西京杂记[M]. //笔记体小说大观 第一册. 扬州：江苏广陵古籍刻印社，1983：4.
[2] 易闻晓. 赋亡：铺陈的丧失[J]. 文学评论，2015（3）：20-28.
[3] 班固. 汉书[M]. 北京：中华书局，1962.
[4] （晋）葛洪撰，杨明照校笺. 抱朴子外篇校笺. 下册[M]. 北京：中华书局，1997.
[5] 王岂孙. 读赋卮言[M]. //赋话广聚 第二册. 北京：北京图书馆出版社，2006.
[6] 范文澜. 文心雕龙注[M]. 北京：人民文学出版社，1958.
[7] 万光治. 汉赋通论：增订本[M]. 北京：华龄出版社，2004.
[8] 王重民. 校雠通义通释[M]. 上海：上海古籍出版社，1987.
[9] 刘向. 战国策[M]. 上海：上海古籍出版社，1985.
[10] 萧统. 文选[M]. 北京：中华书局，1977.
[11] 何焯. 义门读书记 卷五 [M]. 清乾隆刻本
[12] 孔颖达. 春秋左传正义[M]. 十三经注疏. 上海：上海古籍出版社，1977.
[13] 易闻晓. 论汉代赋颂文体的交越互用[J]. 文学评论，2012（1）：49-54.

虚字用弃：主情向铺陈的转变

汤仕普[①]

【摘　要】文学体裁不同，其于字词之用亦有差异。虚字之功用，要在顿宕语气、衔接转承，故其与情感顿宕起伏、心绪幽怨愤激关联甚密。赋重铺陈，情感以豪迈奔放为重，着墨以名物堆砌为务，以形色虚夸为要，又为四字范式所拘、韵律音步所限，其对虚字之排斥，乃必然耳。要而言之：于传情达意而论，虚字含蓄抒情功能，赋体少用虚字，与文体自身承载功能及句式特点相关。

【关键词】汉赋　虚字　主情　铺陈

一

中国之韵文，其肇端在《诗经》。《诗经》主情言志，名物多为比兴之用；《离骚》情物并重，哀怨忧伤，物事缘情而发。逮至宋玉《高唐》《神女》，遂开铺陈虚夸之端倪，汉世赋家秉承其志，光大铺陈虚夸之精要，并以骈偶行诸笔端，于是"凭虚"之风遂起，铺陈虚夸大兴，大赋如雨后春笋，蔚为大观，乃成"一代之文学"。

东汉班固《汉书·艺文志》谓荀子屈原之辞赋"咸有恻隐古诗之义"，又曰"其后宋玉、唐勒，汉兴枚乘、司马相如，下及扬子云，竞为侈丽闳衍之词，没其风谕之义。"[1]1756 南北朝刘勰《文心雕龙·诠赋》谓宋玉之赋"述客主以首引，极声貌以穷文"。[2]134 明陈第《屈宋古音义·卷三·题高唐》称《高唐赋》"盖楚辞之变体，汉赋之权舆，《子虚》《上林》实踵此而发挥畅大之耳。"[3]247 易闻晓先生谓："汉赋承于屈辞者，'骚体'为多，本于述情，造语如之，原非客观叙写，仅于主观生发，虚灵不著，遂漠难征。"[4]47-48 此诸家之言，一则明大赋之源流，二则知大赋铺陈虚夸之旨要。

然细味《诗》《骚》(《楚辞》)至汉大赋诸体，其间之殊异，于虚字之用弃

[①] 作者简介：汤仕普，男，贵州六盘水人，副教授，在读博士。研究方向为汉语词汇史。

不无体现。虚字含蓄抒情之功，或畅叙幽情，或宣泄愤激，或针砭时弊，咸以虚字起伏顿宕，转承衔接，去之则文采顿失，文风干瘪，味同嚼蜡。然至《高唐》《神女》、汉赋，虚字少用而重物事以渲染，文风则以铺陈虚夸为要，或颂盛世伟业，或展绝世才华，或显百川胸襟，悉见于广博空间之名物铺陈，自在无碍之梦幻虚设。以名物铺陈为要，虚字自然无所用武。自此以降，韵文于虚字之用，与《诗》《骚》（《楚辞》）渐行渐远，观《诗》《骚》（《楚辞》）至汉赋虚字之用弃，实因主情向铺陈之转变。

二

《诗经》合乐歌唱，字句长短受制于体式和韵律。冯胜利先生谓"但无论冲动也好，超越也好，'咨磋咏叹之徐者，必有自然之音响节奏'夕才可成诗。节奏是诗的本质属性。"[5]25《离骚》缘情而发，不饰雕琢，字句长短发乎情愫，故文辞近乎自然。《诗经》一意两读，《离骚》独句成意。

> 桃之夭夭，灼灼其华。之子于归，宜其室家。桃之夭夭，有蕡其实。之子于归，宜其家室。桃之夭夭，其叶蓁蓁。之子于归，宜其家人。[6]6

> 夫孰非义而可用兮？孰非善而可服？阽余身而危死兮，览余初其犹未悔。不量凿而正枘兮，固前修以菹醢。曾歔欷余郁邑兮，哀朕时之不当。（《离骚》）①[7]609-610

《桃夭》四字一读，其功能近乎短语，意犹未尽，难成完句。以此观之，《诗经》合乐歌唱，四言为句，受制于韵律和体式，两句为一，方为完整。四字之中，又以虚字连接，修饰状貌，使之连绵起伏，顿宕有致。《离骚》长短句互用，其字句长短实受情感升降流转之影响，需长则长，遇短则短，辅以虚字衔接转承功能及顿宕舒缓之效用，使之更长于情感之自由抒写。易闻晓先生谓："与《诗》四言优婉的重叠咏唱不同，《离骚》以句中虚字连接更多的字词，形成复杂结构的长句，并以句尾虚字加强情感的表达和咏叹的效果，实质上乃是借助虚字以使散语长句成为韵语，较之《诗》语四言的拘限，具有情感表达和名物容纳的更大空间。"[8]23 故《离骚》单句独立，亦能语义自足。换言之，虚字含蓄情感表述功能，表现在衔接情感的跌宕起伏，更客观真实地、立体式地表现作者内心感悟。

---

① 本例及下引《离骚》、诸赋均选自《六臣注文选》（中华书局，2012年5月第1版，2013年2月第2次印刷），下不再另注。

> 背绳墨以追曲兮，竞周容以为度。忳郁邑余侘傺兮，吾独穷困乎此时也。宁溘死以流亡兮，余不忍为此态也。（《离骚》）

若去其虚字，则为：

> 背绳墨追曲，竞周容为度。忳郁邑余侘傺，吾独穷困此时。宁溘死流亡，余不忍为此态。

相较而言，原文顿宕有致，愤激之情自然流露。弃虚字则文采顿失，文风干瘪，索然无味，平淡无奇。此如《礼记》卷十一《乐记第十九》所云"一倡而三叹，有遗音者矣。"[9]1528"三叹"者，乃虚字传情功能之体现。

及乎宋玉《高唐》《神女》，虽未净脱《离骚》遗风，然已开赋文虚夸铺陈之端。康金声先生谓："赋作者虽然少有屈原那样的激情，却发展了楚辞的丽藻。"[10]47 易闻晓先生谓："宋赋定体，以出脱主情，而专于叙物。《离骚》近《诗》，本于情感，其所铺陈，物事只是情感的投射、比兴的载体；……而铺陈愈广，虚夸更甚，物类弥密，字词益多，仅以呈现描写，不当比兴之用。"[4]48 其虚夸则如："其少进也，晰兮若姣姬，扬袂鄣日，而望所思。忽兮改容，偈兮若驾驷马，建羽旗。湫兮如风，凄兮如雨。"（《高唐赋》）"夫何神女之姣丽兮，含阴阳之渥饰；披华藻之可好兮，若翡翠之奋翼。"（《神女赋》）铺陈则如："榛林郁盛，葩华覆盖；双椅垂房，纠枝还会。徙靡澹淡，随波闇蔼；东西施翼，猗狔丰沛。"（《高唐赋》）

《高唐》《神女》虽开铺陈虚夸之端，然物事铺陈甚少，主观感情之抒写充寓其间，《离骚》余韵未尽。逮至《子虚》《上林》，承《高唐》《神女》虚夸之风，然情感抒写式微，乃肇名物铺陈之大端，以彰时代太平之盛况，明赋家广博之胸襟。其铺陈之甚，则如《子虚赋》于"云梦泽""山、石"之形容及"上、下、中、东、南、西、北"诸方名物形容之铺陈：

> 其山则盘纡岪郁，隆崇嵂崒，岑崟参差，日月蔽亏，交错纠纷，上干青云，罢池陂陀，下属江河。其土则丹青赭垩，雌黄白坿，锡碧金银，众色炫耀，照烂龙鳞。其石则赤玉玫瑰，琳珉琨吾，瑊玏玄厉，碝石碔砆。其东则有蕙圃，衡兰芷若，芎䓖昌蒲，江蓠蘼芜，诸柘巴苴。其南则有平原广泽，登降陁靡，案衍坛曼，缘以大江，限以巫山。……（《子虚赋》）

较之《高唐》《神女》，其铺陈之大观，可谓异彩纷呈，庞杂繁芜。铺陈愈胜，则虚字愈少。大体而言，赋文三字句式往往弃虚字而不用。①

> 张凤盖，建华旗。祛黼帷，镜清流。靡微风，澹淡浮。櫂女讴，

---

① 汉赋中，一字单独成句罕见，两字成句亦少见，它们结构单一，几为名物，虚字难附，故略而不论。

鼓吹震，声激越，警厉天，鸟群翔，鱼窥渊。招白鹇，下双鹄。(《西都赋》)

登豫章，简矰红，蒲且发，弋高鸿，挂白鹤，联飞龙。……为水嬉，浮鹢首，翳云芝，垂翟葆，建羽旗，齐栈女，纵棹①歌，发引和，校鸣葭，奏《淮南》，度《阳阿》，感河冯，怀湘娥，惊蜩蛹，悍蛟蛇。(《西京赋》)

铺陈虚夸而外，赋文亦重句式骈整，此亦赋之文体特征之一。赋文讲求骈整，于虚字之用，亦受拘限。刘知几所谓"编字不只，捶句皆双，修短取均，奇偶相配"[11]53 是也。至于《两都》《二京》，辞多骊偶骈整，则视之如常。

据坤灵之正位，放太紫之圆方。……发五色之渥彩，光焰朗以景彰。于是左城右平，重轩三阶。闺房周通，门闼洞开。(《西都赋》)

尔乃振天维，衍地络，荡川渎，籓林薄，鸟毕骇，兽咸作。草伏木栖，寓居穴托。起彼集此，霍绎纷泊。在彼灵圃之中，前后无有垠锷。(《西京赋》)

骈偶之辞，以四六为主，乃汉赋常规。然物事铺陈，又以四言为常，其于虚字，与需要罗列堆砌之名物，更相抵牾。以韵律、音步理论观之，则如冯胜利先生所言："汉语最基本的音步是两个音节。"又谓"把双音节音步作为汉语最小的、最基本的'标准音步'。"[12]163 马燕华："韵律单句的节拍，一般以双音节为一个音步，四言句为两个音步，而且句中一般没有虚词，诵读起来十分整齐流畅。"[13]53 葛晓音先生曰："而在汉魏到两晋长达四百年的重构体式的探索中，实字四言所找到的新句序主要是与二二节奏最相配的对偶句的连缀和堆砌。尽管对偶句也有一些变化，但是对偶句对虚字和连接词的排斥消解了句意之间的自然连接，使四言最适合于需要罗列堆砌的内容，自然就成为颂圣述德应酬之首选。"[14]70 又谓："但是实字四言的二二节奏，造成了使用单音节虚字和连接词的困难。"[14]79 故赋体铺陈之要对于虚字的拘限，既是实字四言范式的要求，亦物事铺陈之自然耳。如：

榛林郁盛，葩华覆盖。双椅垂房，枾枝还会。徙靡澹淡，随波闇蔼；东西施翼，猗狔丰沛。绿叶紫裹，朱茎白蒂。纤条悲鸣，声似竽籁。清浊相和，五变四会。感心动耳，回肠伤气。孤子寡妇，寒心酸鼻。(《高唐赋》)

南山峨峨，岩陁甗锜，摧崣崛崎。振溪通谷，蹇产沟渎，谽呀豁閜。阜陵别鸧，崴磈嵔廆，丘虚堀礨，隐辚郁嶵，登降施靡，陂池貏豸，沇溶淫鬻，散涣夷陆，亭皋千里，靡不被筑。(《上林赋》)

---

① 棹，五臣本作"棹"。

> 方轨十二，街衢相经，廛里端直，甍宇齐平。北阙甲第，当道直启，程巧致功，期不陁陊，木衣绨锦，土被朱紫，武库禁兵，设在兰锜。匪石匪董，畴能宅此？（《西京赋》）

三

然考诸赋虚字之用，又于假设问对、衔接转承之处见常，并多为长散杂糅。七言及以上盖与假设问对相类，亦多依虚字转承衔接。

假设问对则如：

> 昔者楚襄王与宋玉游于云梦之台，望高塘之观，其上独有云气，崪兮直上，忽兮改容，须臾之间，变化无穷。王问玉曰："此何气也？"玉对曰："所谓朝云者也。"（《高唐赋》）

> 有西都宾问于东都主人曰："盖闻皇汉之初经营也，尝有意乎都河洛矣。……主人闻其故而观其制乎？"主人曰："未也。愿宾摅怀旧之蓄念，发思古之幽情，博我以皇道，弘我以汉京。"（《西都赋》）

七言及以上则如：

> 然在诸侯之位，不敢言游戏之乐，苑囿之大。先生又见客，是以王辞不复，何为无以应哉？（《子虚赋》）

> 分州土，立市朝……斯乃轩辕氏之所以开帝功也。……斯乃汤武之所以昭王业也。（《东都赋》）

五言句往往贯以"之、乎（于）"等虚字或修饰或承接，然五言句式非赋文典型，赋家慎用。

> 罢车马之用，抗士卒之精，费府库之财。（《上林赋》）

> 体象乎天地，经纬乎阴阳。（《西都赋》）

此外，六言句式或为两个音步，或为三个音步。若为两个音步，三个音节又非主谓关系，则多用虚字连接，且以"之、于、以"字为常。"六言句或为两个音步，或为三个音步。但是六言句大多数是三音节为一个节拍，古代汉语中三音节词极少，这样六言句大多有虚词。"[13]54

> 正紫宫于未央，表峣阙于闾阖。疏龙首以抗殿，状巍峨以岌嶪。亘雄虹之长梁，结棼橑以相接。蒂倒茄于藻井，披红葩之狎猎。（《西京赋》）

> 抗仙掌以承露，擢双立之金茎。轶埃堨之混浊，鲜颢气之清英。

骋文成之丕诞，驰五利之所刑。庶松乔之群类，时遊从乎斯庭。实列仙之攸馆，非吾人之所宁。（《西都赋》）

四

于理论而言，上述已明汉赋与《诗》《骚》(《楚辞》)相比，于虚字之用，实少之又少。然抽象之理论终究难以替代事实，所谓"事实胜于雄辩"，故下文将以虚字使用频率证明之。

《诗经》《楚辞》、汉赋虚字使用频率统计表①

作品		字数	虚字频次	虚字频率	虚字及其频次
诗经	《氓》	241	36	15%	矣₇之₆兮₄也₄以₄于₄则₂焉₁已₁亦₁哉₁
	《蒹葭》	99	15	15%	之₈且₃所₃已₁
	《淇奥》	110	23	20.9%	兮₁₅如₈
楚辞	《离骚》	2458	558	23%	兮₁₈₃之₉₈以₇₆而₇₀其₄₁乎₁₈夫₁₇唯（惟维）₁₁于₁₁与₁₀为₉也₅亦₅虽₁矣₁哉₁自₁
	《远游》	1137	239	21.02%	兮₈₇而₅₉以₃₂之₃₀其₁₁乎₉于₄焉₃与₂惟₂
宋玉	《神女赋》	744	101	13.6%	之₂₅兮₂₃而₁₅以₁₀矣₇乎₅也₄于₄与、其₃夫₂为₁
骚体赋	《吊屈原赋》	383	67	17.5%	兮₂₈之₈而₇也₄以₄其₃已₂矣₂夫₂于₂哉₂与₁嗟₁乃₁
	《鵩鸟赋》	550	87	15.8%	兮₅₂以₇则₅之₅而₄夫₃乎₃其₂也₂于₂乃₁且₁
汉大赋	《七发》	2330	248	10.6%	之₉₁而₂₈也₂₅乎₂₃兮₁₉于₁₈以₁₃则₆哉₄亦₄焉₃已₃矣₃与₂乃₂耳₁夫₁且₁
	《子虚赋》	1250	147	11.8%	之₄₃乎₁₈于₁₄以₁₂则₁₂而₁₀也₉其₈为₇与₅盖₁且₁然₁焉₁矣₁亦₁哉₁在₁耳₁
	《上林赋》	2289	204	9%	之₆₁乎₃₈于₃₀而₂₈以₁₄也₁₁则₆夫₄于₄矣₂盖₁其₁且₁为₁亦₁哉₁

① 《诗经》三篇均为抒情诗。字数，即文章字数。虚字频次，即所有虚字在文中出现的次数。频率=频次/字数，频率越高，表示虚字出现的概率越高，反之亦然。下标表示该虚字在文中出现的次数。

续表

作品		字数	虚字频次	虚字频率	虚字及其频次
汉大赋	《两都赋》	4298	466	11%	之159 而76 以54 乎45 于43 也17 则15 兮13 与8 其6 为5 焉5 矣4 且3 惟3 夫3 哉2 盖1 亦1 自1
	《二京赋》	7709	803	10.4%	之222 于143 而130 以130 乎41 则26 也24 与19 其12 为12 惟11 在7 矣6 亦6

统计表明,《楚辞》两篇虚字使用频率均最高:《离骚》23%、《远游》21.02%,其次为《诗经·淇奥》(20.9%)。然而,汉赋中虚字使用频率最高者为11.8%(《子虚赋》)。几乎只有《离骚》《楚辞》一半,可见,汉赋虚字使用频率最低。此外《诗经》另两篇虚字使用频率均为15%,亦远高于汉赋。《吊屈原赋》《鵩鸟赋》因承袭《离骚》者颇多(称"骚体赋"),其感情基调忧愤伤感,故亦讲求虚字之用。

于文学作品而论,忧郁愤懑之情,要在相对延长之语段中方能体现,然较长语段离不开虚字之顿宕转承、修饰衔接。以《离骚》(《楚辞》)而论,虚字之大量运用使句子结构更加复杂多样,更符合复杂情感的跌宕起伏。反之,汉赋少用虚字,则句子形式相对单一,消解了复杂情感抒写之可能,从而为名物之无限铺陈赢得了广阔空间。《诗经》"乐而不淫,哀而不伤",故其于虚字之依赖较《楚辞》要弱,然仍以抒情为主,故又强于《汉赋》。

五

以上可知,从《诗》《骚》至汉赋,因情感抒写之差异,故于虚字之用亦有差别。反之,亦可从虚字之用弃别文学体裁承载内容之殊异。概而言之,《诗》《骚》重情感抒发,其间多用虚字,盖与情感交替关联。虚字正如筋骨脉络,顿宕交替、承接呼应必有之。孙立尧:"虚字的大量运用,使得诗歌中实字与虚字的轻重、长短、缓急变化显得很突出。"[15]26 情感越强烈,越依赖虚字顿宕衔接;情感抒写愈淡化,虚字功用愈消减。汉赋铺陈,虚设广博空间,辅之以异彩纷呈之名物与形容,要在彰显盛世功业、歌功颂德,或昭示文人气度、广博胸襟,其于情感抒写,几近于无,故其于虚字依赖甚少。可见,虚字之用弃,盖服从情感抒发之需要矣。

以此观中国之文学,可明体裁与其所能承载之内容关系密切,而内容决定了语词选择的性质和方向。不仅虚字如此,实词亦然。深究这一问题,对于文学创作、教学实践而言,其实际指导意义不言而喻。

参考文献

[1] 班固,颜师古注. 汉书·艺文志[M]. 北京:中华书局,1962.
[2] 刘勰. 文心雕龙. 上[M]. 范文澜注北京:人民文学出版社,1958.
[3] 王云五. 丛书集成初编. 1215. 屈宋古音义[M]. 中华书局,1985.
[4] 易闻晓. 汉赋"凭虚"论[J]. 文艺研究,2012(12):45-52.
[5] 冯胜利.《离骚》的韵律贡献——顿叹律与抒情调[J]. 社会科学论坛,2014(2):24-36.
[6] 朱熹,赵长征注. 诗集传[M]. 北京:中华书局,2011.
[7] 萧统. 六臣注文选[M]. 北京:中华书局,2012.
[8] 易闻晓. "赋亡":铺陈的丧失[J]. 文学评论,2015(3):20-28.
[9] 郑玄. 十三经注疏·礼记正义[M]. 北京:中华书局,1980.
[10] 康金声. 论汉赋的语言成就[J]. 山西大学学报哲学社会科学版,1986(1):47-54.
[11] 刘知几. 史通[M]. 沈阳:辽宁教育出版社,1997.
[12] 冯胜利. 论汉语的"韵律词"[J]. 中国社会科学,1996(1):161-176.
[13] 马燕华. 骈赋韵律特征分析[J]. 励耘学刊(语言卷),2005(02):44-56.
[14] 葛晓音. 汉魏两晋四言诗的新变和体式的重构[J]. 北京大学学报哲学社会科学版,2006,vol. 43(5):70-79.
[15] 孙立尧. 四言诗虚字中心说[J]. 中国韵文学刊,2006,20(4):25-36.

多维向度下的心灵变奏

张挺玺[①]

【摘　要】 李健吾是现代文学史上著名的文学评论家、散文家、戏剧家、小说家、翻译家、法国文学研究家、编纂家。他70多年的生命历程，是一个不断超越自我、创造自我、成就自我的蜕变过程。这个饱经人世变幻的生命，能够如此在多维向度中展现文学创作功业，源于他内心丰富的变奏。家庭和人世的变故，爱人的失去与获得，现实与理想的碰撞，个性与时代的隔离，人性彰显与规范束缚的抵牾，美学追寻与现行藩篱的矛盾，一起变奏出李健吾一生的绚丽和弦。一个生命能在多维向度下呈现如此风姿卓绝的功业，本身就是现代文学史上的一个奇迹。走进李健吾的内心世界，探索其生命的多重嬗变，解读其创作历程中的心灵密码。

【关键词】 李健吾　多维向度　心灵变奏

在中国现当代文学史上，李健吾确乎是个天才、全才。作为文学评论家，他在二十世纪三十年代卓然独立，司马长风说："没有刘西渭（李健吾笔名），三十年代的文学批评几乎等于零"[1]；作为散文家，他的深情和多慧超越了徐志摩和冯至；作为戏剧家，1934年7月1日，他的《这不过是春天》和曹禺的《雷雨》同刊在《文学季刊》，《雷雨》并没有引起预期的轰动，《这不过是春天》却时时被搬上舞台；作为小说家，1924年12月在《晨报副刊》发表的短篇小说《终条山的传说》被鲁迅称为"可以看到那用口碑织就的华服里面的身体和灵魂"[2]，1933年的长篇小说《心病》，则被朱自清视为新文学第一部"描写心理"[3]的意识流小说；作为翻译家，他翻译的《莫里哀戏剧全集》《包法利夫人》至今无人企及；作为法国文学研究家，业内专家柳鸣九1994年说李健吾写的《福楼拜评传》"别说以前了，往后五十年之内，中国是没人能写得出来的"[4]；作为编纂家，在六十年代初主编欧洲戏剧理论史时不仅对1962年版的《诗学》加以修改，编入第一卷，还保留了修改底稿，挽回了初稿无影无踪的惨剧。一个生命能在

[①] 作者简介：张挺玺，文学院，2014级博士。

多维向度下呈现如此风姿卓绝的功业，那该是一个何等丰富的心灵变奏！

一、丧父：顶天立地沧桑里

丧父，是中国现代文学史上美丽的痛。辗转于当铺和药店的幼年鲁迅，"为爱我者屈"的胡适，母子相依的老舍，父亲"形存实亡"的曹禺、张爱玲……父性的缺失，使这些生命过早的承担起他们的年龄不该有的世态炎凉，也恰恰正是如此的人情练达，促成了他们心灵丰富的痛。

李健吾的父亲李岐山系同盟会革命军少将军官，因受阎锡山陷害两次被捕入狱，在给幼年跟娃（李健吾乳名）带来严格的蒙学规训同时，也给李健吾打开了一扇走向遥远的人生大门。《东周列国志》那带着父亲温暖的馈赠，《经国美谈》蕴含异乡爱国情志的熏陶，在大命即倒之前，李岐山对李健吾的寄寓之情无以言表。1918年，李岐山第二次入狱，即便是在狱中，对前来探监的李健吾也是亲自讲授课业，严厉有加，直至1920年9月11日被陕西督军陈树藩伏兵暗杀。父亲这棵树倒下使这个14岁的孩子多了一份稳重和成熟。"父亲在民国短短八年中间（实为九年），坐过两次监狱，最后被人暗杀，虽说我是一个小孩子，但是人情冷暖和世道变化，把我逼得早熟了。"[5]

1921年，北京实验剧社在北京成立，年仅15岁的李健吾是发起人之一。同年，因救场出演熊佛西《这是谁之最》竟然赢得熊的跪拜礼："健吾，你救了我的戏，谢谢你。"[6]因为父亲，从山西晋南的小山村来到了北京城；因为丧父，从附庸走向独立。生命位移和灵魂的自我蜕变，使他像父亲那棵树一样挺立在天地间，一个生命已经站起来，顶天立地于沧桑里。

二、失恋：灵魂深处真情愫

如何达成内心与外界的和谐统一，是每个生命所必须面对的命题，而上天却常常"损不足而奉有余"，在给我们不同的生命形式的同时，却赋予了我们都需要爱的初心。李健吾最初的爱恋应该是"过家家"时期懵懂的、人性最初的本源苏醒。这个名叫叶儿的十岁同村女同学，深深的印在他的心里。"我攀不上她。我心里爱透了她。她象征着人间精神和物质的美丽。我恋了她两年，然后跨过一条大河，就和她永别了。"[7]八岁的李健吾对叶儿的恋爱，与其说是爱恋，不如说是童年人性最初的惺惺相惜和美丽回忆。因为生命空间的转换，从此天各一方，彼此成为遥远的记忆。

真正的一次爱恋是在读北师大附中时，女孩是同级校友，叫张传真，系北洋政府司法总长张国淦的女儿，李健吾考入清华大学后，两人便中断联系。但真爱是刻骨铭心的，是一个生命对另一个生命的倾心相注。1925年7月25日，李健吾新诗《邻花》发表在《文学旬刊》，落款余赘"醉于川针"，此后又先后在短篇小说《贼》、散文《乘驴》和新诗《过巴沟桥西行》中署名川针。从"传真"到"川针"，谐音同声中，是一个心灵对另一个心灵的垂慕。"他上清华后，她便中断了和他的往来。这使他非常痛苦。我曾劝他痛下决心，割断情丝，或者另找女友，或者效仿歌德将自己的失恋痛苦发泄在小说上。我重读《西山之云》后，没有发现在《少年维特之烦恼》中所抒发的那种直接失恋描述。"[8]对李健吾来说，这是一次心灵的裂变，甚至在多年之后的创作中都还能找到这次失恋的影子。1934年李健吾创作剧本《这不过是春天》，对剧中厅长夫人的刻画，俨然是对10年前这段被抛弃的失恋在自我尊严上的补偿。

如果没有这次失恋，李健吾也许就少了一道人生萃取的历练，也许就不会有清华6年的蕴畜和积淀，也许就不会有后来的切入人心的创作。在人性中最刻骨铭心的情愫中，才能有来自心灵最深处的呼喊。

三、去国：师夷长技开慧眼

1931年8月22日，带着杨虎城（时任国民政府陕西省主席）、商震（时任国民政府山西省主席）、李少白（李健吾七叔）的资助，带着同学、老师的期盼，带着未婚妻子的依恋，李健吾与朱自清、徐士瑚启程赴欧。实际上真正促使李健吾赴法留学的还是他一心向学的无限追求。清华6年埋下的种子，已经渴望更多雨露的润滋，王文显等诸多师友开启了他通向异域的视域。要么读书，要么去旅行，灵魂和肉体必须有一个在路上。在巴黎、在伦敦、在意大利，或行走于图书馆、博物馆、名人故居，或坐而论道畅谈时事念国家之悲哀，或奋笔疾书殷殷深情捎去思念之心苦，或冥定一室研读先贤续文脉之行思。

刚到巴黎，"九一八"事变的消息就传到法国，在激愤和屈辱中，李健吾创作了三幕剧《火线之外》和四幕剧《火线之内》。从伦敦来巴黎的朱自清在《〈火线之内〉序》中赞赏说："我想报纸上的材料怕不够力量吧。但是李先生的戏写成了，他的想象力量很够用；看，这里不是一本有声有色的戏！"[9]更多的时间，是他在图书馆里研读福楼拜。对福楼拜"现实主义"和"艺术至上"拥有了自己的清醒厘定，在接受他艺术品格的同时，也被福楼拜孤傲狷介的人生态度所浸润。《福楼拜评传》中参考书籍达96种，而差不多都来自于李健吾自己的收藏，没有对福氏的热爱和刻苦的研读，何能有这等著作。通过福楼拜这一个案的研读，李健吾撬开了欧洲文学的研究大门，他对法国文学、对世界文学的认识超越了旧时藩篱而达到本质规律的至境。

去国留学，赴欧、赴美、赴日，构成中国现代文学作家一道亮丽的风景线，他们慧眼洞开，学成还乡。现代文学的现代性，如果没有走出去的探险和学习，那将会是一个什么样子？正是这无数个李健吾，给铁桶一样的当代中国文学带来了新的气息。

四、还乡：自筹酝酿成新曲

去国两载，一朝归来，总想早日打出一方天地。他的译文《包法利夫人》，1934年1月1日在《文学季刊》创刊号上发表，引起了文化界的躁动和关注。林徽因专门写信约李健吾到林家见见面，进入"太太客厅"标志着李健吾也就走进了当时主流派文学的中心。1935年夏天，也是因为这篇译文，出任暨南大学文学院院长的郑振铎毫不犹豫地聘任李健吾为法国文学教授。

1933年9月，沈从文接编天津《大公报》文艺副刊，求贤若渴。李健吾峭拔机警、锋芒毕露的批评文章开始展露报端，福楼拜似的孤傲狷介、坦诚至真，纯正的调侃，率性的褒扬连接在文艺副刊上重炮出击。《从〈双城记〉说起》《绣像飞跎全传》《伍译的名家小说选》《中国旧小说的穷途》《现代中国需要的文学批评家》等评论文章成就了"刘西渭"这个笔名，也成就了李健吾批评家的历史地位。1936年12月，文化生活出版社出版了李健吾的《咀华集》，1942年出版《咀华二集》，这种率性批评，纵横捭阖、坦诚心地、直指人心的个性化批评刺痛了某些文学史家，以至于湮没了刘西渭的大名。

1934年7月1日，《文学季刊》第一卷第三期出版，同时刊出李健吾的《这不过是春天》和曹禺的《雷雨》。《雷雨》并没有引起预期的轰动，而《这不过是春天》却不断被人上演，引起极大关注甚至被译介到日本演出，欧阳予倩曾高度赞扬这部戏。《这不过是春天》标志着李健吾喜剧的美学风格的成熟，也是中国话剧喜剧走向成熟的标志。

1935年夏《福楼拜评传》完稿。"司汤达深刻，巴尔扎克伟大，而福楼拜，完美。巴尔扎克创造了一个世界，司汤达剖开了一个人的脏腑，而福楼拜告诉我们，一切由于相对的关联。他有他的风格的理想，而每一部小说，基于主旨的不同，构成不同的风格理想。"[10]李健吾从此成为福楼拜研究的权威，以致多少年之后都无人企及，他又是前卫的，以致对上个世纪三十年代肇始的"意识流"代表小说《追忆似水年华》刚刚出版就作出了准确的批评。

到1937年，李健吾以专注《福楼拜评传》、评论集《咀华集》、散文集《意大利游简》、翻译小说集《福楼拜短篇小说集》、剧本《梁允达》等自成一家，已经名耀文坛。

五、孤寂：心向一隅逞狂欢

孤寂是一个人的狂欢，伟大的心灵无不是在孤寂中成长的。李健吾，幼年丧父，中年丧母，生命多舛，让李健吾这个不屈的生命学会在孤寂中深思熟虑、独立不倒。

1937年11月至1941年12月，上海沦陷，生活在租界的李健吾成为"孤岛"流民。朋友、学生都去大后方抗日报国，自己却因腰腿病不能前行，生理和沦陷的窘境让这位不甘沦落的心灵陷入孤寂。教书、著文聊以慰藉国难当头的呻吟，苦难中寂寞的挣扎透露出一个良知文人的精神底线。

他走出书斋，做力所能及的事，成立上海剧艺社，改编剧本，导演演出，创作《黄花》和《草莽》。写戏、演戏，只是表面，更多的时间是翻译法国文学作品，《情感教育》《包法利夫人》《圣安东的诱惑》《三个故事》，翻译成为一种消遣，消遣也成就了孤寂。

抗战胜利后到新中国成立初期，左派文人的批评，让他陷入更大的孤寂，不知所措，晕头转向。1947年3月之后，他昔日那种笔锋凌厉的批评不见了，在《文汇报·笔会》上发表的多是不痛不痒的译介作品。"编、导、演，他样样来得，可是他却不善于处世，人缘欠佳，这对他的艺术生命的拓开，不无损失！"[11]退守书斋，保持沉默，教书、译书，《莫里哀的喜剧》《巴尔扎克论文选》《莫里哀全集》等大部头译作成为他自我狂欢的园地。

六、奔走：不用扬鞭自奋蹄

奔走，是李健吾一生的生命写照。奔走在父亲探监的路上，奔走在少年进发的路上，奔走在爱恋的路上，奔走在异域求学的路上，奔走在文学创作与译介的路上，奔走在民族大义的路上，一直奔走到生命的尽头……"李健吾者，犹良骥也。当其奋迅奔驰，骏发用命时，才气旁溢，若无能及者。"[12]

晚年的李健吾笔耕不辍，宝刀不老，1977年9月陆续在《人民戏剧》发表《合理性》《集中》《高潮》《第一幕》等四篇文章。1977年11月，李健吾完成剧本《一九七六》。1978年1月完成剧本《大妈不姓江》，8月完成《一棍子打出个媳妇来》。1979年完成剧本《吕雉》，1979年和1980年完成散文集《咀华新篇》。1981年译成《莫里哀戏剧全集》。1982年11月24日下午，李健吾倒在自己的书桌旁，停止了他一生的奔走。

　　七十多年的生命历程，是一个不断超越自我、创造自我、成就自我的蜕变过程。这个饱经人世变幻的生命，能够在如此多维度中开创文学创作功业，源于他内心丰富的变奏。家庭和人世的变故，爱人的失去与获得，现实与理想的碰撞，个性与时代的隔离，人性彰显与规范束缚的抵牾，美学追寻与现行藩篱的矛盾，一起变奏出李健吾一生的绚丽和弦。文学批评家、小说家、散文家、戏剧家、翻译家、法国文学研究家、编纂家，李健吾是绝无仅有的"这一个"，他像一道亮丽的彩虹，横跨在中国现当代文学史上，为后人所景仰。

参考文献

[1] 司马长风．中国新文学史[M]．香港：昭明出版社，1980．

[2] 鲁迅．中国新文学大系·小说二集导言[M] //赵家璧．中国新文学大系．1935．

[3] 朱自清．读《心病》[N]．大公报，1934．

[4] 韩石山．李健吾传[M]．太原：山西人民出版社，2006．

[5] 李健吾．我学习自我批评[N]．光明日报，1950．

[6] 韩石山．李健吾传[M]．太原：山西人民出版社，2006．

[7] 李健吾．经国美谈[M] //李健吾．李健吾散文集．银川：宁夏人民出版社，1986．

[8] 徐士瑚．李健吾的一生[J]．新文学史料，1983（3）．

[9] 朱自清．《火线之内》序[M] //李健吾．火线之内．北京：北平青年书店，1933．

[10] 李健吾．福楼拜评传[M]．上海：商务印书馆，1935．

[11] 孟朗．从《梁山伯与祝英台》说到李健吾的编、导、演[J]．话剧界，1942（7）．

[12] 李健吾．本班轶事琐录[Z] //北京师范大学附中．毕业纪念册．1925．

鲁迅作品在越南的转播与影响研究

阮秋江[①]

【摘　要】 在全球化的背景下，各国文化交流与文学交流日益加强。纵观历史，中国文学已经在越南产生了重大影响，越南读者在不同的阶段接受中国文学，从而丰富自己的精神文化生活。鲁迅是越南最早推出的中国现代文学作家之一，也是唯一的一个被选入越南中学教材的中国现代作家。二十世纪以来，随着鲁迅作品在越南的传播，越南读者接受的鲁迅作品越来越多，对鲁迅的研究也越来越多。越南人喜欢鲁迅，不仅仅因为他是一个——越南人接受中国现代文学的——"桥梁"，更因为鲁迅的创作在越南社会激起了强烈的共鸣，影响了越南现代文学。

【关键词】 鲁迅作品　越南转播　翻译情况

一、鲁迅作品在越南的翻译概况

翻译被认为是国家之间的文化交流第一桥，通过翻译，世界文学会紧密联系起来，互相影响。文学翻译不仅是语言解码（从一个语言译成另一个语言），转达作品的艺术和思想的工具，而且还是文学作品"再创造"的工作。翻译者，即是文学接受者，也是艺术创造者。要做好这份工作，不仅要求翻译者精通两国语言，有深厚的文学修养，还要了解两国的社会文化和本国读者的要求，因此翻译者其实又是研究者。鲁迅作品在越南的传播，首先是通过研究者、翻译者邓泰梅（1902~1984）开创的。

越南文学的现代化与中国文学的现代化几乎同时发生。中国现代文学从1917年开始，标志是五四新文化运动，但二十世纪二十年代，中国文学的现代化过程中几乎没有越南人知道。原因一方面是法国殖民的奴役文化，另一方面是越南知识分子对中国现代文学的不认同。十九世纪末，中国古代文学的形象

[①] 作者简介：阮秋江，贵州师范大学文学院2015年级博士生。

对越南知识分子来说并不是"理想的形象",比不上新鲜的西方文学。因此,中国新文学的成就本来可以对越南文学在现代化过程中有积极的影响,但由于越南翻译者都不感兴趣,因此无法传播到越南,更无法产生影响。

鲁迅作品最初被介绍到越南不是通过汉语而是通过法语翻译过来的。鲁迅作品被翻译到越南的第一部作品是《孔乙己》(武玉潘《法越杂志》1931年)。翻译者武玉潘说,他当时把鲁迅作品从法语翻译过来,也不知道鲁迅是谁。在1930~1940年,越南出现了几篇文章提到"中国新文学",但是这几篇论文只介绍用白话替代古文的好处,点过几个有名作家如郭沫若、老舍、茅盾等和《阿Q正传》这部小说。越南接受中国现代文学很少。直到1942年,研究者邓泰梅一步一步地把鲁迅作品翻译介绍到越南,鲁迅逐渐成为中越两国文学交流的重要"桥梁",邓泰梅也因此成了越南第一个有意识翻译和介绍鲁迅及其作品的翻译家。

邓泰梅曾说,因为一个不认识的朋友的介绍,他1926年就知道"中国有一个鲁迅很了不起",但十年后,鲁迅已去世了他才主动找来鲁迅作品研读。翻译鲁迅诗《人与时间》发表在《青毅》杂志上(《外国名文》目)时,邓泰梅尊敬地介绍:"鲁迅,后起艺术家"。从第一次翻译鲁迅作品起,他陆续翻译介绍鲁迅几种体裁的文学作品,如:《影的告别》《过路人》(散文诗)、《孔乙己》《阿Q正传》(小说)、《我为什么写<阿Q正传>》《狗,猫,鼠》(散文)等。1944年,邓泰梅出版《鲁迅——身世与文艺》一书,全书共220页,集中介绍了鲁迅先生及作品。在谈到中国现代文学的过程时,邓泰梅认为,鲁迅是中国现代文学最有代表性的作家,"鲁迅不只是一个人物,他还是一个时代",这句话表达了对鲁迅的敬佩和深刻的认同感。

邓泰梅之后,很多翻译者和研究者也翻译鲁迅作品和专论,让读者能更全面了解鲁迅。可以说,在1950~1970年期间,随着翻译外国文学的发展,更多鲁迅作品,主要是小说和散文,被翻译到越南。1952年,简枝翻译了鲁迅的小说《孤独者》。1955年,潘魁翻译出版了《鲁迅小说》和《鲁迅散文》。1961年,张正翻译鲁迅的《呐喊》《彷徨》和《旧事重提》。1963年,张正还把鲁迅150篇散文翻译成越南文,出版成三集。1966年,简枝翻译出版了《鲁迅选集》。

在许多翻译版里,张正和潘魁两个翻译者不同的翻译风格引人注目。潘魁(1887—1959)是一个学者,他的翻译观点最接近鲁迅。他认为,翻译版要紧靠原版,不能加减,颠倒顺序,给读者真实地转告另一个民族的感受、思想、看法。他反对为了容易接受而"越南语化"的翻译。但他的"直译"紧靠原版,使用汉越词和保留中国人说话的风格让当时越南读者难以接受。反之,张正有"脱意"柔和的翻译风格,他学习邓泰梅(给张正"阅读和翻译鲁迅作品的兴趣"的人)的翻译风格,认为翻译版要尽量紧靠原版,但也要保留和转告作者的思想,让读者领会到作者的原意,同时也要"选话语来流利的翻译"。因为翻译的不太紧靠原版，所以张正的翻译版还存在很多缺陷，有不准确或缺漏的地方。但是，由于他的翻译版使用越南人相近的语言，满足读者的口味，张正的翻译版还是被读者欢迎和接受。

上个世纪六十年代前后，越南文学界出现了翻译鲁迅诗歌的热潮。越南评论界对鲁迅的诗歌评价很高："用革命人的眼光来读鲁迅的诗，用革命人的心来感受鲁迅的诗——这是唯一准确的读法与感受法。我们将会从鲁迅——伟大文学家感受到鲁迅——优秀的诗人"。对鲁迅诗歌的翻译介绍，比较突出的有南珍和胡士侠。胡士侠是越南批评家，他的《鲁迅作诗》1998年发表在《文学杂志》第四期。作家南珍翻译和发表《鲁迅，诗人》在《文学杂志》第五期上（1966年10月）。

二十世纪七十年代之前，在越南翻译的鲁迅作品主要是小说和散文，被翻译和再版最多的还是《呐喊》和《彷徨》。这源于当时读者接受的需要：全国拔高革命斗争。而鲁迅在作品中提到的：彻底反封建的精神，反教条主义，批判辛亥革命的骑墙性，批判农民阶层的愚昧，知识分子懦弱等，这些都是当时越南社会和读者十分关注的问题。

1975年越南统一后，鲁迅作品在越南还很热，鲁迅的其他作品（诗、学术研究等）也被翻译者关心。1999年，潘文各翻译和备注鲁迅从1900年到1935年的全部75首诗。散文诗《野草》也被演州、潘氏好、陈廷史选翻译。尤其通过梁唯心和梁唯次，鲁迅的《中国小说研究》也第一次翻译介绍到越南。

二、鲁迅小说在越南的翻译版本

鲁迅小说翻译到越南最多，且有不同的翻译版本：
《孔乙己》有四种译本。翻译者有：邓泰梅，潘魁，张正，简枝。
《阿Q正传》有四种译本。翻译者有：邓泰梅，潘魁，张正，简枝。
《狂人日记》有三种译本。翻译者有：潘魁，张正，简枝
《故乡》：有三种译本。翻译者有：潘魁，张正，简枝。
《祝福》：有五种译本。翻译者有：邓泰梅，潘魁，张正，胡浪，简枝。
《药》：两个译本。翻译者：潘魁，张正。
《明天》：四个译本。翻译者：潘魁，张正，胡浪，简枝。
《一件小事》：有两种译本。翻译者有：潘魁，张正。
《社戏》：有两种译本。翻译者有：潘魁，张正。
《在酒楼上》：有两种译本。翻译者有：潘魁，张正。
《孤独者》：有两种译本。翻译者有：张正，简枝。

三、鲁迅作品进越南中学教材的情况

越南中学外国文学教材包括亚洲（日本、印度、中国），欧洲（英国、法国、德国、俄罗斯、希腊），美洲（美国、巴西）等地区的文学，每个国家著名作家的著名作品，代表每个民族的历史阶段的文学。通过这些教材，让学生有机会了解各个国家的民族文化和文学特征。

外国文学作品在越南中学语文教材中占 40%，跟着文学史教程的安排，所有涉猎的作家会有一到两个作品被介绍，只有鲁迅作品在越南中学教材中有三篇入选，其中初中语文教材有《故乡》，高中语文教材还有鲁迅的《药》和《阿Q正传》，展示其重要的一面。因为中国和越南不仅仅是地理靠近，而且中国文化、文学与越南文化、文学有很多相似之处，鲁迅的观点和看法跟越南人也很相同，鲁迅的作品既反映当时的社会历史，也包含深远的哲理，所以，鲁迅作品在越南中学语文教材比其他作家多也是理所当然的。

四、越南的鲁迅研究

鲁迅在越南文学的地位较高，越南的鲁迅研究也有成就，已经有四部研究或翻译的丛书。鲁迅作家的身世，思想发展道路和创作事业都得到系统介绍。除了邓泰梅的《鲁迅——身世与文艺》（1944），还有李春武的《鲁迅，中国文化改革的主将》（1958），李何琳（南开大学教授到河内大学讲学专题）的《鲁迅·身世，思想，创作》（1960），张正的《鲁迅》（1971）。后来还有方榴《鲁迅·文学理论家》（1977）和阮宪黎的《中国现代文学》（1986），其中很多地方写到鲁迅。

总的来说，对鲁迅的研究成果，在 1980 年代之前的越南还是比较丰富的。但是，因为受到时代的正统文学流派的影响，研究鲁迅作品在这个阶段还侧重社会学方面与社会政治方面，鲁迅文学作品在越南的传播与研究对中越两国的八十年代前文学发展交流有特定意义。在较长的时间，研究鲁迅作品的方法主要是传统社会历史方法，基本集中到"内容反映现实"或"用艺术来描述社会内容"的研究。如阮武的《鲁迅·努力战斗建立中国无产阶级文学的先锋战士》、文巴的《关于鲁迅作品中的知识青年》、阮伍的《阿Q形象的典型意义》、方榴的《鲁迅，大手笔》、张正的《阿Q和中国文化革命》和《鲁迅在中国文化革命》。在这阶段也出现对鲁迅散文和诗歌的研究，如文巴研究的《旧事重提》、阮伍研究《鲁迅，诗人》等。但研究中心还是鲁迅小说，主要是研究《呐喊》和《彷徨》两部小说。

每个文学作品都有很多研究方式，用社会学方式研究鲁迅作品不是没有价值——特别是在越南二十世纪初的特定历史背景下，但社会学研究方式很容易"框死"一个本来很复杂的文学现象。比如把鲁迅的作品归到"真书方法"现实主义的"典型化"，但鲁迅笔下还有浪漫主义、象征主义，尚缺少客观性的研究结果。精深地研究文学，在某些方面会选择方式，改换角度和研究方法，要从"固定"研究方法中挣脱出来，进行创新研究。

从二十世纪的八十年代起，当大宗外文研究工程，特别是西方文学理论引入越南的时候，给文学研究提供新鲜的理论问题，启迪了新方向，很多关于鲁迅作品的研究在接受和运用新理论的基点上也有新的收获。鲁迅研究在这阶段比以前全面得多。在内容方面，鲁迅时代的中华社会画幅——一个古老与"吃人肉"本质的社会，里面有蒙昧、还没被唤醒的人民；在艺术方面：人物创作格式及现实、浪漫、比喻、象征笔法，鲁迅文风的魔力——敲打性、抒情性、感染性等也被详尽地分析和证明。所有的研究都承认鲁迅作为中国现代文学先锋的积极的贡献。

这样，从1986年到现在，研究鲁迅已取得标志性成就。随着继续研究鲁迅作品社会性的内容在不断进行，而艺术方面的研究也不断出现。研究者也关注研究鲁迅作品在"现代诗法"的具体方面：结构组织，创造情节艺术，人物系统，空间和时间，陈述艺术等。比如，关于"人物诗法"已有不少于十篇（包括报告、论文）研究成果。人物研究不只用文学理论的观念如典型、类型人物等研究，而且还用"开放的观念"去了解异型人物、不正常人物等。在用现代诗法学接受鲁迅作品的研究中，一定要提到黎辉肖的《鲁迅小说诗法》（1988）和梁唯次的《关于鲁迅作品的几点诗法和高中教学研究》（1992）。通过几篇传统叙事作品对比，黎辉肖指出鲁迅的"新鲜的利导法，不只是古人而且现代作家也不会"。梁唯次在他的研究中也指出鲁迅作品不同的几个方面，同时认定："关于诗法，鲁迅有民族性也有现代性。有一种鲁迅诗法，也是中国文学二十世纪的诗法。它有浓郁中华民族色彩但也很现代，跟国际流派相同。"

在这阶段，很多研究者把鲁迅作品跟其他作品对比研究。代表作有范秀洲的《越南南高的志<飘>和鲁迅的<阿Q正传>对比》，陈莉宝的《鲁迅和维克多·雨果作品中的<悲惨世界>》。在这阶段研究范围也不仅仅是鲁迅小说，他的散文和诗歌也得到越南研究者的深刻关注。

五、结语

鲁迅是中国杰出的思想家、文学家，他的作品对世界有广泛的影响，但对每个国家的影响不同。越南和中国在历史上有悠久的宗藩关系与深广的文化联系。至今，鲁迅已成为越南读者熟悉的作家，他的作品被从多角度理解和分析，他对中国文学及世界文学的贡献都得到越南研究界的认同。众多越南文学家和批评家从不同的角度，采用不同方法来研究鲁迅著作，他们一致认为"鲁迅不仅是中国的大作家而且还是世界的名人。人们敬爱鲁迅不只因为他的文章奇才，也因为他的人生关于接物处事，刚毅理想，持久不倦的战斗精神，令人高山仰止"。越南研究者对鲁迅及其作品的伟大贡献给予一致肯定，还带着学习、欣赏和借鉴的心态去介绍与研究鲁迅。

虽然鲁迅已去世后他的作品才传播到越南，但他始终受到越南读者的珍爱，他的作品翻译到越南越来越多，也被多次重版，鲁迅小说也进入到越南中学语文教材，成为越南文学教育的教科书。可以说，鲁迅在越南外国文学中的地位是不可替代的，他是中国现代文学的代表作家，也是中国和越南文学交流的桥梁和纽带。

参考文献

[1] [越]邓泰梅. 鲁迅，身世与艺术[M]. 时代出版社，1944年.
[2] [越]简枝. 鲁迅<孤独者>翻译版[M]. 世界出版社，1952.
[3] [越]张正. 鲁迅散文[M]. 文化出版社，1963.
[4] [越]方柳. 鲁迅，大批评家[J]. 文学杂志，1968.
[5] [越]张正. AQ与中国革命[J]. 文学杂志，1979.
[6] [越]南珍. 鲁迅，诗人[J]. 文学杂志，1961.
[7] [越]黎辉肖. 鲁迅小说诗法[J]. 副教授论文.
[8] [越]陈廷史. 在看鲁迅的野草[J]. 香江杂志，2004.
[9] [越]杜文晓. 鲁迅作品中的精神话语及其在越南的影响[J]. 南都学坛，2015.
[10] [越]阮氏梅柠. 鲁迅在越南[J]. 河内师范大学文学院.

抗日语境下民族意识的另类建构

——以郭沫若历史剧《孔雀胆》为例

杨 洁①

【摘 要】 历史剧《孔雀胆》是抗战时期郭沫若创作的一部有特殊魅力与丰富内涵的剧作,自公演之始即受到普通观众的热情追捧,也受到评论界的不断指摘。主题模糊、思想混杂、内涵芜杂是时评中的主要意见,郭沫若也不得不予以反复回应与辩解。结合剧本与作者后记进行细读,从剧作蕴含的民族意识进行挖掘,能有效贯串爱情悲剧、团结斗争、妥协主义等不同的主题。值得一提的是,不同于传统戏剧的直叙模式,该剧作从民族联合再到民族消解、重构,其民族意识展现另类建构态势。

【关键词】 历史剧 《孔雀胆》 民族意识 另类建构

1941年,日军大举全面进攻中国内地,半壁江山沦于敌手;大敌当前,执政的国民党政权依然不忘反共,悍然发动了"皖南事变"。面对这样的政治、社会现实,一批进步文人义愤填膺,创作了大量针砭现实的优秀作品,其中左翼文人领袖郭沫若表现得十分典型。郭沫若以"古为今用""以古鉴今"的手法,从1941年到1943年,先后创作了《棠棣之花》《屈原》《虎符》《高渐离》《孔雀胆》及《南冠草》等隐射现实的历史剧。不得不说,抗日战争时期正是郭沫若戏剧创作的高峰期。尽管六部剧的题材不同,但它们都表现一个大致共同的主题:反对日军侵略,反对同室操戈,主张团结抗敌,弘扬爱国主义。其中,历史剧《孔雀胆》不但以曲折的故事与结构见长,而且以芜杂错落的丰富内涵引人侧目,尤其剧作中蕴含的民族意识,在作者的匠心独运下显露出另类建构之特质,这在其他历史剧中独具一格。《孔雀胆》丰富、模糊而芜杂的内涵,在我们今天看来,仍是充满张力与矛盾的,值得重新探讨。

---

① 作者简介:杨洁,文学院2015级中国现当代文学在读博士。

一

1942年9月，郭沫若用了五天半时间完成了四幕历史剧《孔雀胆》的创作。《孔雀胆》讲述了一个凄美的故事：元朝末年，汉民族地区人民和蒙古贵族之间的矛盾激化，各地农民纷纷起义，反元"红巾军"将领明二大举进攻云南。蒙古贵族梁王难以抵挡，不得已向素有仇怨的大理总管段功求援。段功率兵大败"红巾军"，之后迎娶了梁王的女儿阿盖公主为妻。就在举国欢庆时，奸臣从中挑拨，离间梁王和段功，阿盖公主也卷入了纷争中。正是这样一部具有传奇色彩的历史剧，一经完成即刻受到知名导演的青睐，第一时间内便将《孔雀胆》搬上了舞台。1943年1月，《孔雀胆》在重庆国泰大戏院首演，取得了很大的轰动效应。抗战胜利后，《孔雀胆》还被带到上海，在光华大戏院从8月底一直演出到9月底才结束，可谓场面恢弘、群情激奋。显然，相比郭沫若的其他历史剧，在演出的次数、时间、地点上，《孔雀胆》是颇占优势的一部。就是这样一部受到广大观众欢迎和认可的作品，从首演直到建国以后，却引起了当时乃至后来的专家、评论家的质疑。有人认为，"我们便不能不承认作者所选取的这一历史题材是缺乏积极的社会意义的……因为段功与阿盖的爱情，是建立在对元末农民起义军的征讨的基础上的。"又有人认为，"作者写这个剧的动机是好的，是'企图写民族团结'，但因选材不当，未能收到应有的效果。"还有人认为《孔雀胆》的主题的"失误和混乱"，在很大程度上，是因为"作家在认识和评价这一历史悲剧时，脱离了历史唯物主义的轨道，因此不能全面而深入地反映历史的本质的真实。"[1]总体而言，他们认为《孔雀胆》主旨模糊、摇摆、不明确，种种评论众说纷纭、各执一词。

基于此，郭沫若先后写了《孔雀胆》的七篇后记，包括《<孔雀胆>的故事》《<孔雀胆>故事补遗》《昆明景物》《<孔雀胆>后记》《<孔雀胆>的润色》《<孔雀胆>二三事》《<孔雀胆>资料汇辑》。为了辩解并引申《孔雀胆》的主旨涵义，在其中的三篇后记中，郭沫若多次提出了剧作的主旨，此处将一一进行列举。1942年9月30日，郭沫若在《<孔雀胆>后记》中，第一次阐述了对主题的看法："更有人问我：'全剧的主旨何在？仅为车力特穆尔这黄鼠狼吃不到天鹅肉，因妒而弄成这悲剧吗？'一问倒使我感觉失望。因为我写来出的东西让朋友们看了听了，竟不明主旨所在，我真不知道在写些什么了！这原因：或许由于恋爱斗争的副题过于扩大，掩盖了主题：善与恶——公与私——合与分的斗争吧？"[2]意犹未尽的郭沫若，不久之后又写了《<孔雀胆>的润色》，再一次对剧作主题进行阐释："但我尤其感谢的是在专家们多数的沉默之中，得以读到徐飞先生的《孔雀胆演出之后》。这样恳切的批评使我又提起了精神来，对我的剧本再加以修补。最重要的是徐飞先生替我点醒了主题。他说：'造成这个历史悲剧之最主要的内容，还是妥协主义终敌不过异族统治的压迫，妥协主义者的善良愿望终无法医治异族统治者的残暴手段和猜忌心理。这就好像画龙点睛一样，把当时的历史点活了。'"[3]这一点似乎为郭沫若所看重，在此基调下郭沫若进一步扩展了主题的内涵性：即对妥协主义的批评。1944年8月9日，郭沫若又写了《<孔雀胆>二三事》，提出民族团结这一主旨："我写剧本的动机，是因为同情阿盖与段功，在写作时当然也加上了一层作意，现代人所说的主题，我是企图写民族团结。阿盖站在团结的一面，车力特穆尔站在破坏的一面，结果成为悲剧，来了一个打破落。这层作意似乎很少被人看透……"[4]加上其他几篇，郭沫若前前后后写了七篇后记性质的文章加以辩解，这在郭沫若之前是前所未有的。也许是因为专家们一再质疑和否定《孔雀胆》的主题，郭沫若不得不在后记中反复提炼该剧的主旨，尽管在这个过程中郭氏也有摇摆，有犹疑。——笔者认为，《孔雀胆》无论是写善与恶、公与私、分与合，还是徐飞先生指出的"造成这个历史悲剧之最主要的内容，还是妥协主义终敌不过异族统治的压迫"[5]，并不是无懈可击，并不具有充分的说服力。假如从民族意识入手，倒是能辨析出剧本隐藏最深的内涵主旨，即剧作中所蕴含的民族本位意识的张扬与消解，也能剖析出剧作对于民族意识的另类建构的独特用意。

要界定"民族意识"，首先就要先界定"民族"。1913年，斯大林在《马克思主义和民族问题》中就对"民族"进行了定义，"民族是人们在历史上形成的一个有共同语言、共同地域、共同经济生活以及表现在共同文化上的共同心理素质的稳定的共同体。"[6]而"民族意识"的界定，梁启超被认为是我国第一个给民族意识定义的学者，他在《中国历史上民族之研究》一文中指出"民族成立之唯一的要素，在'民族意识'之发现与确立。何谓民族意识？谓对他而自觉为我。'彼，日本人；我，中国人'：凡遇一他族而立刻有'我中国人'之一观念浮于其脑际者，此人即中华民族之一员也。"[7]梁启超感性地从国家层面对"民族意识"进行概述。这就是中华民族观念，是一个泛化的民族观念。作为一个自在的民族实体是几千年文化中形成的，但作为一个自觉的民族实体，是在近百年中国和侵犯我国的列强的对抗中出现的。这里，自觉的民族实体是指中华民族作为一个整体性的民族意识的自觉，而自在的民族实体则是在中华大地上生活的各个民族处于自在的状态。中华民族这个概念的凸显是在如火如荼的八年抗战岁月中，五十六个民族的界限在生死洗礼中消减，各民族团结联合抗日，逐渐强化了中华民族观念。从此，中华民族作为区别于世界其他种族的标志性称谓，而在国内只有识别不同民族时，才分为汉族、苗族、蒙古族等。对此，熊锡元从不同民族间的关系出发，进一步定义了"民族意识"："'民族意识'的涵义，主要包括以下两点：第一，它是人们对自己归属于某个民族共同体的意识。第二，在与不同民族交往的关系中，人们对本民族生存、发展、权利、荣辱、得失、安危、利害等等的认识、关切和维护。"[8]从这两个方面进行简单归纳，民族意识包括两个方面：一是对自己民族的归属感悟，二是对自己民族的利益认同。那么，如何在文学中体现民族意识，别林斯基认为，"'文学'指人类的一系列精神活动"，也是"专指诗的作品"和"让人所赏识的东西"，但无论如何，"在任何意义上，文学都是民族意识，民族精神生活的花朵和果实。"[9]"真实的艺术家不必费力而自成为人民的和民族的；他首先在自身感到了民族性，因此不自觉地将它的印记在自己的作品上。"[10]以此观念来打量《孔雀胆》，我们认为在《孔雀胆》这个剧作中，表面上叙述了蒙古族阿盖公主与白族首领段功的爱情悲剧，实则焦点聚集在蕴藏的多重歧义的民族意识的另类建构上，作者把爱情悲剧放到不同民族交战与纵横的背景中来刻画，用爱情悲剧产生的矛盾来揭露破坏民族安定的矛盾，其中有对立与矛盾，也有融合与树立。

二

云南是一个多民族聚集的省份，地处高原，重峦叠嶂，各民族人民在云南这片土地上繁衍生息，民族成员在相对闭塞的环境中对于本民族文化有着强烈的认同感，以此凝聚了浓烈的民族意识。相比较哈尼族、傣族等世居民族，白族是一个发展溯源更早、民族意识更浓的少数民族。早在4000多年前的新石器时代，白族先民就在以滇池和洱海为中心的地区生息繁衍，过着农耕、渔猎、游牧的生活。公元8世纪40年代，白族先民与彝族先民共同创建了强盛的"南诏国"。公元937年，白族首领使段思平推翻了南诏后期的"大义宁国"，建立了白族主政达300多年的"大理国"。由于云南地处偏远，8世纪以来，各民族之间又一直处于割据分裂的局面。公元1254年，忽必烈用武力征服整个云南，并取代了大理国，把云南纳入统一的元朝版图之中。到了元朝末期，社会环境却是一片衰落。元朝的政权是以蒙古贵族为统治者的，官僚贵族抢占土地、征收地租，对农民进行残忍的剥削。加之元末出现的天灾，造成元末时期的经济急剧衰落，汉族地区民众和元朝统治者的矛盾终于爆发了，各地农民纷纷揭竿而起。汉族农民起义军将领明二率兵长驱直入进入云南，攻陷中庆府后不久，却因粮草不足，士兵抢夺百姓粮食，引起民众极大愤怒。为了保卫云南版图，梁王求助段功，联合率兵，击退明二。[11]对于段功攻打明二，有人认为段功是和农民革命军作对，"加以赞美"，"似乎是有问题。"对此，郭沫若辩解道："因为明二因粮乏而颇重剽劫，致失民心，史书上是有明文，而且明太祖朱元璋（当时还是吴王）还为这件事情，写信给明玉珍，告诫过他的……本来农民革命军是应该代表农民的利益，但假如以剽劫为事，那就不是农民革命军了。"[12]在这里我们应该要澄清一个概念。不是所有的农民起义都是正义的，明二的农民起义军后来腐化严重、烧杀抢夺、杀人越货，这和土匪没有什么区别，之于老百姓只有祸害避之不及。梁王联合段功攻打明二，这是狭义民族观持有者的指责之处，却正是郭沫若广义民族观的体现之处。他从狭义的民族观剥离出来，用民族联合形式凸显民族团结的重要性。由此，可以说，这是一场蒙古族和白族人民之间的民族团结、一致对外所取得的胜利。换言之，也就是蒙古族与白族出于自身利益，联合起来击败汉族起义者的一段历史。

回溯到二十世纪三四十年代，元朝末期的云南和抗战时期的云南境况是惊人的相似。"九·一八"事变以后，日本军国主义大举加速对中国的侵略。由于其特殊的地理位置——云南地处大后方，其战略地位极其重要，既是全国抗日战场的战略后方，更是世界反法西斯的主要东方战场。然而，当时的云南省内交织着各种复杂的民族矛盾与阶级矛盾，处处弥漫着仇视、分裂的气氛。为了联合抗日，中共党组织对云南各族人民、民主党派、海外侨胞做了许多积极的争取团结和统一的工作。1937年8月，云南省政府主席龙云参加"国防会议"，赞成一致抗日主张，支援全国抗战。龙云回到昆明后，马上动员云南各民族民众组编第60军奔赴前线，奋起抗击日寇侵略。大规模抗战开始后，中国沿海城市交通口岸均被日军控制，地处西南边陲的云南不仅成为后方重要基地，而且还是对外联络的重要通道。在如此紧迫情况下，当地各族人民团结奋斗，共同修筑滇缅公路，保障战略物资运输通道，为取得抗日战争的最终胜利作出了特殊贡献。强烈的民族凝聚力紧紧地将云南各民族人民聚拢在一起，谱写了一曲民族团结、共同抗日的壮丽篇章。

时代更迭，历史重演，在身负鼓舞广大民众抗战的重责中，爱国文人们创作了一大批救亡文学作品。其中，郭沫若选取符合中国传统审美的历史剧为题材，彰显了作者独具匠心的构思。史剧作为中国现代文学的一个子系统，自诞生之初，它就受到外来话剧形式和中国传统戏剧的相互影响，蕴含着创作主体的民族文化意识，是中国社会现实的折射，更是作者的现代意识的反映。对此，王以仁认为郭沫若的戏剧不同于其他的作家的作品，其原因有二："取材的大胆"和"描写的精刻"[13]，其中的民族精神是重要艺术手段，"他的剧本中的时代精神和地方色彩都非常浓厚。沫若的戏剧，绝不是西洋的剧本，也不是日本的剧本。确乎是我们中国的剧本；不是中国古代的剧本，确乎是现代的剧本。"[14]也正如翦伯赞评论："元代的历史从来就没有搬上舞台，《孔雀胆》恐怕还是第一次。""我以为《孔雀胆》的产生，除了它所暗示之重大的政治意义而外，在历史剧的发展上，也开创了一个新的纪元。"[15]郭沫若率先把元代历史搬上了戏剧舞台，填补了我国元代历史剧的空白，更值得注意的是《孔雀胆》所内涵的政治意义，表面上叙说的是阿盖公主与段功的爱情悲剧，实际上用爱情悲剧来揭示剧作内涵的民族意识，以此来强化民族团结的重要性。

进一步来看，阿盖公主与段功的爱情悲剧，与其说是民族团结，不如说是民族联合。抛弃汉族主义中心论，站在不同民族各自的立场，这一民族本位观念是民族意识的核心因素。出于各自民族利益的考虑，各个民族之间的联合观念与举措，实质上有独特的时代意义，这种我们曾经忽略的民族本位意识不容否定。

蒙古族和白族是两个不同阵营的民族，在面临共同的"敌人"——汉族起义民众这一实体时，两个民族联合起来共同反击和对抗，表面来看与历史的逻辑有些不太吻合，也似乎拿不出手，摆不上台面，但事实上这是民族史上颇为常见的，是现实主义的一环。这正符合萨义德的观点，"'自我'与'他者'的身份绝不是一件静物，而是一个包括历史、社会、知识和政治诸方面，在所有社会由各人和机构参与竞争的不断往复的过程。"[16]本相如此，在不断的发展历程中，身份认同不是一成不变的，而是复合的、流动的。不同于简明单一的叙述，郭沫若颠覆了传统的戏剧叙事模式，其剧作中的民族意识呈现出另类建构形态。对此，笔者将其归纳为"正义——非正义"模式，剖析出三层不同的含义，进行立体式的解读，使之一目了然。第一层，统治云南的蒙古贵族梁王常年征收土地、收刮民脂，引起汉族农民军的愤然起义，这必定是非正义的一方。与此对应的是正义的汉族农民起义军首领明二；第二层，农民起义军内部腐化，侵夺劫掠，引起公愤。仓皇潜逃的梁王求助大理白族总管段功，段功出于百姓的安危考虑，支援梁王的蒙族军队，换来云南的和平。此刻，段功与梁王是正义的一方，明二代表的农民起义军则变为非正义的一方；第三层，当联合抗战换来安详稳定之时，梁王听信奸臣挑破，背弃段功支援之功，以段功侵占国土之名，设计毒杀一代英雄段功。了然，梁王回归到非正义的角色。在解构中进行建构，在建构中进行解构，这是作者创作的精妙之处，也体现了其用意之深。"自我"与"他者"的民族身份在历史的进程中交替变更，集体无意识下的民族意识也随之蜕变。安居乐业之时，民族意识体现在本民族的利益维系上，当国家遭遇危难之际，本民族的民族意识则变为民族联合下的家国情怀。

从《孔雀胆》中蒙古族与白族的事功联想到抗日战争期间中华民族的大联合，不也同样具有这样的作用与性质么？1937年7月，日本向卢沟桥发动进攻，制造了震惊中外的"七七事变"，至此标志着日军开始全面侵略中国。中国处于半殖民地半封建社会阶段，要想以弱小的综合国力战胜处于帝国主义阶段的日本，就必须实行整个中华民族的大联合，建立一致对外的统一战线。然而，国民党和共产党是阶级性质对立、不同的政党，国民党作为当时的执政党，对共产党的既定方针有包容也有限制，两个党派之间有合作也有斗争，但在中华民族危亡的时候，共产党从整个国家和中华民族大局出发，多次提出与国民党进行合作，建立抗日民族统一战线。为了能够争取国共两党合作，共产党在坚持独立自主的原则下，在许多非原则性问题上作了历史的让步，促成了两党终于打破长期对立的僵局，达成同仇敌忾、共抵外敌的联合抗日局面。可以说，在两党合作联手的背后，是中国境内不同民族之间民族大联合的时代趋势、潮流在涌动，中华民族在内忧外患之际，"外患"成为压倒一切的斗争目标，这是中华民族之幸！

三

更进一步来看，民族联合取得了空前的胜利之后，伴随着民族联合这一二元对立结构的是民族意识的无形消解与另类建构。以前研究《孔雀胆》的大多数的评论，均认为郭沫若用梁王和段功的故事来阐扬民族团结的重要性，其中有许多模糊之处，也有诸多不能说透说清楚的地方，以及郭沫若当时论说剧作主旨言不由衷、反复动摇的原因，我们认为其根本原因就在于此。民族联合是出于各自的需要，走到一起出于不同的目的，或是长期的现实功利，或是个人或集团内部一时的妥协。在民族本位周围，我们可以清楚地看到民族意识的消解，也可以看到新的重构。

在《孔雀胆》中，民族意识消解是通过戏剧冲突来展现的。戏剧的灵魂是冲突，其主题、情节、结构是紧扣冲突展开的，一部戏剧可以有很多冲突，但是中心冲突往往只有一个。有人认为，《孔雀胆》是梁王与段功的冲突；也有人认为，是车力特穆尔与段功的冲突。这些都是剧作中重要冲突，但却不是最中心的冲突。郭沫若说："企图写民族团结。阿盖站在团结的一面，车力特穆尔站在破坏的一面。"[17]换言之，《孔雀胆》的中心冲突是阿盖公主与车力特穆尔之间的冲突，这种冲突盖过了前面所说的"两种冲突"。阿盖是美丽的、善良的、正直的，她爱她的父王、爱她的穆哥、爱她的段功，更爱她的大理，是维护民族稳定的标志人物。作为阿盖的对立面，自私、贪婪、阴险、毒辣是车力特穆尔的个性特征，他勾引蛊惑王妃，谋划毒死王子，设计杀死段功，他是破坏民族团结的罪魁祸首。《孔雀胆》采用这种忠奸两种对立阵营去确立悲剧冲突，塑造了阿盖这样正义的人物，也出现了车力特穆尔邪恶的一方，这两个人物及其各自群体的交锋，成为剧作中最夺目的地方。郭沫若的悲剧冲突具有"庄严崇高、悲壮雄浑的风格"，他着重突显"处于劣势的方生力量的抗斗精神"，大力歌颂"方生力量的昂扬气慨"，"把方生力量作为戏剧冲突的主导方面"。[18]众所周知，戏剧中往往是英雄被陷害，君子被诬害，"忠"被"奸"迫害，形成了独特的悲剧效果，由此引起观众的强烈共鸣。这是第一层意思。在阿盖公主和车力特穆尔身上，他们身上的民族标识，越到后来越不清晰，观众也不会总去惦记这一点。但是，他们所分别带来的凝聚力与损毁力，都是让人感慨万千的。"悲剧的戏剧价值不是单纯的使人悲，而是在具体地激发起人们把悲愤情绪化而为力量，以拥护方生的成分而抗斗将死的成分。"[19]个人的恩怨，统治集团内部的恩怨，又怎能与整个民族普通民众的安稳相提并论呢？假如阿盖公主、段功不是为了云南少数民族人民的生活考虑，不是为了避免战乱的扩大与百姓的流离失所，我们又有什么必要为此而寄托各自的情思呢？显然，这第二层意思更为重要。

至于民族意识的另类重构，则与妥协主义有一定关联。追溯剧作中的妥协主义主旨，不得不分析《孔雀胆》中的关键人物——段功。段功打败了明二，从七里关凯旋，迎接他的是掌声和鲜花，梁王为了答谢段功，将自己的女儿阿盖许配给段功。车力特穆尔，一直觊觎阿盖公主的美色，为了抢夺"押不卢花"，他设计毒死王子穆哥嫁祸给段功，策划对段功得力干将杨渊海的袭击，从内外两方面对段功发起了进攻。杨渊海看出平静的表面下暗涌浮动，向段功指出和亲政策行不通。然而，段功一句话都听不进去，说一通"小不忍则乱大谋"的空话。容忍不会带来安宁，妥协不会带来平和。车力特穆尔半夜明目张胆地闯进段府，企图亲自动手放毒。这时，段功应该清醒了吧？但是，不，他一点也不觉悟，段功个性中的妥协主义一步一步地开始展现出来。车力特穆尔布置士兵围住整个王城，段功居然单枪匹马，走进敌人的埋伏圈，还想交出自己兵权以表诚意，希望继续和亲、缓和矛盾、消除误会。这简直是太愚蠢了，太天真了！最终，段功倒了，倒在了盘龙江畔边，甚至还不知道毒箭来自何方，一代英雄就这样陨灭了。显然，段功是死在自己的性格与缺点上面。段功的妥协主义带来了家破人亡，而共产党对国民党的妥协主义也会如此，血的教训有"皖南事变"。"七七事变"爆发后，国共两党打破了长期对立的僵局，筑起了民族联合的坚固长城。然而，就在国共两党联合抗日取得极大成效时，蒋介石集团仍没有放弃"攘外必先安内"的政策，继续推行限共、防共等变相的"剿共"政策。1940年10月19日，9000名新四军进入到安徽泾县茂林地区时，突遭事先埋伏的国民党军队8万余人的包围和袭击。经过七天七夜的浴血奋战，终因众寡悬殊，弹尽粮绝，大部分士兵壮烈牺牲。这就是震惊中外的"皖南事变"。由于当时特殊政局，"皖南事变"后，连《新华日报》也无法报导，周恩来只得以"千古奇冤，江南一叶，同室操戈，相煎何急！"[20]表达愤慨。大敌当前，全面团结，联合抗敌，国民党却担心失地，以无中生有的妄想，残害共产党领导下的同胞手足，破坏中华民族团结。这种反共反人民反团结的暴行，种种狡诈奸诈的行为正是剧作《孔雀胆》的影射之处。一方面，共产党为了中华民族的存亡，从大局出发，向国民党"妥协"，取得国共合作，联合抵御外敌，这是一种出于民族大义的"妥协"。另一方面，当民族联合取得一定的胜利时，国民党害怕共产党的势力扩大，有违国共两党合作抗敌的宗旨，反而向日军"妥协"，向日军乞求和平，这是多么令人发指的"妥协"。正如当时的评论，在《孔雀胆》中，"事实上段功的失败，从现代的观点，现代人的看法，应当是妥协主义的失败和投降主义的失败。侵略者与被侵略者的根本矛盾,猜疑和不信任,绝不是主子的一时的'宠',与奴才的彻底的'忠',所能解销了的。"[21]段功是英雄,却仍然不能免于失败,不能免于被杀戮。是"因为在任何侵略者的主子面前当奴隶或奴隶头,在任何利害不同的压迫者的面前尽忠尽孝,终于要遭遇到失败,且是可怕和可悲的失败。"[22]郭沫若塑造段功这样的人物,暗自吻合对当时黑暗社会的批判,能够影射不同语境下的多重妥协主义。因此,《孔雀胆》绝不是"为历史而历史",也不是"为艺术而艺术"。"皖南事变"的发生,既有共产党对国民党一时妥协、退让的因素,也有国民党对日军的妥协与投降因素。郭沫若用《孔雀胆》来予以回答,达到了一箭双雕的效果。在这一主题的提炼和阴差阳错中,民族意识才真正在消解中进行了另类建构。文学人物形象大于作品主题,郭沫若塑造了段功这个具有"妥协主义者"性格的白族首领,压制了他身上的民族本位意识,成为具有深刻现实意义的独特标签。倘若将这一主题置于中华民族的发展进程和文化大背景中观摩,实际就是郭沫若的民族意识另类建构的最好体现。纵观中国几千年历史,中华民族历经磨难,内忧外患,动荡分裂,但始终能够凝聚而不散,其主要原因就在于民族在特定的环境中所形成的国家观念和民族情感派生出来的凝聚力量。而这种力量在国家和民族的危难之际,逐步升华为一种自觉的民族精神。郭沫若正是通过史剧的方式给予具象显现,燃起中华民族生生不息的民族凝聚力,唤醒民族意识精神的全面觉醒。

结语

纵观抗战时期的文艺创作,优秀的历史剧都是以独特的方式去反映社会现实、民众心声为旨归的。当我们回头再去看《孔雀胆》,不难发现在爱情悲剧的幌子下,《孔雀胆》却蕴涵着独特而浓烈的民族意识,从民族联合到消解与重构,呈现出民族意识的另类建构之势。它就像一剂针砭当时黑暗社会的良药,给人以不断反思的精神空间。可以毫不夸张地说,《孔雀胆》是一部不可多得的作品,在抗战历史剧中占有着重要而显著的位置。

参考文献

[1] 傅正乾.《孔雀胆》研究中的不同观点综述[J]. 人文杂志,1986(2):118.
[2][12] 郭沫若.《孔雀胆》后记[M]. //沫若文集 第四卷. 北京:人民文学出版社,1957:264-265,258-259.
[3][5] 郭沫若.《孔雀胆》的润色[M]. //沫若文集(第四卷). 北京:人民文学

出版社，1957：266.

[4][17] 郭沫若.《孔雀胆》二三事[M]. //沫若文集 四卷. 北京：人民文学出版社，1957：271.

[6]（苏）约瑟夫·维萨里奥诺维奇·斯大林. 马克思主义与民族问题[M]. 李立三，译. 莫斯科：外国文书籍出版局，1950：11.

[7] 梁启超. 梁任公近著（第一辑下卷）[M]. 上海：商务印书馆，1926：44.

[8] 熊锡元. "民族意识"初析[J]. 中央民族学院学报，1989（3）：29.

[9][10]（苏）维沙里昂·格利戈列维奇·别林斯基. 别林斯基论文学[M]. 梁真，译. 上海：新文艺出版社，1958：73，74.

[11] 参见胡静.《孔雀胆》事件前后的元代云南政治社会状况[J]. 思想战线，2008（S1）：88.

[13][14] 王以仁. 沫若的戏剧[A]. 李霖. 郭沫若评传[C]. 上海：开明书店，1936：172，177.

[15] 翦伯赞. 关于《孔雀胆》[N]. 新华日报，1942.

[16]（美）爱德华·W·萨义德. 东方学[M]. 王宇根，译. 北京：三联书店，1999：427.

[18] 田本相，杨景辉. 郭沫若对悲剧的贡献[J]. 南开学报（哲学社会科版），1982（6）：4.

[19] 郭沫若. 由《虎符》说到悲剧精神[M]. //沫若文集（第十七卷）. 北京：人民文学出版社：165.

[20] 参见李向阳.《孔雀胆》主题的积极意义[J]. 郭沫若学刊，1995（3）：72.

[21][22] 高寒.《孔雀胆》的另一种看法[M]. 刁斗集. 上海：文通书局，1948：112.

硕士组

山歌《好花红》的流变与布依族身份认同的建构

罗太颖①

【摘要】 作为国家"非物质文化遗产"的布依族山歌《好花红》，在传承过程中经历了改编和流变。原生态版的《好花红》表征了布依族族群身份认同融入其生存的自然与社会环境的情状，承载的是一种基于地缘和族缘的传统身份认同。在建国后特定的历史背景下，《好花红》经历的改造，使其从表达男女爱情为主的山歌，变成了歌颂党和政府颂歌。在这一流变过程中，"民族——国家"认同融入了基于地缘和族缘的身份认同，成为了民间文艺作品承载的新兴认同范式。在全球化和现代化的情境下，《好花红》身份认同与地方记忆的关联凸现出重要的理论与实际意义。

【关键词】 山歌　《好花红》　布依族　身份认同

从贵州省会贵阳出发，沿省道一路向南，进入黔南布依族苗族自治州惠水县后，一条清澈平缓的河流始终与道路平行，河的两岸，阡陌纵横，平畴绿野。这在多山的贵州高原，殊为少见。不经意间，一块矗立的路牌映入眼帘："好花红镇"。

"好花红"，不是那首著名的布依族山歌吗？它有何来历，为何被写在路牌上，莫非此地以山歌命名？"好花"是什么花？这里的人与"好花"和山歌有什么关系？这些问题令人浮想连翩。或许，还可以换一种更学术性的方式来表述这些问题：山歌《好花红》如何被历史地创造出来，它经历了怎样的流变？《好花红》又是以怎样的方式来书写布依族的身份认同？以《好花红》为代表的山歌文化承载了怎样的地方记忆？

一、基于地缘与族缘的民族身份书写：《好花红》山歌的起源

山歌《好花红》是国家级非物质文化遗产，是黔南布依族的一张重要文化

---

① 作者简介：罗太颖，贵州师范大学文学院，2013级文艺学（贵州 5500001）。

名片。探讨山歌《好花红》与布依族民族身份与黔南地方记忆的关系,首先应当在当代学术研究的宏阔视野之下,对"民族""民族文化"等重要概念进行梳理和审视,在此基础上,才能形成关于研究对象的深厚学理背景。关于民族的起源与本质,学术界产生了"原生论"和"构建论"两种学说,("原生论"论者赫尔德认为,民族是"原生的",自然形成而且是"永存"的,并认为血缘、种族、语言、宗教及其他传统因素的统合,构成了一个民族的认同感、归宿感[1])。"建构论"则认为,民族不是与生俱来的,而是现代的产物:("民族、民族的国家、民族的认同共同体都是现代的现象。"[2])随着现代化进程的步伐,人们理解世界的方式发生了根本上的变化,二十世纪三十年代,以本尼迪克特·安德森为代表的民族主义研究学者,认为"民族"是一种现代的想象形式,掀开了民族研究新的一页。他在1983年发表的《想象的共同体》中指出,民族身份认同是现代性进程中一个重要的事件;现代社会兴起的两种想象形式——小说和报纸,为民族身份认同提供了手段;资本主义发展,印刷业蓬勃兴起,通过一种语言来交流的群体所代表的大众印刷市场迅速成熟。于是印刷语言产生了,成为民族身份认同依托的基础,它创造了群体交流与传播领域,原本不懂这种语言的群体通过现代印刷的小说和报纸媒介能够理解对方所要表达的情感,印刷技术、语言的多样性等因素构成了民族身份认同的基本条件。

  安德森的理论对于我们理解现代性民族身份认同有着重要借鉴意义,但他的理论是否具有跨越时空的普适性,同样值得商榷和讨论。一个需要重视的事实是,在像布依族这样没有民族文字和远离现代印刷媒介的少数民族,他们靠什么方式来实现族群的身份认同?显然,如果一味强调小说和报纸等现代印刷媒介的作用,就会忽略了诸如山歌之类的民族民间口传文化塑造民族身份认同的重要性。从传统到现代,布依族并不像安德森叙述的状态,他们的身份认同没有指定的方式和手段,虽然有自己的民族语言、服饰、文化,但不像安德森所说的以小说和报纸这两种形式存在。通过考察山歌这一重要的民间文艺形态中承载的民族审美意识与文化特征,不啻为理解布依族身份认同的一条重要途径。

  山歌《好花红》建构了布依族特有的民族身份,在发展过程中,形成了以口头语言和口口相传的形式抗衡书面语言陈述的民族身份,以山歌传播代替书写传承民族文化,这些形式最终指向一个巨大的"认同空间"的建构。那么,这一文化"认同空间"在今天是否仍有积极的理论和现实意义?我们从《好花红》的起源、改编与流变,以及与地方记忆的关系展开探讨。

  研究者已经发现,《好花红》并非仅出现在惠水县,也不是一首完整固定的作品,而是一类在黔南布依族生活区域广泛分布的歌词不同、曲调有异的民间山歌[3]。民族民间文艺因其口传特性,确切的起源多难以考证,只能依据民间流传的故事和传说来加以推测。在众多传唱于民间的"好花红"调中,经过整理定型的,有确切文字记载的,是这样一首作品:

男唱：好花红来好花红，好花生在刺梨蓬；
　　　心想伸手讨朵戴，焦怕伸手刺来雍；
　　　好花鲜来好花鲜，好花开在刺梨尖；
　　　心想伸手讨朵戴，焦怕伸手刺来扦。
女唱：好花红来好花红，好花生在刺梨蓬；
　　　心想讨朵送给你，怕你口忠心不忠；
　　　好花鲜来好花鲜，好花开在刺梨尖；
　　　心想讨朵送给你，怕你口甜心不甜。
男唱：好花红来满山红，好花朵朵各不同；
　　　哪时得朵头上戴，走起路来像吹风；
　　　好花映红半边天，红花朵朵都不同；
　　　哪时得朵家中放，笑在梦里也香甜。
女唱：好花红来好花红，红花朵朵都相同；
　　　只要讲得心合意，我俩栽棵万年松；
　　　好花映红半边天，红花朵朵想株连；
　　　只要你我无二意，我织布来你耕田。[4]

　　这是流传于惠水县毛家苑（今好花红镇）辉油寨布依族村落的一首山歌。也是笔者目力所及，文献记载中最早的《好花红》版本，其在形式、内容、手法、风格上有显著的特点。首先，在形式上，山歌是原生态对唱形式，而且是男女对唱。这与布依族聚居的自然环境有关，布依族依山傍水而居，笔者在走访这首山歌的发源地——惠水县好花红镇辉油寨的过程中发现，古老的布依族村寨有一条"涟江河"穿过寨子中间，为人们对山歌提供了自然条件。其次，在内容上，山歌的内容以表现爱情为主，但也兼有"织布""耕田"等日常生活元素在内。最末一句"只要你我无二意，我织布来你耕田"就体现了布依族将爱情融入日常生活的朴素理想。第三，在手法上，山歌《好花红》的第一个版本与我国古代《诗经》中的第一篇《蒹葭》的手法相类似，运用了赋、比、兴的手法，"赋"是平铺直叙，铺陈、排比，歌词"好花红来好花红，好花生在刺梨蓬"在整首山歌中反复出现，并以此为歌头起歌对唱；"比"是类比、比喻，歌词"好花映红半边天，红花朵朵像株连"用到这种手法，以此来表达情感；"兴"是先言他物，引出山歌对唱者的感情，歌词借"好花红"来开头，以此表达对另一方的情意。最后，在风格上，整个作品风格淳朴、婉约悠扬、字浅而意深。这一风格的形成，与辉油寨的独特自然环境和人文环境有关。

　　曾有学者在探讨布依族经典民歌《好花红》的生态环境时，从布依族的生产生活环境中有地区共性的生态环境的地区来展开探讨，这个依据可以借鉴来分析《好花红》改编与流变的基础环境[5]。在18世纪，法国的启蒙学者孟德斯鸠就曾经提出了著名的"地理环境决定论"。他认为地理环境，特别是气候、土壤和居住地域，对于一个民族的性格、风俗、道德和精神面貌以及其法律性质和政治制度有着决定性的影响。因为不同的气候形成人们不同的精神气质和内在感情，而这又会决定人类社会的其它方面[6]。《好花红》的形成与发展，必然基于孕育它的土壤和社会因素，在惠水县布依辉油寨之所以能广泛传唱《好花红》调山歌，这与其地理环境是分不开的。辉油寨傍水而居，刺梨花一般生长在水边田埂上，人们编唱的山歌是以他们生活的环境为依托基础的，在此基础上发挥想象沁入情感，以生活中的物象来表达自己的情感。"地理环境决定论"虽有夸大自然环境对社会生活和社会发展的作用，以自然规律代替社会规律之弊，但此说对于理解布依族山歌《好花红》的形成以及改变与流变具有一定影响，我们不能忽视这些因素。一方面，依山傍水的自然环境为山歌独特风格的形成提供了基础；另一方面，布依族的日常生活需要和邻近的村寨交流、联姻，从宏观角度来说，也是人类繁衍生息的需要，通过山歌来表达日常生活的需求，也形成了男女对唱、融爱情于日常生活的表达特点。基于以上的探讨，可以认为，原生态山歌《好花红》的形成过程，表现了布依族族群身份认同融入其生存的自然与社会环境的情状，山歌承载的是一种基于地缘和族缘的传统身份认同。

二、从"山歌"到"颂歌"：《好花红》的改编与认同的变迁

由于"好花红"调流传的黔南布依族地区地处偏远，交通不便；布依族传统社会结构又自成体系，相对封闭，因此直到上世纪五十年代，山歌的曲调形态得以较为完整保留和传承。但到了新中国成立后，"好花红"开始被外部发现并经历了一系列的改造。据资料记载，1953 年著名作曲家罗宗贤等到惠水县毛家苑采风，发现了当地传唱的《好花红》山歌，经过罗宗贤的整理加工后，形成了《好花红》的新版本：

好花红来好花红，好花生在刺梨蓬；
好花生在刺梨树，哪朵向阳哪朵红。
好花鲜来好花鲜，好花生在刺梨尖；
好花生在刺梨树，哪朵向阳哪朵鲜。
好花红来好花红，三十六朵共一蓬；
三十六朵共一树，朵朵当阳朵朵红。
好花鲜来好花鲜，三十六朵共一园；
三十六朵共一树，朵朵当阳朵朵鲜[7]。

对布依族山歌《好花红》改编特点的探讨，有学者认为，改编之后的《好

花红》，基本保持了"好花红"调原有的五声调式系统中"羽调式"特征[8]，但改编后的《好花红》与原生态版本在形式和风格上的差异，却鲜有研究者加以注意。在笔者看来，这些细微的差异对于理解山歌所承载的身份认同特征，却是至关重要的。

《好花红》的第二版本与最初版本有两处明显的差别。首先，男女对唱形式变为了独唱形式；第二，歌词内容中表现爱情的成分被削弱，原作中直抒胸臆式的情感表达变得隐晦而含蓄。当然，改编之后的《好花红》还是保留了原作中的一些重要元素，尤其是保留并强调了"刺梨花"的形象。刺梨是生长于贵州高原的一种特有植物，其特点是在贫瘠的山地上刺梨花也能发芽、开花、结果，到处繁衍生息。因此，有研究者认为，原生态版的《好花红》是青年男女寻找意中人时所唱的情歌，"刺梨花"用来比喻美丽善良的窈窕淑女，用"太阳"来比喻姑娘心目中的如意郎君[9]。然而，结合建国后党和国家特定的文艺政策和民族政策，改编后的《好花红》中，"刺梨花"具有的象征意义显然超出了爱情象征的原义：刺梨花花瓣红艳的颜色向着太阳，整朵花象征着民族的大团结；"刺梨花"与太阳的关系暗含着布依族与党和政府的关系，布依族在党和政府的光辉照耀下幸福的生活。这样的含义显然是原生态版本中没有的。

《好花红》的改编与流变过程中，还形成了另一版本。据资料记载，1953年作曲家罗宗贤等人来《好花红》的故乡采风，政府通知当地唱山歌最著名的王吉昌老人前来，和外来的音乐家交流演唱完之后，王吉昌老人触景生情，看到政府院子的两棵桂花树，就以这两棵桂花树为歌头，现编现唱了一首名为《桂花生在贵石岩》的山歌：

桂花生在贵石岩，桂花要等贵人来；
桂花要等贵人到，贵人来到花才开。
桂花生在贵石林，桂花要等贵人行；
桂花要等贵人到，贵人来到花才生[10]。

这首作品可以说是《好花红》衍生出的山歌。作曲家罗宗贤等人在王吉昌老人的《桂花生在贵石岩》基础上整理加工，又改编出著名的歌曲《桂花开放幸福来》：

桂花开放幸福来
桂花儿生在桂石崖哎
桂花儿要等贵人来哎
桂花要等贵客到喂
贵客来到花才开哎
哎——

贵客来到花才开哎
桂花儿好比苗家的心哎
贵人就是解放军哎
毛主席他比太阳明哎
照亮苗家桂树林哎
哎——
照亮苗家桂树林哎
山前山后桂花儿开
苗家从苦难中走出来
毛主席他在前面走
苗家随后把花载
毛主席在前面走
苗家随后把花载
毛主席呀亲人来
苗家的桂花年年开
桂花儿开放幸福来
幸福和毛主席分不开
桂花儿开放幸福来
幸福和毛主席分不开
幸福和毛主席分不开[11]

  人们称这首作品是《好花红》的姊妹歌，因为《桂花开放贵人来》在曲调和旋律上，依然继承和借鉴了"好花红"调。然而仔细比较，就会发现这首歌曲与前面三首存在很大的差别，我们具体来分析。首先，区别于《好花红》原初版本，《桂花开放幸福来》不以男女对唱的形式演唱，而是歌唱家以独唱的形式来表演；第二，歌词中不再是以男女爱情和民间日常生活，或对远方客人的欢迎为主要内容，取而代之的是少数民族欢迎解放军、拥护毛主席的时代政治生活内容。第三，减少了赋、比、兴等传统手法的运用，增加了简洁明快的叙写和直抒胸臆的抒情；第四，风格上没有了传统婉约悠扬的韵味，更多充满了昂扬进取的时代气息。

  最后却最重要的，是"地方性"元素被替代。这集中体现在歌曲中重要的艺术形象"好花"从"刺梨花"到"桂花"的改变上。"刺梨"是云贵高原特有的植物，一般在海拔500米—2000米的山区生长，是布依族世居自然环境中独特的元素，有浓厚的地方性色彩；"桂花"在南北方都可以生长，是一种普适性的植物，地方性色彩并不显著。在当地歌手王吉昌老人编唱的山歌《桂花开在贵石岩》中，"桂花"和"贵人"具有特定的语境意义：外来的音乐家来到布依族村寨,当地歌手唱山歌来表示欢迎,"贵人"是对采风者的尊称,显示出布依族人的待客之礼。当时只有桂花树映在眼前,歌手急于表达自己的情感,就以"桂花"为歌头,与"贵人"谐音相契。然而,《桂花开放幸福来》与母本《桂花开在贵石岩》相比,却有几处耐人寻味的差异。

首先,歌词中"贵人"的象征明确指向"解放军"和"毛主席",歌词"贵人就是解放军哎,毛主席他比太阳明",与王昌吉版本中"贵人"指代前来采风的音乐家不同。这个改变,突出了新中国后到文革前的"十七年"文艺路线中强调文艺为政治服务的原则。更重要的是,歌词中将布依族置换为"苗家",与我们今天对于少数民族的认知完全相悖。从"布依族"到"苗族"的误读或误认,究竟是出于什么原因呢?解放初期,民族识别工作刚刚展开,汉族对少数民族没有统一的统称①。歌曲的作者作为汉族"外来者",或许对于贵州各个少数民族的基本情况并不了解,亦或是有所了解但却并不认为严格区分民族身份具有实际意义,因此,就有了认"布依"为"苗家"的错谬。这个错误,或许并非音乐家有意为之,但恰恰从创作时的这种"无意识"中,我们能够解读出丰富而深刻的时代文化内涵,在某种程度上,也能够促使我们反省那一特定年代下的文艺创作承载的族群身份认同存在的局限。

由此可见,在建国后特定的历史背景下,《好花红》经历的改造,使其从表达男女爱情为主的山歌,变成了歌颂党和政府颂歌。在这一流变过程中,"民族—国家"认同融入了基于地缘和族缘的身份认同,成为了民间文艺作品承载的新兴认同范式。

三、山歌流变的反思:《好花红》的身份认同与地方记忆

有研究者在探讨地方记忆、想象与认同的关系时认为:("地方既是存有事物的一种方式,亦是认识世界的一种途径。对于地方的发掘乃是其由传统向现

---

① 详细资料参看贵州民族报 2004 年 2 月 5 日第三版及贵州省布依学会编的《布依民歌经典》。2002 年 10 月 18 日,《贵州日报》发表了罗马同志题为《"桂花开放幸福来"是怎样诞生的》这篇文章,以具体的时间、地点,真实的人和事,说明了这首民歌的诞生的过程,拨开迷雾,还原布依族民歌的本来面目。贵州省布依学会据此向国家、省宣传、文化、民族事务部门通报《桂花开放幸福来》的归属权是布依族。2003 年 12 月 13 日至 15 日,中央电视台西部频道对《好花红》《桂花开放幸福来》两首布依民歌作了专题介绍与现场演唱。贵州省布依学会会长王思明作为应邀嘉宾,对这首民歌的来源加以说明。因采集时民族识别工作上未进行,称为"仲家"的布依族,误认为是苗族,以及 1953 年根据布依族人士的意愿,将"仲家"称谓改为本民族自称"布依"作为民族称谓,上报国家民委批准,"布依"成布依族的法定名称。

代转变的关键。"[12]）通过上文的分析，可以发现布依族山歌《好花红》与地方记忆之间的关联并非是一层不变的，随着社会结构的不同变化，不同的历史情境在同一时期的特定情境中，身份认同的方式和意义超越了原来地方记忆的圈画而发生改变，呈现出圈画以外的一面，在现代化的大情境下，黔南布依族山歌《好花红》身份认同与地方记忆的关联凸现出重要的实际意义。

这一意义首先表现在，山歌文化的一些符号特征，对于维持和承载民族身份认同具有重要作用。《好花红》作为布依族的文化符号，它把集体（地方）记忆与族群认同联系到一起。研究表明：（一个地方进行空间要素的形式改建、位置移动或色彩变换会导致空间感知基点的变化，进而引发地方依恋的减弱或中断，因变化后的空间物质要素和人们的地方记忆不符，从而引起地方的不认同。当环境感知基点的改变迎合了人们的心理或某些功能需求后，地方记忆对地方依恋的支配地位便受到影响，因而依恋不会显著降低且可能增强[13]。）这一观点可以引申到山歌《好花红》承载地方记忆的变化，以及这种变化引起身份认同的变化的探讨。传统的布依族村寨大多依山傍水而居，河流穿过村寨中间，人们在此地理空间中以山歌的对唱形式来交流，因此《好花红》原生态版本中出现了大量的诸如河水、小桥、刺梨花等意象。这些元素通过传唱而得到不断强调，进而建构起一种基于相同地方感的民族身份认同。随着时代变迁，人们依托的环境基点发生变化，导致对地方依恋的程度减弱，因变化后的空间物质要素和人们的地方记忆不符，从而导致族群身份认同的危机。

其次，在山歌建构民族身份认同和地方记忆的过程中，存在着话语权的博弈。话语权是指一种信息传播主体的潜在的现实影响力，这方面的研究主要有葛兰西的"文化领导权"和福柯的"权力话语"。葛兰西认为，"文化领导权"被称为文化场权，它是指在市民社会中一个社会集团在文化、伦理、意识形态上的领导权[14]。他还指出，要实现文化领导权的方式是通过宣传、引导、认同、同意。而福柯则认为，"所有的知识都是权利意志的体现，这就意味着我们不敢讲出实在的真理和客观的知识"[15]，简单的说，话语是谁掌握，谁就有说话的权利。布依族山歌《好花红》的流变过程，存在多方势力参与山歌话语权的博弈，在不同时期和不同情境下，各种话语的形态是有差异的，产生影响大小也是不同的。参与山歌身份建构的几种势力包括族群、外来采风者、政府、知识精英、商家等，他们都在不断书写、涂抹、塑造和重构着布依族山歌的身份认同。地方族群及其知识精英，在传统上是山歌话语权的主导，在讨论《好花红》的改编与流变时，政府通知当地王昌吉老人来唱《好花红》。这是因为相对其他布依族人而言，王昌吉老人对《好花红》的演唱、了解、研究比较完整，其对《好花红》的改编成型起了重要作用。由此可见，在族群认同形成过程中，地方精英个人化的眼界、修养和秉赋曾经起着重要的作用；但在现代化过程中，伴随族群外部力量在地方的界入，地方精英的权威日渐失落，地方精英与族群身份认同的关联慢慢减弱。

伴随着族群和地方知识精英话语权的衰落，政府和外来知识精英的话语权对山歌的身份认同建构起到决定性的作用。今天传唱最广的山歌《好花红》版本，是著名作曲家罗宗贤来到惠水县辉油寨采风，在原来民间传唱的"好花红"调的基础上进行改编的。改编使得山歌的曲调和歌词得以定型，并得以超越山歌传唱的狭小原生语境，成为现代性"民族—国家"身份认同的传播载体。但罗宗贤随后又依调改词创作了《桂花开放幸福来》，却过度倚重于特定历史时期政治意识形态的表达，一定程度上偏离了基于地方记忆的族群身份认同，使得《桂花开放幸福来》在时过境迁之后，也就渐渐丧失了感染力。

最后，由于地方的变化发展，地缘的拓展等增强了布依族山歌承载的身份意识，但这种意识的增强是以对过去传统的尊重和以地方记忆的唤起为依托而获得的。最明显的一个现象是：经历过"文革"的沉寂期以后，以《好花红》为主的布依族山歌在民间又焕发出新的活力。到上世纪八十年代，每年的农历六月初六，贵州省"六月六"布依族山歌节在惠水成功举办，使"好花红"步入复苏期。随着"好花红"在全省、全国知名度的提高，"好花红"被赋与了更多新的内涵。1981年6月，经国家民委批准，省、州文化局协助，《好花红》再度在惠水县董朗大桥"六月六"歌会登台演唱亮相。1998年12月，贵州省布依族学会成立之时，《好花红》这首歌被作为大会会歌，同时刺梨花又被作为图案会徽。2014年，贵州省人民政府同意惠水县部分乡镇行政区划调整，设置了新"好花红镇"。这样看来，在全球现化化带来的身份认同危机中，以《好花红》为代表的非物质文化遗产中保存的"地方记忆"为基础，建构国家、地方与族群多元文化身份的统一，不仅是可能的，而且是必然的。

参考文献

[1] 南帆，刘小新，练景生. 文学理论基础[M]. 北京：北京人民出版社，2008.

[2] [美]本尼迪克特·安德森. 想象的共同体——民族主义的起源与散布[M]. 吴叡人译. 上海：上海人民出版社，2011.

[3] 刘玲玲. 布依族徵调式民歌"好花红"的传唱地分布研究[J]. 大舞台，2015（03）.

[4] 惠水县布依学会编. 惠水布依族文化[M]. 贵阳：贵州民族出版社，2005.

[5] 杨昌儒. 布依族经典民歌好花红的生态环境[J]. 贵州师范大学学报（社会

科学版），2009（05）.

[6] 马远达. 对地理环境作用的思考[M]. 贵阳：贵州民族出版社，2005.

[7] 惠水县布依学会编. 惠水布依族文化[M]. 贵阳：贵州民族出版社，2005.

[8] 罗佳. 贵州布依族民歌音乐特点解析[J]. 音乐创作，2013（07）.

[9] 惠水县布依学会编. 惠水布依族文化[M]. 贵阳：贵州民族出版社，2005.

[10] 惠水县布依学会编. 惠水布依族文化[M]. 贵阳：贵州民族出版社，2005.

[11] 罗宗贤（1925—1968年），中国作曲家。汉族，河北保定人。1925年9月生于河北省定的一个贫苦农民家庭。1968年2月8日病逝于北京。《桂花开放幸福来》选自他的《罗宗贤音乐作品选集》。

[12] 李海云. 地方：记忆、想象与认同[J]. 民俗研究，2015（03）.

[13] 黄向，吴亚云. 地方记忆：空间感知基点影响地方依恋的关键因素[J]. 人文地理，2013（06）.

[14] [意]安东尼奥·葛兰西. 狱中札记[M]. 北京：人民出版社，1983.

[15] [法]米歇尔·福柯. 疯狂与文明[M]. 刘北成，杨远婴译. 北京：三联书店出版社，1999.

《西游记之大圣归来》成功逆袭的"原力"探究

蒋 燚[①]

【摘　要】 在中国电影发展史上，国产动画电影的质量一直不高。而《西游记之大圣归来》(下称：《大圣归来》)打破了国产动画电影内容低幼、粗制滥造的现状。它一举获得第30届中国电影金鸡奖最佳美术片、第12届中国动漫金龙奖最佳动画长片等大奖。得到了票房与口碑的双丰收，改变了观众一度把中国原创动画电影当成笑柄的境况，开启国产动画电影的新纪元。文章将对其成功的原动力进行探究，分析电影是如何对《西游记》这世界级IP进行现代化的拓展与演绎；以及民族音乐和中国山水在动画技术上的运用中，所彰显出中国电影古韵东方之美的民族化美学追求。以期对今后国产动画电影的创作有一定启示。

【关键词】 孙悟空　世界级IP　民族音乐

前　言

2015年，是中国电影扬眉吐气的一年。中国内地电影票房首次突破400亿元，同比增长47.4%。国产影片票房收入237.2亿元，占比59.2%，同比增长73.1%。在中国电影总票房前十名的影片中，我国的国产动画电影首次入围在列。

80后、90后的幼龄时代，我国影视市场充斥着日本、美国的动漫。奥特曼、美少女战士、一休等动画形象曾被一度追捧，我们敬仰着他们的动漫英雄。然而，我国拥有着五千多年文化历史，英雄数以万计，但展现在影视动画荧屏上的却少之甚少，我国的国产动画电影迫切需要打造属于自己的英雄。电影业曾有人感叹："等到中国的国产动画电影能像美国的动画电影一样，家长不是被迫陪孩子到影院观看，而是自愿、积极、满怀期待地与孩子一同前看。那个时候，国产动画电影就成功了。"

[①] 作者简介：蒋燚，贵州师范大学文学院艺术学理论2015级硕士研究生。

《大圣归来》上映后，赢得票房和口碑的双丰收，总票房突破了 9.5 亿元，远超《功夫熊猫 2》保持了 4 年的 6.17 亿元总票房纪录，成功刷新国内动画电影票房榜单，成为中国动画电影票房总冠军。更创下国产 3D 动画电影海外销售新记录，完成了我国国产动画电影的成功逆袭，它走向了世界六十多个国家，造就了中国享誉世界的超级英雄——孙悟空，令国人对国产动画电影感到一丝娇傲。打破了国产动画电影内容低幼、粗制滥造的现状，改变了观众一度把中国原创动画电影当成笑柄的境况，开启了中国国产动画电影的新纪元，对今后国产动画电影的创作有一定启示意义。

一、世界级 IP 上的拓展与演绎

在电影市场中，选择一部经典小说 IP 改编成商业电影，往往会降低投资风险。但若不走心，也会导致亏损，毕竟电影只是将小说 IP 情节以导演还原的方式去定性、呈现在银幕上，仅是部分人的小说"读后感"。《大圣归来》能博得人心，根于它厚积薄发的纵身一跃所达到的新高度，是一部诚意之作、良心之作，从筹备到制作历时了 8 年，田晓鹏导演费尽了心力。它取材于中国传统的神魔小说——《西游记》，并在这一传统的经典 IP 上进行现代化的拓展与演绎。

（一）世界级 IP——《西游记》

"《西游记》是我国古典长篇小说、四大名著之一，是中国古代第一部浪漫主义长篇神魔小说，明代小说家吴承恩所著。"[1]《西游记》是根植于每个中国人心中的经典小说，属于世界级 IP。书中深刻描绘了社会现实，是魔幻现实主义的开山之作。自小说问世以来就在民间广为流传，被译为英、法、德等几十个文种，在古今中外盛传。

西游人物是历朝历代民间集体智慧的结晶。对于如此一个内涵博大精深而又创作想象空间富余的世界级经典 IP，往往会被各种艺术形态反复衍生运用，影视艺术亦不例外。自中国电影诞生开始，"西游题材"的影视作品一直热到现今，不论是 1961 年由万籁鸣先生导演的中国第一部彩色动画长片《大闹天宫》，还是后来央视播出的红极一时的六小龄童版《西游记》，或是 1999 年的 52 集《西游记》动画等，都深受国人喜爱。不得不说，每个中国人心中都有一个西游情节。但不管哪部《西游记》题材影视作品，交代的基本都是孙悟空被套上紧箍咒后与唐僧师徒西去取经的故事。《大圣归来》则换了一个阐释角度。它让小朋友唐僧帮孙悟空找回初心，成长为大英雄。剧情并不复杂，故事十分精彩，逻辑非常流畅，小孩们都能看懂。

（二）《西游记》的拓展与演绎

电影从"后齐天大圣"时代出发，讲述了在五行山下沉睡了五百多年的孙悟空，被江流儿，即儿时的唐僧误打误撞解除了封印，并在相互陪伴的冒险之旅中找回初心，完成了自我救赎。

1. 情节内容

故事发生在山妖肆虐的长安城。江流儿在动乱中失去了双亲，由老和尚收养长大。他对齐天大圣的传说非常迷恋，敬仰为自己的英雄。而真正的齐天大圣正被封印在五行山下。悬空寺中，妖王抢长安城中童男童女做日食祭祀，江流儿为搭救小女孩，仓皇逃入山中，误打误撞放了齐天大圣，但他法术封印未除，孙悟空只是一只会拳脚功夫的毛猴子。江流儿见到自己心中的英雄，将其奉为偶像、紧紧追随，给予落魄的齐天大圣勇气和信心。此时的孙悟空虽然没有无尽的法力，却依然英姿飒爽、威风凛凛地解救被妖王抓走的孩子们。在与妖王的决战时，江流儿为保护孙悟空和他人，以身犯险与妖王斗智斗勇而"牺牲"。悲痛至极的孙悟空从内爆发无限能量突破了封印，恢复齐天大圣之身，重新归来。电影中，齐天大圣孙悟空"打不死"；孙悟空布偶"失而复得"被反复强调。象征了我们的简单信仰：随着时光的老去，我们的传统经典永不泯灭。

2. 人物造型

《大圣归来》不仅在内容上有探索创新，在人物造型上也下了很大功夫，与传统的西游题材的人物造型迥然不同。它兼容并蓄了中国民族工艺美术的特点，混搭上大量鲜明大胆的CGI特效，在继承传统的基础上以求突破。完整保留了动画电影中的中国风、民族风，在定位为面向全年龄观众群时，进行了走向国际动画电影大片的努力尝试。电影里不仅有萌唐僧、酷大圣、怂八戒，还有人面兽心的大魔王"混沌"、不会说话的Q版"土地公公"，性感妖艳的女妖怪以及史上最帅的龙。

这些神话人物都出自神怪巨著《山海经》。山妖王混沌在《山海经》中是一只会唱歌的神鸟，最后却变身为吞天食地的大肉虫，是悔恨与同情极其纠结的形象。电影里的龙，逐水而居，善飞善潜，不受制于任何人，当它在戛纳的放映厅里起飞的时候，完全颠覆了西方人眼中邪恶的"Dragon"形象，惊叹声和喝彩声不断。

3. 武打技巧

中国功夫一直令西方文明惊叹，中国功夫的美一向让西方文明望尘莫及。

《大圣归来》的武打特技设置得异常精美。田晓鹏说，仅仅在孙悟空的动作设计上，他们就吸收了袁和平、张彻、胡金铨、李小龙等武侠动作片中的精髓，同时融入中国武侠片的动作和韵味，彰显出中华武术柔韧刚劲的东方美。

二、中国民族音乐的运用

《大圣归来》的音乐堪称中国风的绝美配乐。毫无疑问地显现了创作团队励志打造中国动画电影音韵美的决心，让中国风的音律唱响全球。在《大圣归来》的音乐制作上，田晓鹏导演邀请了香港配乐大师黄英华担任音乐监制，他是一位"大圣迷"，曾为《功夫》《少林足球》等多部周星驰作品担纲。在电影配乐中不仅完美地解读了东方英雄的魅力，更兼收并蓄地用东西方优质的音乐元素谱写着电影华章。

（一）民族管弦乐：《闯将令》

《闯将令》是民族管弦乐合奏曲，是由民族音乐家于会泳与胡登跳两人于一九五八年合力制作而成。乐曲以高亢的唢呐领奏，具有逼人的豪迈气势，运用上行与下行旋律音型的结合及乐器声部叠置的手法，气势磅礴地结束全曲。"是属于来自中国大跃进时代的民乐作品，描写各条战线上的英雄勇往直前，不屈不挠的大无畏精神，充满了奋进的精神和活力。"[2]《闯将令》因其气势磅礴的无畏精力，从六十年代就被引用到武侠电影，在香港武侠片中更是得到广泛应用，如《东成西就》《功夫》等片。《大圣归来》开篇就用《闯将令》这段戏曲来烘托"大闹天宫"激烈的斗争场面，令人惊艳和震撼，让世界听到了中国的民族管弦乐。

（二）插曲：《勇敢的心》

《勇敢的心》由汪峰主唱，是一首积极向上、没有灰暗、更没有仇恨的曲子。音乐的谱曲和辞藻都比较尖锐，强调关怀与警醒。曲风是摇滚，运用了中国摇滚乐最高规格的技术。曲调高昂、激荡、令人振奋。这首插曲配在江流儿与齐天大圣、猪八戒重回长安城的路途中。唱出了三人凭着一颗永不哭泣勇敢的心，在撒满鲜血的天空迎风飞舞，怒放着生命。这首曲目的嵌入，不仅仅增添了电影的整体乐感，同时参与着叙事，串联起了整个剧情，堪称最美妙的插曲。

(三)昆曲:《祭天化颜歌》

精妙的昆曲运用也是《大圣归来》的一大亮点。"昆曲是中国最古老的曲种之一,是'人类口述和非物质遗产代表作',也是中国传统文化艺术中的珍品,自明代中叶独领中国剧坛近三百年。"[3] "昆曲糅合了唱念做打、舞蹈及武术等,曲词典雅、行腔婉转、表演细腻著称,被誉为'百戏之祖'。"[4]混沌妖王献祭用昆曲《祭天化颜歌》,幽怨婉转而地道,妖王戴着巾帽,好似京剧的姜派小生,配合着身段,唱出古韵之美。有昆曲的加入,大大加深了《大圣归来》的中国元素,将民族风彰显到了极致。在其不到一分钟的吟诵唱中,交代混沌妖王为何要抓童男童女,与开篇的山妖肆虐形成呼应,以我国的昆曲之美推动了故事情节的发展。

(四)主题曲:《从前的我》

《从前的我》是《大圣归来》的金曲。由田晓鹏、包晓更填词、黄英华作曲,陈洁仪演唱。歌曲带我们走进一段湮没了千年的奇幻之旅。曾经的高僧未曾得道、英雄的法力尽失,九世轮回中意外的相逢。浮华尘世,纵使妖魔当道、热血冷却、去路依稀、未来早已写完,那些欢笑和泪水未曾白流。一路向西,不能回头的不是道路而是梦想;执着奋战,坚定拯救的不只他人还有内心。正如歌词:"转身不算告别,分离却分不开,若是遇见从前的我,请带他回来。""从前的我"不仅是主题歌的歌名,更是《大圣归来》整部影片最切题的注释,它貌似洞察到了当年看着《西游记》长大的孩子们的内心。他们在这几十年的成长中,逐渐变得世故冰冷,外壳坚硬、内心软弱,而那个童年的英雄,如同布满尘埃的布偶,站在心中最不起眼的角落对你说:"若是遇见从前的我,请带他回来"触动着内心,拨动着每个人的心弦。

三、动画技术嵌入的中国山水

"电影本是一门时空复合的视听艺术。"[5]现代数字技术的发展推着动画电影产业的快速成长,成熟的3D数字技术能让观众感受到绚烂多彩的空间体验、行云流水的打斗场景、斑驳陆离的酷炫色彩。《大圣归来》亦不例外,它在动画、美术、故事、视听方面都具有了国际水准。电影中的一草、一木、一河川都体现了特有的中国元素,有着中国的古韵之美,让人沉醉。

在中国风的动画片里,从来都不会缺少桂林山水的影子,《大圣归来》也不例外。水墨画般的场景氛围打造，搭配中国传统乐器配乐，堪称绝美。影片刚开始的时候，江流儿与师父居住的长安城，木质结构的房屋沿山势而建，重重叠叠，让人联想起苗寨吊脚楼。在终极决战中大妖王混沌的老巢——悬空的寺庙，正如我国山西大同的悬空寺。除此之外，电影里很多场景都是参考现实世界取景，将这些中国风的唯美画面推荐给了海外观众。

《大圣归来》的 3D 景深效果、画面构图、色彩调配、场景设计等技术，已经达到了与好莱坞动画电影几乎同等的水平。它是一部在技术上最为成熟也最为用心的当代国产动画电影，大气磅礴的画面气氛和画风气场，都不是同时期其他国产动画电影可以与之媲美的，属于国产动画电影新风范。

在四年前，我国的 3D 动画制作的水平还处于只能完成游戏动画短片的程度。而今的《大圣归来》已经是一部 CG 动画大电影。其亮点非常明显，电影的画面制作已经达到了较高水准。业界曾说，做 CG 最怕两件事，一是运动镜头，另一个是长镜头。然而《大圣归来》在处理这种难度的镜头时却能一气呵成，如山妖追逐江流儿的那场戏直，是一个一分多钟的长镜头，看得非常过瘾。"悬空寺"决战那段戏，镜头长，场面大，角色在场景里穿插，涉及大量复杂的运算，仍能行云流水。然而与好莱坞相比，差距是显而易见的，对操作动态大电影的能力还是比较生疏。但总体而言，最难的一步 CG 技术已经跨过，剩下的就是经验的积累、团队的磨合、资本的运作。

结语

《大圣归来》是一部民族特性之作。它自觉追求"中国化、东方美"民族风格，有承接传统、兼收并蓄之态，显现出了"内容取胜"的高级感，将华夏文明的精髓发挥到了极致。但它并非是一部完美的作品，它所呈现的亮点和不足都映射了当下中国整个国产动画电影业的水准，但它的最大意义在于"探索"。近乎八年的探索，让西方文明看到了华夏文明也有如此奇妙的"魔幻电影"，感受到了华夏文明的神秘、华夏功夫的美以及华夏民族的想象力和创造力。《大圣归来》的"火热"除了自身品质过硬外，更离不开当代电影产业的整体氛围。它的探索与成功，对于国产动画电影的意义也绝不仅是技术和经验的累积，票房和口碑的爆发，而是业界和观众对我国国产动画电影的信心随"大圣"一同归来。

参考文献

[1] 吴承恩. 西游记[M]. 人民文学出版社，2009.

[2] 周楼胜. 电影《功夫》背景音乐评析[J]. 电影评介，2012（1）.

[3] 张庚. 继承发展昆剧的优良传统[J]. 中国戏剧，1982（1）.

[4] 王安葵，何玉人. 昆曲创作与理论[M]. 春风文艺出版社，2005.

[5] 罗伯特·C·艾伦/道格拉斯·戈梅里. 世界电影史[M]. 中国电影出版社，2004.

南朝咏雪诗赋比较谫论

马 言[①]

【摘　要】 诗、赋发展至南朝出现同一题材并为诗、赋二体所关注的特殊现象，咏雪即为典型案例。南朝咏雪赋不但体现了南朝文学写实的总体倾向，而且还承继了汉赋虚设问对的"驾虚"体制特征，又因赋体的铺排特性，其情志抒发直接酣畅。而南朝咏雪诗则因对仗、属对的讲求，敷陈有限，略微点逗，故抒情婉转含蓄。此外，南朝咏雪诗、赋语词关联而构句胡越。

【关键词】 咏雪诗赋　写实与驾虚　点逗与直铺　婉转与酣畅　用词与造语

　　林庚先生曾云："汉代有赋家而无诗人，唐代有诗人而无赋家，中间魏晋六朝诗赋并存呈现着过渡的折衷状态。"[1]这种"折衷状态"是指六朝诗、赋一改往代分离情态而呈现粘附的状态。赋受诗的影响而逐渐依附于诗，而诗汲取赋的优点迅速发展，并且这成为此时文学发展的主流。同题创作之风建安时兴起，但多是同一体裁的同题拟作。逮至南朝，则不同体裁的同题拟作达到鼎盛，南朝咏雪诗、赋即为典型个例。据统计，南朝咏雪诗赋概有：谢惠连、刘璠和谢庄等人的咏雪赋，凡3篇；鲍照、虞羲、萧纲、沈约、任昉、丘迟、刘孝绰、何逊、吴均、裴子野、庾肩吾与徐陵等人的咏雪诗，计15篇。而学界关于同题创作研究虽偏执一端，如谭家健《六朝唐宋同题咏物赋蠡测》、马予静《论魏晋南北朝的同题共作赋》，以及研究专就建安文人同题创作的陈恩维《创作、批评与传播——论建安同题共作的三重功能》，但具有一定的学术启示价值。南朝诗、赋同题创作具有相通性，对此进行研究，无论是对南朝文学研究还是对咏物类诗赋研究都具有典型意义。易闻晓师《谢灵运诗赋的关联与分异》则开辟了诗赋二体辨析的新视野[2]，我们在这些研究基础上进一步探讨南朝咏雪诗赋。南朝咏雪赋不仅体现了南朝文学写实的总体倾向，而且又承继了汉赋虚设问对的

[①] 作者简介：马言（1990—），男，河北邢台人，贵州师范大学文学院博士研究生。研究方向为中国诗赋。

"驾虚"体制特征。因其铺排特性,情志抒发直接酣畅。而南朝咏雪诗则因对仗、属对的讲求,敷陈有限,略微点逗,故述情婉转含蓄。此外,咏雪诗、赋语词关联而构句胡越。

一、咏雪赋的虚实与尚情

辞赋自汉代以后,写实倾向愈趋明显,尤其是晋宋之际,模山范水成为此时文学史发展的基本方向。曹丕《答卞兰教》谓"赋者,言事类之所附也。颂者,美盛德之形容也。故作者不虚其辞,受者必当其实"。(《卞后传》裴松之注引《魏略》)又左思《三都赋序》谓"升高能赋者,颂其所见也……美物者贵依其本,赞事者宜本其实,匪本匪实,览者奚信?"[3]74 谢灵运《山居赋》序谓:"今所赋既非京都、宫观、游猎、声色之盛,而叙山野、草木、水石、谷稼之事……览者废张、左之艳辞,寻台、皓之深意,去饰取素,镜值其心耳。"[4]这不仅表明了赋体创作逐渐倾向写实,而且明确咏物当依本务实,不可虚词滥说。

谢惠连《雪赋》中关于雪的描绘多为实写。如开篇伊始写下雪前的状况,其谓"岁将暮,时既昏,寒风积,愁云繁……俄而微霰零,密雪下""霰淅沥而先集,雪纷糅而遂多"[5]25。而后雪落之时的情状以及雪落之后,大地随物赋形之态等皆为实绘。如"其为状也,散漫交错,氛氲萧索,蔼蔼浮浮……既因方而为珪,亦遇圆而成璧……於是台如重璧,逵似连璐,庭列瑶阶,林挺琼树"等。刘璠《雪赋》则基本上全篇为实写,甚如史家记事一般。其云"天地否闭,凝而成雪,应乎玄冬之晨,在於沍寒之节,苍云暮同,严风晓别,散乱徘徊,雾霏皎洁……始飘飖而稍落,遂纷糅而无穷,晓摄光而映净,夜合影而通昽,似北荒之明月,比西昆之阆风"。[5]25 是赋一如谢氏之作,雪前天气状况、下雪时的情景以及雪后的世界,一线串珠式呈现出来。谢庄《杂言咏雪》亦然,其云:"始苾苾以蕤转,终徘徊而烟曳,状素镜之晨光,写金波之夜晢。"[5]25 咏雪赋的这种写实主义色彩既顺应了整个辞赋史的行进方向,又切实地反映了南朝文学的时代特征。不但是赋家"体物"的来源,而且是"写志"的基础。

值得注意的是,咏雪赋在写实的同时,又展现出"驾虚"的倾向。"驾虚"术为汉赋的典型特征,易闻晓先生业已指出,汉赋具有"凭虚"倾向,[6]而咏雪赋则是对这种手法的承继。虽然上文已言辞赋自汉后,写实成为主流,但赋体"驾虚"手法与其并存。西晋挚虞《文章流别论》谓"假象尽辞,敷陈其志"。[5]1018 梁刘勰《文心雕龙·诠赋》谓"铺采摛文,体物写志"。[7]清刘熙载《艺概·赋概》谓"赋以象物,按实肖像易,凭虚构象难"。[8]99 诸说甚谛,明确了辞赋要有"假象""丽辞""凭虚"等特征,并且其位于"写志"之前,故亦应为言志的基础。

汉赋"驾虚"的手法主要表现在人事的大肆夸张，语言的虚诞夸饰，叙述的假托问对以及名物铺排的虚设。这是因为汉人作赋是基于"博物"的知识基础，炫耀才学，诚邀厚禄为目的。但是这种知识化的"博物"大赋终因社会环境的改变而逐渐淡却。而南朝咏雪赋虽为抒情小赋，却汲取了汉赋"驾虚"的手法。如谢惠连《雪赋》采用假设主客问答形式，虚构司马相如、邹阳并枚叔在梁王兔园应制。刘瑓《雪赋》虽然没有虚设问对，然而亦有夸张渲染之法。其云："违朝阳之曜煦，就凌阴之惨洌。混二仪而并色，覆万有而皆空。既夺朱而成素，实矫异而为同。"[5]25 大雪临前，天气的寒冷、天空的昏暗以及天地之景以极度夸饰之法展现出来，读之令人颤栗。又谢庄《杂言咏雪》对大雪来前的天气状况描绘更是有过之而无不及。其云："火洲灭，日壑清，龙关沙蒸，河徼云惊，晷未沉而井闃，□方霾而海溟。"[5]25 呼啸的风声惊天动地，夹杂着雪霜席卷而来，铺天盖地，令人颤惊。可以说，南朝咏雪赋依"驾虚"之法，极尽大肆夸张之能事。从辞赋史的角度而言，出脱赋体由虚转实的必然趋势，而以虚构想象点映汉大赋，这不是一种退步，而是一种坚守，亦即赋体"驾虚"铺陈的特质。

假托虚设是赋体与生俱来的特征。凭虚敷陈，虚设问对为赋体灵魂之所在，失之即亡。纵览赋史，大凡名赋皆比物属事，尽描物态，虚陈名物，假托人事。《七发》《子虚赋》《上林赋》等西汉辞赋虚设问对，铺写虚物，自当无疑。而《两都赋》《二京赋》等东汉辞赋本宜多述典制，然其亦假设人事，虚铺名物。前有西都宾与东都主人，后有虚公子与安处先生。东汉以后，赋的写实倾向愈趋明显，体制愈加短小，格式要求愈显严格。受强势文体诗歌影响，赋体经南朝骈赋至唐朝律赋，已然丧失驾虚夸饰的特质，转而一板一眼地雕刻，逐渐失去生命力而僵化。所以，南朝咏雪赋的"驾虚"并非违背所谓历史发展的潮流，而是一种隔代点"体"，以求唤醒熟睡的大赋。谢惠连《雪赋》能够扬名后世而不衰落，不是因为其声韵讲求和格律工整，而是假托问对，物色夸饰所带引抒情的酣畅，此实非大才而不能为。

咏雪赋尚情尤以谢惠连《雪赋》为要。全赋抒情层层递进，不断增强，正可谓"以相如为正文，以邹枚为后劲"（《孙评文选》卷二）。开篇相如就引经据典而阐释"雪义"："臣闻雪宫建于东国，雪山峙于西域。岐昌发咏于来思，姬满申歌于黄竹。《曹风》以麻衣比色，楚谣以《幽兰》俪曲。盈尺则呈瑞于丰年，袤丈则表沴于阴德。雪之时义远矣哉！"[5]25 齐宣王与孟轲在雪宫曾谈到君主与贤人之乐；"雨雪霏霏"为周代戍边将士的感慨，周穆王黄竹歌饱含怜农惜民之情；周朝曹国，人们将麻布衣服与雪的颜色相比拟，而楚国又将高雅的琴曲《白雪》与孔子的琴曲《幽兰》相媲美；瑞雪普降则兆丰年，而暴雪深积则寓意失丧美德。如此丰富的"雪义"与其说是赋圣司马相如学识渊博,不如说是谢惠连的内心发声。而这种"雪之时义远矣哉"的道义感叹不足以抒发赋家内心澎湃的情感,进而引出了邹阳、枚叔的进一步咏叹。邹阳积雪歌"携佳人兮披重幄,援绮衾兮坐芳褥。燎熏炉兮炳明烛,酌桂酒兮扬清曲"表现了不问世事,自我享乐的淡然之心,而白雪歌"怨年岁之易暮,伤后会之无因。君宁见阶上之白雪,岂鲜耀于阳春"之语则透露了轻淡的感伤。枚叔的"乱"辞则以"雪格"的形式展现了南朝文人士大夫的"人格"。"白羽""白玉"本为高洁、高贵之物,然终不如雪,只因雪"凭云升降,从风飘零。值物赋象,任地班形。素因遇立,污随染成"。这种随云从风,随物赋形,遇污则染式的品格,显然与"白羽""白玉"的守节守贞相去已远,转而以"节岂我名,洁岂我贞"为立身思想。这显然不是汉代士人的道德操守,实为南朝动荡社会下,儒家思想话语权旁落,文人士大夫失去了坚贞的道德操守,而信奉"纵心皓然,何虑何营"处世哲学的一种真实写照。而南朝咏雪诗的写实与抒情倾向,前人多有讨论,不再赘述。

二、咏雪诗赋情志表现

陆机"诗缘情而绮靡,赋体物而浏亮"一语点破了诗、赋各自的特性与本质,诚为的论。就文体而言,诗主情,赋主物,自其产生之始便如此,无可厚非。然而逮至南朝,诗赋的文体功用交互影响深刻,诗以体物为言情手段,赋以言情为体物终结。关于诗体,陆时雍《诗镜总论》云:"诗至于宋,古之终而律之始也。体制一变,便觉声色俱开。"[9]1406 又云:"诗至于齐,情性既隐,声色大开。"[9]1407 所谓情性渐隐即情志隐于物象之中,物象为情志的投射物,尤其是咏物诗。至于赋体,刘熙载《艺概·赋概》云:"《屈原传》曰:'其志洁,故其称物芳。'《文心雕龙·诠赋》曰:'体物写志。'余谓志因物见,故《文赋》但言'赋体物'也。"[8]96 又王琳《六朝辞赋史》谓"动植物意象出现在汉赋中,多为单纯体物或起兴。从汉末开始,体物之外,寄兴性和抒情性皆大为增强。"[10]在辞赋中,物只是缘情的媒介,藉物或言情或写志为咏物之本。而探讨南朝咏雪的情志,理当先辨体制。胡应麟《诗薮》内编卷二谓"文章自有体裁,凡为某体,务须寻其本色,庶几当行"。[11]21 否则即为"别调"或"失体"。南朝咏雪诗赋虽然以咏物为主,但是绝少如汉赋般就物言物,而多是体物写志。咏雪诗赋,无论是同时唱和抑或隔代摹拟,情感表现的方法并不一致。这是因为文体不同,体制不一而造成创作时行文构思也不一样,主要体现在情感内容、情感语言和情感表现的手法上。

由于诗体对仗、属对的讲求,不能展开铺写。加之其字数的限制,篇幅短小，故多影略景物，以构成意境，适合读者想象。咏雪诗重在物象描绘，形象呈现，情感内隐无张。梁简文帝《咏雪诗》云：

> 晚霰飞银砾，浮云暗未开。入池消不积，因风随复来。思妇流黄素，温姬玉镜台。看花言可折，定自非春梅。[5]23

"晚霰""浮云"为不同的语意单位，"飞银砾""暗未开"构成两个不同的语意空间，说完便转入下一个语意结构。"入池""因风"组合构成地面景象，"消不积""随复来"则构成了一个独立的空间。转而跳到"思妇"和"温姬"，"流黄素"与"玉镜台"则既独立又交互构成单独的空间。尾联则借花委婉抒情。再如徐陵《咏雪诗》云：

> 琼林玄圃叶，桂树日南华。岂若天庭瑞，轻雪带风斜。三农喜盈尺，六出舞崇花。明朝阙门外，应见海神车。[5]24

"琼林"与"桂树"相对，"天庭瑞""带风斜"未及详细叙述，转而以"喜盈尺""舞崇花"表达喜悦之情，情感在此戛然而止，而跳至"明朝阙门""海神车"，然而对此也不作详述，而仅以略微点逗，就是因为诗体对仗、属对的讲求限制。

与咏雪诗的委婉含蓄不同，咏雪赋作为抒情小赋表现出赋体抒情酣畅直白的特性，原因在于赋体逞辞铺排，句式散缓和声律相对宽松的要求。如谢惠连《雪赋》云：

> 若乃申娱玩之无已，夜幽静而多怀。风触楹而转响，月承幌而通晖。酌湘吴之醇酎，御狐貉之兼衣。对庭之双舞，瞻云雁之孤飞。践霜雪之交积，怜枝叶之相违。驰遥思于千里，愿接手而同归……携佳人兮披重幄，援绮衾兮坐芳褥。燎熏炉兮炳明烛，酌桂酒兮扬清曲……曲既扬兮酒既陈，朱颜兮思自亲。愿低帷以昵枕，念解珮而褫绅。怨年岁之易暮，伤后会之无因。君宁见阶上之白雪，岂解耀于阳春。[5]25

关于此赋，《孙评文选》卷二谓"秀色可餐，已脱尽前人稚重之气，另外一格"。[12]此即着眼于赋体由体物向述情转变而言。然而文体不同，述情方式亦不同。与诗体因字数限制而句式紧凑且多实词不同，赋体句式散缓不羁，虚字泛用。句中"之""而""兮""以""于"等虚字的运用，促使语势顺畅无碍，并成一顺直下的名物铺排与情志抒发，惬意无比。李调元《赋话》卷一云："永明、天监之际，吴均、沈约诸人，音节协和，属对密切，而古意渐远。"[13]1尽管受永明声律的影响，南朝辞赋不断骈俪化，而与韵散相间的古赋相去渐远，但是虚字的运用使整个赋语句式变得散缓、疏松，并且句式多样，杂言广布。其所表现的不是呆滞木讷、阴沉死气，而是赋体本身用词、造语与铺排特性的恒久生命力。其一气呵成式的敷陈，没有诗语欲说还休的扭扭捏捏，所以述情酣畅无碍。谢惠连《雪赋》云：

> 雪宫建于东国，雪山峙于西域，岐昌发咏于来思，姬满申歌于黄竹，《曹风》以麻衣比色，楚谣以《幽兰》俪曲，盈尺则呈瑞于丰年，袁丈则表沴于阴德。[5]25

"建""峙""发""申""比""俪""呈""表"等动作字的连用所牵引的物事形成空间的铺排，加之"于""以""则"等虚字的运用，造成述情的酣畅一顺。要知道，赋本来就存有"铺采摛文"之质，并且物、事、情皆可敷陈。《文赋》李善注谓"诗以言志，故曰缘情；赋以陈事，故曰体物"。[3]241 可见，"体物"与"陈事"相通，"物"亦含"事"。陆机虽然割裂诗、赋文体功用的相通性，但不可否定"物""事"与"情"的内在关联及并可铺陈的特点。所以，赋体直接铺排所牵引的述情酣畅与诗体约略点逗所形成抒情的含蓄，表现为体制的不同。

三、咏雪诗赋体物比较

咏雪诗赋无论是同时应制还是隔代摹拟，其交互影响自当无疑，这也是诗体赋化与赋体诗化所形成诗赋合流趋势的原因所在。但是文体本就不同，历史沉积的文体本质属性亦无法撼动，故诗、赋二体结构、用词并造语诸端存在异同，并且反映了文学领域异体交互的普遍规律。赋体"写物图貌"影响诗体创作，表现为咏雪诗的时空铺排。如庾肩吾《咏花雪诗》遍写瑞雪、大风、庭树、凝瑛、井泉、寒光、云彩、黄竹、道路和水田等；沈约《咏馀雪诗》铺写阴庭、南阶、玉台、青山等；徐陵《咏雪诗》敷叙琼林、圃叶、桂树、天庭瑞、轻雪、微风、三农、阙门和海神车云云。不同景物的累加构成了完整的图景，由意象而塑成意境。至于时间铺陈，则如梁简文帝《雪朝诗》"凝暮、屯广、落梅、翻霓、已观、复视"等；吴均《咏雪诗》"微风、细雪、萦空、凝阶"等；又丘迟《望雪诗》"氛氲、杂沓、倏忽、俄顷、绵绵、昭昭"等。这种由点到面，再到体的手法，拓展了物象表现的空间，延长了叙述的时间，形成了立体全景式图画。然而诗体多短制，预设空间有限，所以敷陈亦是点到即止，无法尽情。亦因此故，诗体多点穴式绘描，而跳跃的撑点是属对这一诗体特性。赋体则不同，铺排为其自然属性，故作赋多极尽铺陈之能事。刘熙载《赋概》谓"赋兼叙列二法。列者，一左一右，横义也；叙者，一先一后，竖义也。"[8]98 纵横捭阖式陈列、叙述大大拓展了铺排空间，使其汪洋恣肆而酣畅无比。谢惠连《雪赋》写雪状一段云：

> 其为状也，散漫交错，氛氲萧索。蔼蔼浮浮，瀌瀌弈弈。联翩飞

洒，徘徊委积。始缘甍而冒栋，终开帘而入隙。初便娟于庑，未萦盈于帷席。既因方而为珪，亦遇圆而成璧。眄则万顷同缟，瞻山则千岩俱白。于是台如重璧，逵似连璐。庭列瑶阶，林挺琼树，皓鹤夺鲜，白鹇失素，纨袖冶，玉颜掩。[5]25

从宏观、微观、声色和动静等多维视角铺叙描摹，荡尽雪之形态。赋体写物，往往就物全视角极尽描绘雕镂。征故实、写色泽、广比譬为其重要特征。就全赋而言，以往代雪义为始，冬日严寒、雪的生成、雪的飘洒以及雪后的银白世界顺次铺开。昼夜、动静、天地、远近等全方位、立体式铺写，穷尽了雪的姿态、轻盈与变化。由见，诗体跳跃点逗而赋体顺序铺排，赋博而诗简。

咏雪赋写雪之词或形容词性结构，如"散漫、萧索、蔼蔼、浮浮、瀌瀌、弈弈、散乱、纷糅、无穷"等词；或动词性结构，如"飘飖、稍落、摄光、映净、合影、通昽、葐蒀、蘙转、徘徊、烟曳"等。而咏雪诗写雪则多名词性结构，如"盐、花、雪、朔雪、积雪、细雪、沐雪、瑞雪、轻雪、风雪、玉山雪"等。比较可知，赋语重在描绘刻画，结构散缓无拘；诗语重在形象呈现，结构严谨。这是因为赋语虚字夹用，语势酣畅；诗语炼字整饬，严谨无隙。

咏雪诗、赋造语风格亦各不相同，相去霄壤，比较立见：

霰渐沥而先集，雪纷糅而遂多。（谢惠连《雪赋》）

晚霞飞银砾，浮云暗未开（萧纲《咏雪诗》）

集霞渝丹黻，流云飘绣柱。（裴子野《上朝值雪诗》）

始缘甍而冒栋，终开帘而入隙。（谢惠连《雪赋》）

已观池影乱，复视帘珠湿。（萧纲《雪朝诗》）

眄隰则万顷同缟，瞻山则千岩俱白。（谢惠连《雪赋》）

玉台新落构，青山已半亏。（沈约《咏馀雪诗》）

散漫交错，氛氲萧索。（谢惠连《雪赋》）

氛氲发紫汉，杂沓被朱城。（丘迟《望雪诗》）

既因方而为珪，亦遇圆而成璧。（谢惠连《雪赋》）

拂草如连蝶，落树似飞花（裴子野《咏雪诗》）

及其流滴垂冰，缘霤承隅，粲兮若冯夷剖蚌列明珠。（谢惠连《雪赋》）

滴沥垂土膏，阑干悬石乳。（裴子野《上朝值雪诗》）

盈尺则呈瑞于丰年，袤丈则表沴于阴德。（谢惠连《雪赋》）

三农喜盈尺，六出舞崇花。（徐陵《咏雪诗》）

始飘飘而稍落,遂纷糅而无穷。(刘瓛《雪赋》)

飘飘千里雪,倏忽度龙沙。(裴子野《咏雪诗》)

首例赋语"霰淅沥而先集",以虚字"而"连接主谓,结构舒缓;诗语"晚霰飞银砾""集霰渝丹黻",分别以实词"飞""渝"连接,字字实义,结构紧凑。次例赋语虚字"而"连接两个动宾结构,构成动作次序,形成赋语一顺的语势效果;诗语名词"帘珠"与动词"湿"直接构成主谓结构,显然致密。复例赋语虚词"则"连接动补结构,"千岩俱白"是对山的描绘形容,整个句子形成描绘性言语;诗语虚字"已"的连接不为舒缓,只为合句式而勉强凑泊。再例赋语"氤氲"为性状形容词,与"萧索"并列构成对物象的描绘;诗语"氤氲"为物质名词,与"发紫汉"构成主谓,意在物象呈示。第五例皆为雪落物象之语。赋语虚字"既""亦"当为关联词,连接两个分句,形成一顺之势,虚字"而"分别连接两个动宾结构"因方"与"为圭","遇圆"和"成璧",构成前后因果关系,略有缓停;诗语虚字"如""似"虽亦连接两个动宾结构,然显为凑句,结构过紧,颇见蹇迫。第六例赋语"始飘飘而稍落",以虚字"而"构成前后的时空转换,形成次序铺陈;诗语"飘飘"与"千里"构成严格的中补结构修饰"雪",结构紧密,不容插针。第七例赋语虚字"则"连接主谓,构成散缓的主谓结构,"于丰年"作为介词性短语补充谓语,句式舒缓不羁;诗语是严格的"主语+谓语+宾语"式主谓结构,不容增删。第八例赋语虚字"兮"的运用及"冯夷剖蚌列明珠"一个独立单句充当宾语促使整个句子结构散缓舒畅;诗语动词"垂""悬"连接两个名物,构成严谨的主谓结构,间不容发。同时需要注意的是,此亦表明咏雪诗赋用字的通联性。"流滴"与"滴沥"相近,"垂冰"和"石乳"近似,然赋语"流滴""垂冰"为性状之描绘,诗语"滴沥""石乳"为物象之点逗。凡此可知,赋语散缓舒畅、性状描绘与诗语工整紧密、零星点逗的构句胡越,加之用词造语及体物铺排的对比,可为诗赋研究添砖加瓦。

参考文献

[1] 林庚. 唐诗综论[M]. 北京:人民文学出版社,1987:53.
[2] 易闻晓. 谢灵运诗赋的关联与分异[J]. 山西师范大学报,2011(6):87-90.
[3] 萧统. 文选[M]. 北京:中华书局,1977.
[4] 顾绍柏. 谢灵运集校注[M]. 郑州:中州古籍出版社,1987:319.
[5] 欧阳询. 艺文类聚[M]. 北京:中华书局,1965.
[6] 易闻晓. 汉赋"凭虚"论[J]. 文艺研究,2012(12):45.

[7] 范文澜. 文心雕龙注[M]. 北京：人民文学出版社，1958：134.

[8] 刘熙载. 艺概[M]. 上海：上海古籍出版社，1978.

[9] 陆时雍. 诗镜总论[A]. 丁福保辑. 历代诗话续编[C]. 上海：上海古籍出版社，1983.

[10] 王琳. 六朝辞赋史[M]. 哈尔滨：黑龙江教育出版社，1998.

[11] 胡应麟. 诗薮[M]. 上海：上海古籍出版社，1958.

[12] 陆士衡，潘安仁，潘正叔，等. 孙评文选[M]. 上海：大达图书供应社，1934.

[13] 李调元. 赋话[M]. 北京：中华书局，1985.

唐代宵禁制度与唐传奇的时空构成

梅 雪①

【摘 要】 宵禁制度自周代开始实施以来,各朝各代均有沿袭,发展到唐代更是达到顶峰,其完备的律令系统在规定人们生活时空范围的同时,也影响了唐人有意为小说的传奇时空构成。宵禁制度之下,人们的生活都在其规定的时空内进行,影响到唐传奇的叙述则变成一个潜在的设定,无论是世俗生活还是晨昏隔断的鬼神世界,皆以街鼓宵禁作为分隔的标志,同时,宵禁制度对于时间和空间的限定,也推动着唐传奇叙述中故事情节和矛盾冲突的展开,由此也形成了唐代传奇特有的时空特色。

【关键词】 宵禁制度 唐传奇 叙述模式 时空构成

长久以来,我国统治者一贯奉行"日出而作,日落而息"的作息准则,其反映在制度上即为实行宵禁。宵禁,又称夜禁,禁夜,是官方禁止一般人夜间在外活动的制度。宵禁制度,起源甚远,我国早在周代就已开始施行,自周以降,各朝各代均对宵禁制度加以沿袭,不断深化完善,至于唐立,宵禁制度有了更细致的规定,更趋于法制化和系统化,宵禁制度也在唐代发展到了顶峰。

宵禁制度是对人们生活时间的规定管理,由于时间上的规定限制,在实际生活中,这样的管理更多体现的是对空间地域距离的强制性,也就是说,时间上的规定多是通过空间的制约体现出来。在宵禁制度影响下,文学多呈现出鲜明的时空特征,时间的禁止意味着人们活动空间的受限。不管是作为有唐一代文学代表的唐诗,还是意义非凡的传奇,无不显现出宵禁制度影响而形成的时空特色。

一、唐代宵禁制度沿革及特点

(一)唐前宵禁制度的演变

关于宵禁,周代理想的职官体系中就设有专门负责宵禁的官员,《周礼·秋

---

① 作者简介:梅雪,贵州师范大学文学院中国古代文学2014级硕士研究生。

官》载周时设有"司寤氏"一职，负责"掌夜时，以星分夜，以诏夜士夜禁，御晨行者，禁宵行者、夜游者。"[1]88 从上述文献记载可见，当时人们根据星辰时间区分日夜并以此作为凭据来管理人们的日常行为时间。

秦之时，亦安排职官施行宵禁。《史记·秦始皇本纪》索引："宿卫郎官分五夜谁呵，呵夜行者谁也。"[2]281 同样，在汉代也安排了郎官守卫警戒，以保证城市夜晚的安全。《资治通鉴》载汉孝元帝时期，相关的官吏到了一定时间就会将宫门关闭，作为中书令的石显在宫门关闭后，即使因行使公事需要出门也必须奉诏方可，"显尝使至诸官，有所征发，显先自白：'恐后漏尽宫门闭，请使诏吏开门。'上许之。显故投夜还，称诏开门入。"[3]933《三国志·魏书·田豫传》辞官表中说："年过七十而以居位，譬犹钟鸣漏尽而夜行不休，是罪人也。"[4]189 田豫以夜行来喻罪，可知朝廷律令于宵禁之重视。

南北朝和隋朝也沿袭宵禁制度，以此来维护当时的统治。《太平广记》卷二五四"刘行敏"载崔生"饮酒归犯夜，被武侯执缚，五更初，犹未解"[5]1576。由此可见，唐之前历朝统治者对宵禁制度都很重视，一直施行不绝。

（二）唐代的宵禁制度及其特点

有唐一代，宵禁制度的施行较之前代有过之而无不及，并在延续前代宵禁制度的基础上，不断深化改进，使得宵禁制度在唐代更加系统化，宵禁也在唐代达到了顶峰。一般而言，针对城市治安管理，统治者都会采取一系列措施和行动，以防范和打击犯罪，唐代宵禁制度就是这一行为的具体体现。夜间施行宵禁，一方面是对人们作息时间的规定，另一方面更是对城市安全的保障。

唐代的宵禁制度以鸣街鼓为特征，作为晨昏报时和警示众人的街鼓，早晚的擂动有着严格的时间限制和法律含义。唐用街鼓警众报时取代了之前官府派人传呼警示时间的传统，从而形成自己的特点，据《旧唐书·马周传》载："先是，京城诸街，每至晨暮，遣人传呼以警众。周遂奏诸街之鼓，每击以警众，令罢传呼，时人便之。"[6]2619 "街鼓之声不仅是京城城门、宫城城门及宫门开启和关闭的标志性信号，也是百官上朝办公的时钟，同时还是维护夜禁制度的法律依据"[7]。由此可见，唐以鸣街鼓报时警众的做法与以前确有不同，它使宵禁制度的实施变得更为方便快捷，也节省了人力。在规范严格的宵禁制度管理下，白天的长安是一个人员众多熙熙攘攘的大都市，夜晚来临，在宵禁制度之下，长安则是一幅"六街鼓歇行人绝，九衢茫茫空有月"[8]108 的清冷景象。

关于击鼓的时间，唐亦有法令上的规定。《唐律疏议》载有："五更三筹，顺天门击鼓，听人行。昼漏尽，顺天门击鼓四百褪讫，闭门。后更击六百槌，坊门皆闭，禁人行。"[9]468《新唐书》卷五四载："日暮，鼓八百声而门闭……五更二点，鼓自内发，诸街鼓承振，坊市门皆启，鼓三千挝，辨色而止。"[10]1285 正因有严格的时间规定,因此对于在宵禁期间即暮鼓响后至晨鼓响前,违反宵禁的人员,将会受到一定程度的惩罚。《唐律疏议》"犯夜"条载如果在坊门皆闭,禁止夜行之后还强行外出,则"笞二十。……若坊内行者,不构此律。"[9]490 因宵禁是针对街道而言的,所以坊内仍可以自由行走,如《太平广记》卷二百五《李琬》载李琬"至长安,居务本里。尝夜闻羯鼓。曲颇工妙。于月下步寻,至一小宅"[5]1559,未受任何惩罚。但对于武库、宫殿等重要区域,宵禁管理则十分严格,对违反者的处罚也更为严重。《唐律疏议》"夜禁宫殿出入条"载:"夜禁宫殿出入诸宫殿门虽有籍,皆不得夜出入。若夜入者,以阑入论;无籍入者,加二等;即持杖入殿门者,绞。夜出者,杖八十。"[9]162 可见其严格程度。另外,私人的空间也受到律令的保护,"夜无故入人家"条载:"夜无故入人家":"夜无事故,辄入人家,笞四十"。[9]346

唐律对擅自开闭坊门市门的行为亦有处理规定。《唐律疏议》卷八"卫禁"条:"若擅开闭者,各加越罪二等;即城主无故开闭者,与越罪同;未得开闭者,各减已开闭一等。馀条未得开闭准此。疏议曰:擅,谓非时而开闭者,并加越罪二等"。所谓"城主无故开闭",谓州、县、镇、戍等长官主执钥者,不依法式开闭,与越罪同。其坊正、市令非时开闭坊、市门者亦统称主之法。"[9]174 也就是说,宵禁开始后,坊门市门是不得轻易开启的。但是,官府的紧急公事则不受限制,"及私家吉凶疾病之类,皆须得本县或本坊文牒,然始合行。若不得公验,虽复无罪,街铺之人不合许过。既云闭门鼓后、开门鼓前禁行,明禁出坊外者"[9]490。同时,还设置了左右诩中郎将府中郎将来"督京城左右六街铺巡警"[10]1286。所有的城门、宫门、坊门、市门都设有大小官吏掌管,驻有警卫人员,早晚按照一定的时间开启,夜晚实行宵禁。总体而言,唐中期以前宵禁制度非常严格。《太平广记》卷一百记载了"唐天宝十二载冬,有司戈张无是居在布政坊。因行街中,夜鼓绝,门闭,遂趋桥下而跧"[5]673,直到宵禁解除,张无是才得以回家。唐代中期以后,宵禁制度相对前期而言在具体施行过程中多有松动,但这一制度却一直实施不绝。

宵禁制度的实施,要求在规定的时间内开启和关闭城门、坊门,禁止居民深夜在街道上行走,虽给人们的生活带来某种限制,但也为庞杂的城市管理及人们居住环境的安全带来了极大益处,当时的长安城纵横交错的二十五条街道,有人口密集的两市一百零八坊,东市西市属于商业区,店铺众多,人口庞杂,如果没有规范的管理和严格要求,社会治安无疑会受到影响。因此,尽管宵禁制度严格,但绝大多数人则能自觉遵守。受此时空管制制度的影响,不少人逐渐形成特有的时空思维模式,文人亦不例外,为此,反映到唐传奇创作中,往往就形成其特有的时间构成模式。

二、宵禁制度下唐传奇的时空建构

在唐代严格的街鼓坊市制度下,时间和空间相互交错,时间融入空间的限制,终通过宵禁制度等相关规定生产出一种符合统治需要的都城空间,"当文学作为一种都城空间的社会生产或参与到都城空间的生产时,特定时间规定下的社会空间便生产出具有特定空间特征的文学作品"[12],的确如此,考察唐人传奇的写作动因,"或是友朋相遇,'昼宴夜话,各征其异说',或是'会于传舍,宵话征异,各尽见闻',最后由长于叙事者整理成篇,录而传之"[13]327。与"传录异事、粗陈梗概而无甚作意"[13]326的六朝小说相比,唐传奇乃是"作意好奇""始有意为小说"之作[13]327,因而唐传奇在故事情节的叙事处理上,必然深受到当时社会风情与政治制度的影响。在宵禁制度下,白昼和黑夜泾渭分明,严格地将光亮透明的白昼留给生活在世俗中的人们。相反地,正因为宵禁制度的实施,将人们的世俗活动隔断在晨鼓之后暮鼓之前,转而留下空荡荡的晚间世界,由此而产生夜间的另一个世界,亦即唐小说中与白日喧嚣繁盛生活世界相异的神仙鬼怪一类的世界。观照当时严厉的宵禁制度,传奇小说在时空的处理上也大多遵循于此。

一般来说,故事叙述中的时间和空间对于情节的发生发展有着较大的影响,宵禁制度作为叙事过程中时间和空间的潜在设置,无论是在一般的世情小说还是鬼怪小说中,都有比较突出的影响。

如《太平广记》卷四八四《李娃传》,宵禁制度下的时空限制对于李娃与荥阳郑生间的故事发展就起着推动作用。荥阳郑生第一次去到李娃处所时,关于留宿就受宵禁时空距离的影响:

> "久之日暮,鼓声四动,姥访其居远近。生绐之曰:"在延平门外数里,"冀其远而见留也。姥曰:"鼓已发矣,当速归,无犯禁。"生曰:"幸接欢笑,不知日之云夕,道里辽阔,城内又无亲戚,将若之何。"娃曰:"不见责僻陋,方将居之,宿何害焉。"生数目姥,姥曰:"唯唯。"[5]3986

随着暮鼓声的响起,老姥担心荥阳生不能在坊门关闭之前回到住处而督促他回去,以防晚了违犯禁令。在这种情况下,荥阳生按道理来说是要回去的,故事中的男女主人公本该因为律令而不得不暂时分开,也就是说在时间的约束下主人公的活动空间受到了限制。但公子的故意蒙骗使事情出现了转机,他谎称自己住在很远的地方来不及回去,且于城中并无亲戚,希望老鸨能够听任其住下来,在李娃的极力支持下老鸨也同意了。这样,宵禁虽然限制了公子夜间不能在外活动,但也为他留宿提供了很好的机会,在某种程度上促成了二人感情的开始。

此外,在老姥与李娃设计摆脱荥阳生的情节上,也是借着宵禁时空转换的。

荥阳生与李娃同住平康坊，李娃将他骗至宣阳坊，然后谎称老姥暴疾返回原住处并退房搬走。后荥阳生回到平康坊，见房锁人空，"生将驰赴宣阳，以诘其姨，日以晚矣，计程不能达"[5]3987。平康坊和宣阳坊是两个相临的坊，但由于严厉的宵禁令，荥阳郑生可能不能在宵禁前到达，故其"乃弛其装服，质骡而食，赁榻而寝"[5]3987。这样，时间成为空间的规定，使得故事叙述中出现种种矛盾，也推动着故事的发展。

宵禁之下，市民所居的坊门、院墙等物体共同限定了人们的生活时空，《太平广记》卷四九一《非烟传》中，步非烟和赵象的私会就是打破了宵禁制度律令限制的。赵、步二人趁着武生"公务繁伙，或数夜一直，或竟日不归"[5]4283值夜班时，赵象于"一日将夕"暮鼓响起之后，在守门人妻子的帮助下完成了第一次的私会，"及晓钟初动，复送象于垣下……象逾垣而归"[5]4283。在夜晚的帮助下，二人谨慎地私会，晨鼓的敲响就意味着私会的结束，私情的暂时告结，在暮鼓到来之际新一轮的相会又会到来。而赵象在不属于自己的时间和空间里做着违反道德之事，另律令明令规定"夜无故入人家……笞四十"[9]346，由此，赵象的行为亦是违犯禁令，赵步二人的私情既违反了生活道德，又不合律法规定。正因为宵禁之下有此规定，赵象于宵禁之时越墙入人家，在时间和空间上都与律令相冲突。随着时间和空间的变化，故事情节也层层深入展开，而其不为道德和法令所容的私情，必然会在被发现后失去其赖以维持的时间和空间，最终以悲剧为结。

而在《任氏传》中，郑子与任氏初相遇，郑子留宿与任氏宅，"将晓，任氏曰：'可去矣。某兄弟名系教坊，职属南衙，晨兴将出，不可淹留。'乃约后期而去。既行，及里门。门扃未发。门旁有胡人鬻饼之舍，方张灯炽炉。郑子憩其帘下，坐以俟鼓，因与主人言。"[14]34正是在宵禁制度作用下，宵禁未除，坊门不启的情况下，郑子等待晨鼓响起的过程中，与鬻饼胡人交谈，从而得知任氏的相关信息，推动故事发展的。

唐传奇中，由于宵禁制度的限制，如《李娃传》《非烟传》等都是按照都市生活场景和逻辑来展开故事的，符合世俗宵禁管理的规定，故事不仅利用都市空间来展开情节，同时还利用都市时间来制造情节，在时空的变换转移之间完成故事。故而，随着宵禁的开始或解除，时空的转换必然引起故事情节的变化。

在现实世界里，晨鼓声起，大家可以准备出门开始一天的生计；暮鼓响起就意味着快要关门，众人进城讲坊，鼓声停止就是门关闭的标志。在宵禁制度的时间限制下，白天是凡人的世界，夜晚就是神鬼的世界，宵禁成为阴阳两界共同遵守的时间规定，同样，与时间相对应的空间归属也发生了变化，神鬼精怪一般主宰宵禁后的世界，而宵禁之下晨昏鼓鸣的空间也就成了阴阳两界最易发生碰撞产生交集的时空。

《太平广记》卷三四五《裴通远》载：

> 唐宪宗葬景陵，都城人士毕至。前集州司马裴通远家在崇贤里，妻女辈亦以车舆纵观于通化门。及归，日晚，驰马骤。至平康北街，有白头妪步走，随车而来，气力殆尽。至天门街，夜鼓时动，车马转速，妪亦忙遽。车中有老青衣从四小女，其中有哀其奔迫者，问其所居，对曰："崇贤。"即谓曰："与妪同里，可同载至里门耶？"妪荷愧，及至，则申重辞谢。将下车，遗一小锦囊。诸女共开之，中有白罗，制为逝者面衣四焉。诸女惊骇，弃于路。不旬日，四女相次而卒。[5]2734

这就是非常典型的在宵禁下阴阳两个时空转换发生的碰撞：家在崇贤里的裴通远妻女因至通化门观唐宪宗殡葬，天晚才归。行至天门街时夜鼓响起了，途中遇到一随车而行的白头老妪，因为同里，便同乘车马，老妪在里门下车后就消失了，而与老妪同车的四个女子后相继死去。故事发生在暮鼓响起之后，现实世界中的人还未回到坊内，此刻成为两个世界最容易发生碰撞的时段，同时也是因为在宵禁这一制度规定的潜在设置之下，裴家人必须在宵禁开始前赶回住所。时间和空间上的迫切要求，使得故事在城内城外的空间转换中得以深入展开，时间上的压迫更加深了情节上的紧凑。

在宵禁尚未开始，神鬼一类只是偶然现身于人们的日常生活区。当宵禁正式开始，街道上禁人行，白天属于世人的繁华世界就被神鬼精怪占据了，《张无是》即是如此。

张无是夜归，"因行街中，夜鼓绝门闭。遂趋桥下而跧"[5]673，正因为夜禁的开始，街上不许人行，张无是不得不于桥下暂避，以免犯禁，故而有机会看到夜晚发生的异事："忽有数十骑至桥，驻马言：'使乙至布政坊。将马一乘往取十馀人。其二人，一则无是妻，一则同曲富叟王翁。无是闻之大惊。俄而取者至云："诸人尽得，唯无是妻诵金刚经，善神护之，故不得。'"[5]673 后"鼓动。无是归家，见其妻犹诵经坐待。无是既至，妻曰：'汝常不外宿，吾恐汝犯夜，故诵经不眠相待。'"[5]673 与此类同，卷三六三《韦滂》载韦滂"尝于京师暮行，鼓声响绝，主人尚远，将求宿"[5]2882，亦是对宵禁制度下时空的限制，而正是这样的潜在设置，才使得故事进一步发展，韦滂遇见鬼，发生异事。

也就是说，宵禁制度对于时间的控制，把人物的活动和事件的发生限制在了一定时间和空间内，可以说，这是推动故事发展必不可少的关键因素。宵禁制度对于叙事过程中时间和空间的潜在设置，使得故事的发展变得合理，从而推动故事情节的发展。

随着宵禁开始，街道上禁绝人行，与白昼相对的另一个世界的大门就慢慢打开了。

如六九《慈恩塔院女仙》中所述"长安城南韦曲慈恩寺塔院，月夕，忽见一美妇人，从三四青衣来……悉变为白鹤"[5]442 的女仙，卷九五《洪昉禅师》

中"昉夜初独坐,有四人来前曰:'鬼王今为小女疾止造斋,请师临赴。'"[5]631 中的鬼王鬼差。卷三百七十《国子监生》"元和中,国子监学生周乙者,尝夜习业。忽见一小儿,髽朋曾头,长二尺余,满颈碎光如星,荧荧可恶。"[5]2939 中的破木勺成精的小儿。卷四一五《薛弘机》:"居一日,残阳西颓,霜风入户,披褐独坐,忽有一客造门,仪状瑰古,隆隼庞眉,方口广颡,嶷然四皓之比。"[5]3385 中的柳树精。卷四一七《宣平坊官人》记载:"京宣平坊,有官人夜归。入曲,有卖油者张帽驮桶,不避道。导者搏之,头随而落,遂邋入一大宅门。"[5]3399 中的白菌等是遵守宵禁晨昏隔断时空的限制的,这些神鬼精怪,无论怎么样,他们多出现于宵禁期间,占据的是烦热白天以外的时间,严格遵守着宵禁下时空的归属设定。

与进入宵禁时段一样,宵禁解除也是两个世界容易发生交叠碰撞的时期。如《太平广记》卷三四一《李俊》中,李俊将与国子祭酒包佶一起谒见主司,"初五更,俊将候佶,里门未开,立马门侧"[5]2702,在宵禁期间于坊里候宵禁解除,从而遇到冥吏。此外卷二九八《太学郑生》载:"垂拱中,驾在上阳宫。太学进士郑生晨发铜驼里。乘晓月,度洛桥。下有哭声甚哀,生即下马察之。见一艳女,翳然蒙袂……湖中蛟室之妹。"[5]2272 卷二九九《韦安道》载韦安道"于洛阳早出,至慈惠里西门,晨鼓初发"[5]2276,韦安道看到帝者天后游幸之状,"时天尚未明,问同行者,皆云不见"[5]2276。晨鼓初发时刻,两个世界的交叠碰撞使得这一系列异象得以发生。卷三六六《李约》则记载了邠州李约早上从京城回邠州,遇一柩板幻化为老父求其背负赶路,老父于"东方明矣"[5]2907 的情况下化去的故事等,皆是在宵禁制度对时间和空间限制,正是这样的潜在设置,使得故事进向前发展,进一步遇鬼怪,看见异事。

宵禁制度之下晨鼓暮鼓间的转化,不仅是世俗人间时空的变换,也是两个世界的时间的变化,也可视为不同身份的转换。如《太平广记》卷四九《温京兆》就是典型的例子。在尚未开始宵禁时,京兆尹作为一方官员,是此间的主宰,其出行要"静通衢,闭里门,有笑其前道者,立杖杀之"[5]308,所以当"有黄冠老而且伛,弊衣曳杖,将横绝其间。驺人呵不能止。温公命捽来,笞背二十"[5]308。事后,温京兆得知其为神仙真君,故于"明日将暮,召吏引之。街鼓既绝。温微服,与吏同诣黄冠所居"[5]309,向真君请罪免灾。也就是说,坊市中的世俗生活结束后,转而为神鬼为主宰的世界,故作为人间官吏的温京兆必须向真君请罪,以免除灾祸。

三、宵禁制度于唐传奇时空建构的意义

唐代宵禁实施之严厉、律令之规范、系统之完备无不显示其为宵禁发展的

顶峰，其在规范人们生活作息时间的同时，也体现着法律规范，对人们的生活产生着极大的影响。

如黄滔《和陈先辈陪陆舍人春日游曲江》诗曰："刘超游召郗诜陪，为忆池亭旧赏来。红杏花旁见山色，诗成因触鼓声回。"[15]8208 只因暮鼓声响起了，无论多么留恋曲江春日美景，都必须及时赶回，以免犯禁。而白居易《送张山人归嵩阳》诗中"黄昏惨惨天微雪，修行坊西鼓声绝。张生马瘦衣且单，夜扣柴门与我别"[15]4822。诗歌写友人张籍在雪夜蹒跚到诗人住处告别的狼狈情景，因为鼓声已经停止，再晚一步可能就会被关在坊外，以犯夜论处。而韩愈《游城南十六首·晚雨》诗有"廉纤晚雨不能晴，池岸草间蚯蚓鸣。投竿跨马蹋归路，才到城门打鼓声"[15]3858 徐铉"鼓声到晚知坊远，山色来多与静宜"[15]8666 以及刘禹锡"笑听冬冬朝暮鼓，只能催得市朝人"[15]4070 等皆表明时人生活中处处受着宵禁的影响，不论是出城进城，还是交游访友，或是日常起居，无不充盈着宵禁对于时间的制约规定。

而在由生活走向艺术的文学作品中，这些于人们生活影响巨大，且已融入生活化为潜在设置的制度必然会被艺术地加工进文学作品中来。在唐传奇小说中，受宵禁制度的规范，小说叙事过程中时间和空间相互制约相互影响，共同构成了唐传奇中独特的时空构架。

一般来说，唐传奇中的时间是占有主导地位，制约着空间的。在小说的叙述过程中，小说的情节表现着时间的延续过程，随着时间的发展，故事空间也是在不断转移切换，而唐传奇小说情节的发展变化，多是通过场景的转换来实现，并非通过矛盾冲突来表现，也可以说，人物的矛盾冲突是时空变化的结果。

如《李娃传》中李娃与郑生二人的初次见面和留宿以及后来老姥设计甩掉郑生等情节，皆是由于宵禁制度之下，时间上的规定引起了空间上的制约，时间的强制性限定和长安城的空间结构对于郑生行为的限制，才造成了故事中矛盾冲突的生成，推动故事情节的发展。

从整体上看来，小说叙述中的时间和空间，在宵禁制度的限制之下，不再是一般意义上的时间和空间，其原有面貌在叙述中已有所变化，故而呈现出时间化的空间和空间化的时间这样非常态的时空状态。时间和空间不是孤立、分离的，他们常处于浑然一体、相互包容和转化之中。如张无是晚归，在街上行走，此时街上这样一个属于宵禁禁行范围内的空间，已不再像白昼里可以畅行无阻，而是已带上时间标志。随着空间场景的不同，其所附带的时间属性亦有不同。如同属于宵禁期间，《任氏传》中的郑子则可以在不禁行的坊里内自由行走，等待宵禁解除，里门开启。除此之外，由于人的本质是时间性的，小说情节的发展也是一种时间性的进程，小说中的矛盾冲突随着时空的转移而变换，而一般情况下，根据时间线的推进，总会出现某些特殊的空间场景，这样，就会使特殊时空的出现有了可能性，同时也使得各种异事得以发生。

在唐传奇小说中，由于受宵禁制度的影响，人类或其他非人类的活动都受宵禁对于时空潜在设置的限制，很多故事情节的发展和转换都在一定的时空内进行。不论是《非烟传》中赵、步二人暮鼓后于公武宅中私会的情节，还是《裴通远》中街鼓声起，裴氏着急返城而遇到白头老妪所发生的故事，或《周秦纪行》中牛僧孺晚归入汉文帝母薄太后庙这样一个特殊的空间场景而看到的异象，或是诸多人物于宵禁之后在禁绝行人之地看到的异事等，皆是处于一个特殊的时间和空间中，脱离这样的时空设定，这样的事就消失不存在了。可以说，宵禁制度对于时间和空间上的影响，为此类故事情节的滋生提供了特定的时空，也使得故事情节变得具有可操作性和可行性。

参考文献

[1] 孔子修撰，郑玄注，陈成国点校. 周礼[M]. 长沙：岳麓书社. 2006：88.

[2] 司马迁. 史记[M]. 北京：中华书局. 1982：281.

[3] 司马光. 资治通鉴[M]. 北京：中华书局. 2007：933.

[4] 陈寿撰，裴松之注. 三国志[M]. 北京：中华书局. 1982：198.

[5] 李昉等编. 太平广记[M]. 北京：中华书局. 1960：1576、1559、673、3986-3987、4238、196、308-309、2734、2907、2276、637、2702、2882、2272、442、631.

[6] 刘昫等撰. 旧唐书[M]. 北京：中华书局. 1986：2619

[7] 赵贞. 唐代长安街鼓考[J]. 上海师范大学学报（哲学社会科学版）. 2006（03）：94

[8] 宋敏求. 长安志[M]. 北京：中华书局. 1991：108.

[9] 长孙无忌等. 唐律疏议[M]. 北京：中华书局. 1983：468、490、162、346、489、174.

[10] 欧阳修、宋祁撰. 新唐书[M]. 北京：中华书局. 1986：1285-1286.

[11] 李林甫. 唐六典[M]. 西安：三秦出版社. 1992：192.

[12] 杨为刚. 唐代"长安——洛阳"文学地理与文学空间研究[D]. 上海：复旦大学 2009：14.

[13] 袁行霈主编. 中国文学史·第二卷[M]. 北京：高等教育出版社. 2005：326-327.

[14] 鲁迅校录. 唐宋传奇集[M]. 北京：人民文学出版社. 1953：34.

[15] 彭定求. 全唐诗[M]. 北京：中华书局. 1960：8208、4822、3858、8666、4070.

刘禹锡谪居心态流变论

孙语林①

【摘　要】刘禹锡的贬谪心路不仅具有中唐文人所共有的矛盾与挣扎，更有其自身的独特性。探索刘禹锡贬谪时期心态流变不仅有助于更深入了解刘禹锡其人，也有助于准确把握中唐贬谪制度与文人的关系。本文拟从刘禹锡贬谪诗文入手，分析其贬谪时期心态的发展与演变，以探寻中唐时期贬谪制度与文学之关系。

【关键词】贬谪制度　刘禹锡　心态流变

　　刘禹锡是中唐文人中一朵夺目的奇葩。他以一颗积极济世之心入仕，短暂辉煌换来的却是长久贬谪。其近二十三年贬谪生活是中唐乃至整个唐代历史上所鲜见的。贞元二十一年（805）刘禹锡被贬为连州刺史，行至荆南，又改为朗州司马。元和九年（815）朝廷召回刘禹锡、柳宗元等人。元和十年（816）三月，刘禹锡贬播州刺史，途中改为连州刺史。长庆元年（821）冬，刘禹锡出为夔州刺史。长庆四年（824）夏，刘禹锡出为和州刺史。敬宗宝历二年（826）秋，刘禹锡奉诏卸任回洛阳，结束了其漫长的贬谪生活。他先后在朗州、连州、夔州、和州等这些偏僻、荒凉的贬所生活了近二十三年。其贬谪时期心态的流变值得深入探究。刘禹锡由于遭受长时间的贬谪，其心态变化非一朝一夕之变化。笔者为方便刘禹锡谪居心态的横向对比，将其谪居心态按贬所划分为三个阶段。即：被贬朗州为贬谪初期；再贬连州为贬谪中期；贬夔州、和州为贬谪晚期。

　　探究刘禹锡贬谪心态，不能绕开那场导致刘禹锡沉沦半生的政治事件——"永贞革新"。顺宗即位后，迅速形成了以王叔文为核心，以刘禹锡、柳宗元等为辅佐的革新集团，推行一系列改革措施。清代著名史学家王鸣盛："叔文行政，上利于国，下利于民，独不利于弄权之阉宦，跋扈之强藩"。[1]641 由此可见革新是触动了两大政治集团的利益。由于强权的干预，"永贞革新"在宪宗皇帝一声令下，以失败告终，革新集团的骨干无一逃脱南贬命运。纵观刘禹锡被贬谪的

---

① 作者简介：孙语林，贵州师范大学文学院研究生。

背景及经过,我们可以概括一下其特点:满怀报国之志,却不幸"站错了队",被贬逐和否定;自认问心无愧,却饱受指责与批评;宪宗更有"纵逢恩赦,不在量移之限"的严令。站在个人的立场上回眸,刘禹锡的委屈、不服、进退两难就更容易理解了。可以说"永贞革新"的失败,是刘禹锡人生的转折点,也是其作品风格独特的成因。

刘禹锡贬谪心态的研究成果,主要有尚永亮先生《雄直劲健:刘禹锡贬谪诗文的风格主调》[2],认为雄直劲健风格明显地表现在诗人对待忧患的态度,以及对生命意志的自觉磨砺、对自我人格的顽强坚持。1993年出版其博士论文《元和五大诗人与贬谪文学考论》[3],对元和贬谪文学进行综合研究。董正宇《论刘禹锡的贬谪诗》[4]分析刘禹锡贬谪诗中的自我超越精神。吴姗姗《刘禹锡的夔州诗歌及其贬谪后期心态研究》[5],从文学对文人的心态和作品产生的影响去分析解读刘禹锡的夔州诗歌,分析得出刘禹锡的夔州诗歌成为其贬谪诗歌的经典和高峰。许慧君《饱霜孤竹声偏切 带火焦桐韵本悲——刘禹锡贬谪期间心态探微》[6],揭示了刘禹锡贬谪期间抑郁苦闷与乐观旷达、昂扬亢奋相织着的复杂心理。贺秀明《坚贞·愤懑·豁达——刘禹锡朗州时期心态探析》[7]对刘禹锡贬谪朗州时期的心态进行了阐述。韦燕宁《略论刘禹锡的诗歌意象及其逐臣心态》[8]对刘禹锡的诗歌意象及其逐臣心态作了进一步研究。刘梦初《论刘禹锡贬谪中的"诗豪"品格》[9],来梅《豪迈、昂扬赞南荒——论刘禹锡贬谪四州时的诗歌创作》[10]等文章,都探讨刘禹锡贬谪时期超迈可爱的一面。若将刘禹锡与柳宗元进行比较,这一面就更加突出。孙妮妮《柳宗元刘禹锡贬谪作品的对比研究》[11],王建梅《旷达与抑郁——刘禹锡、柳宗元贬谪心态比较》[12]即采用比较法来研究其贬谪心态。王建梅《刘禹锡的贬谪生活与诗歌创作》[13]、万伯江《刘禹锡的贬谪心路探析》[14]按照刘禹锡贬谪时段的不同,分贬谪初期、中期和晚期三个阶段来探析其心态的不同特点,力图全面揭示出历时变化,进而分析其人格精神。已有成果关注到了刘禹锡贬谪生活的心态变化,却忽略了分析其心态变化的根本原因。分析虽透彻,但总给人意犹未尽之感。本人适当地吸取了前辈们的成果与结论为我所用,作为本文的观点、论据,同时也力避雷同,发掘新的角度与思路,探析刘禹锡谪居心态流变的根本原因。

一、初期的苦闷与悲凉

黑格尔说过:"太忙碌于现实,太驰骛于外界而不遑回到内心,转回自身,以徜徉自怡于自己原有的家园中"[15]36。当刘禹锡积极从事政治活动,致力于实现自己政治目标时,其关注对象自然是指向外部社会的。而当政治失败,从身处权力中心到被逐出京城,远赴蛮荒的时候,其关注对象自然会由外而内发生转移，即由社会转向自我，开始内省。这是我们探析其心理世界的最佳切入点。贬谪意味着仕途显赫不在，前途渺茫未卜；意味着生存方式和生命形态的彻底改变。这一巨大的人生变故赋予刘禹锡深层次的人生体验。试比较以下两首诗作。《春日退朝》："紫陌夜来雨，南山朝下看。戟枝迎日动，阁影助松寒。瑞气卷峭崿，游光泛波澜。御沟新柳色，处处拂归鞍。"[16]590 再看《赴连州途径洛阳诸公置酒相送张员外贾以诗见赠率尔酬之》："谪在三湘最远州，边鸿不到水南流。如今暂寄尊前笑，明日辞君步步愁。"[16]1248 这两首诗相对比，尽能体现刘禹锡被贬谪前后的心理落差。《春日退朝》作于"永贞革新"初期，此时正是刘禹锡仕途得意之时，全诗通过对雨后沐浴在春光中庄严宫殿的描写，象征着革新运动带来的光明、崭新的政治气象。处处透露出功名在望的欣喜，展现了诗人积极向上的革命乐观主义精神。第二首《赴连州途径洛阳诸公置酒相送张员外贾以诗见赠率尔酬之》，从题目可以看出是被贬谪连州途经洛阳时所作。谪到边鸿尚且无力飞到的三湘最远州，想来不禁忧思浩盈。诸公置酒相送，宽慰劝勉，诗人樽前赠笑，然而笑中有泪，满腹辛酸。明日辞别故人，投荒赴远，却因心中承载了过多的负累和忧愁而步步沉重，步步艰难。

一首是身居庙堂，春风得意之作，一首是繁华落尽，贬途窘迫之文。两首诗的对比，诗人人生大起大落之变化立刻显现。钱谷融先生在《文学心理学》中所说："当一个时代即将结束，或一个时代刚刚开始的时刻，新旧秩序处在转换的关头，旧事物风光不再却又不甘退出历史舞台，新事物挟创生风雷却又多灾多难，是最容易激发广大作家的创作动机的。"[17]165 贬谪使刘禹锡的人生发生了转变，这种转变使诗人一时无法接受。当年的壮心凛冽，叱咤风云，而今的酸楚凄怆，零落憔悴使得诗人心理上受到了极大的刺激。这种刺激作为一种外部因素，激发了作家的创作欲望。贬谪，使刘禹锡的人生发生了改变，即是他创作动机的一部分。

贬谪制度作为封建专制制度下严酷压抑的产物，对古代士人来说，意味着一种人格的践踏和对自由的扼杀。唐代法令中，对贬官的处置有明确记载："天宝五载七月六日敕，应流贬之人，皆负谴罪，如闻在路多作逗留，郡县阿容许其停滞。自今以后，左降官量情状稍重者，日驰十驿以上赴任。"[18]735 史学家述此诏令后指出："是后流者多不全矣。"[19]91 尚永亮先生这样评价："这是何等严苛酷烈、令人惊心动魄的一幕。"[19]91 可见，贬谪是一种赤裸裸的人身迫害。与人身遭受迫害相交织的是人格的羞辱、精神的压迫，遭鄙弃、被剥夺自由的痛苦，这种精神与肉体的双重折磨，足以使士人对贬谪充满恐惧。心理学家指出："孩子与其说是因为爱不如说是因为恐惧才终日围着母亲裙边转的。这一点颇具讽刺意味，然而却千真万确。他害怕由于自己企图获得独立而招致母亲的报复。"[20]84 贬谪士人心理的那种被弃感，那种对远贬蛮荒路途艰辛的被报复感，都是士人心理的恐惧因素。这种恐惧一日不消除,远贬士人心理上的苦闷与焦虑就会与日俱增。心理学家认为:"恐惧感的时间愈短,则焦虑的准备状态也愈易过渡而成为行为状态,从而整个事件的进行也就愈有利于个体的安全。"[21]136 也就是说恐惧感时间越短,解除焦虑的时间也就越短。反之,恐惧感延续的时间越长,则焦虑与彷徨的状态越难解除。那么,整个事件也就对个体的威胁和打击也就越大。

由此不难看出,对贬谪制度的恐惧才是被贬谪士人心情苦闷的根本原因。恐惧之后带来的苦闷心情才是影响士人谪后生活的主要原因。每个人调节自身情绪的能力不同,他们所表现出来的对待生活的态度的也不同。例如屈原被贬谪之后一直处在悲伤的情绪,最终选择一死以明志;柳宗元由于苦闷情绪一直得不到宣泄,以至于早死于远贬之地;白居易贬谪后寄情于佛学,苦闷情绪虽得以宣泄,却与自身志向背道而驰。在他们的文学作品中也多数体现的是对现实的不满,对人生的无奈等消极因素。而刘禹锡则与大多数贬谪士人不同。他在遭受贬谪之后也有过长时间的苦闷与消极,但他能在苦闷的同时积极的反思造成当下这种境遇的原因,而不是沉沦于苦闷,纠结于现状。

二、中期的反思与执着

贬谪这一生命形态的改变,伴随的是关注方式由外而内的转移,必然面临着人生追求和现实欲望的矛盾。是对理想的恪守与执着,还是力求超越于通脱?我们透过其贬谪中期的作品,了解刘禹锡的心态模式。

他的《谪居悼往》二首集中体现了他孤苦憔悴之心态。其一:"悒悒何悒悒,长沙地卑湿。楼上见春多,花前恨风急。猿愁肠断叫,鹤病翘趾立。牛衣独自眠,谁哀仲卿泣。""其二:"郁郁何郁郁,长安远于日。终日念乡关,燕来鸿复还。潘岳岁寒思,屈平憔悴颜。殷勤望归路,无雨即登山。"[16]994 愁病交加的诗人并不讳言自己的凄苦处境。猿愁病鹤,既是他远处江湖所习见的景观,亦可看作诗人身心受创的自况。念乡思归,一方面说明现实的苦闷和无望,另一方面也暗示了一种潜在的进取心态,渴望自己能回归到从前的生存状态之中去。这种进取心态是在大起大落的苦闷之后反思的结果。大凡人在没有出路的时候都会陷入苦闷,而苦闷基础上的反思,才是刘禹锡独到的人生追求。如上文所述,贬谪使刘禹锡的关注对象从社会转向自身。远离了往日的纷扰与忙碌,独自面对贬谪后困苦的生活,反思成了他主要的心理状态。

美国学者 Asher Milballer 在《超越流亡》中分析说:流亡者"一方面,他背负着过去的包袱,往日的生活日夜陪伴着他;另一方面,他又必须面对现实,适应新环境。他的生存取决于他解决这种两难处境的能力。"[22]53 的确，中国古代谪臣大都面临着这种生活环境的巨变。刘禹锡与柳宗元身处同样的时代背景、有着"二十年来万事同"的仕宦经历和政治遭遇。然而由于对生活环境变化的反思和心理承受能力的不同，他们的贬谪心态也出现了迥异。《江雪》："千山鸟飞绝，万径人踪灭。孤舟蓑笠翁，独钓寒江雪。"《望洞庭》："湖光秋月两相和，潭面无风镜未磨。遥望洞庭山水翠，白银盘里一青螺。"[16]1475 柳宗元的山水诗更多的平淡幽静中内蕴触目伤怀的悲悼，忘情山水欣然微笑中深藏几分孤独与失落。《江雪》貌似闲适，但从渔翁遗世独立的形象中我们也能感受到诗人笔下那彻骨的寒意，凄美中内敛着的骚怨与幽邃。刘禹锡被贬后山水诗并不多，但这些诗却反映了丰富的思想内容。在借山水抒发心绪时，他寄情的山水是明丽清新的。《望洞庭》在这静谧空灵的山光水色中融入了诗人的主观情感。寄托了诗人高卓清奇、和平恬静的情致。悲秋是古代文人的共同心理。柳宗元就曾悲叹"秋来处处割断肠"。同样遭遇下，刘禹锡却唱出了"自古逢秋悲寂寥，我言秋日胜春朝。晴空一鹤排云上，便引诗情到碧霄"的乐观与旷达。可以说，屈原是贬谪文学的"始祖"，柳宗元继承的是屈原的骚怨，而刘禹锡更多的是继承了屈原的旷达与不屈。这和刘禹锡对人生的反思是密不可分的。这种反思，在其咏史诗里得到了具体的体现。最具代表性的当属《学阮公体三首》。其一："少年负之气，信道不从时。只言绳自直，安知室可欺？百胜难虑敌，三折乃良医。人生不失意，安能慕己知！"其二："朔风悲老骥，秋霜动鸷禽。出门有远道，平野多层阴。灭没驰绝塞，振迅拂华林。不因感哀节，安能激壮心。"其三："昔贤多使气，忧国不谋身。目览千载事，心交上古人。侯门有仁义，灵台多苦辛。不学腰如磬，徒使甑生尘。"[16]554 其一这首诗是诗人对自己过去政治活动的总结。"百胜难虑敌，三折乃良医。"这是多么深刻的反思和总结。如果不遭受挫折，又怎能认识自己的幼稚与无知呢？同时也是对自己的一种勉励，虽经历了失败，却也取得了宝贵经验。诗人以失败的教训来激励自己的斗志，更加增强了自己对未来的信心。其二这首诗的后两句"不因感哀节，安能激壮心。"道出了诗人勇于面对前方考验的豪迈。表明了失败更能磨练他的意志，绝不会使他屈服。其三这首诗表现了诗人效法古代贤人那种"忧国不谋身"的崇高品格。宁愿锅甑生尘，也决不为五斗米而折腰的进取精神。这些诗深刻地道出了贬谪对刘禹锡人生的磨练与考验，洋溢着刘禹锡不以挫折为意、期望东山再起的昂扬斗志，其中闪烁着虽久经折磨却意志愈坚的豪放之情。

  在以新变为特征的中唐诗坛上，刘禹锡开创了贬谪诗豪雄壮劲健的崭新风貌。中国古代谪臣大都面临生活巨变，心理承受能力差的人自然很难把自己的情绪和生活状态调整过来。历史上贾谊、江淹、张九龄、韩愈、柳宗元等人，在贬谪的苦痛折磨下不是忧郁生病就是愤懑而死。刘禹锡的豪放则是建立在对现实生活的理性认知基础上,有着严谨的社会生活逻辑,经得起哲理和生活的同时拷问。《天论》:"今夫人之有颜、目、耳、鼻、齿、毛、颐、口,百骸之粹美者也,然而其本在乎肾、肠、心、腹。天之有三光、悬寓,万象之神明者也,然而其本在乎山川五行。浊伪清母,重为轻始。两位既仪,还相为庸,嘘为雨露,噫为雷风。乘气而生,群分汇从,植类曰生,动类曰虫。倮虫之长,为智最大,能执人理,与天交胜,用天之利,立人之纪。纪纲或坏,复归其始。"[16]145 万物都是由"气"而生,又按其不同性质类聚群分,有植物,有动物,而动物中最聪明的是人类。世界万物"乘气而生",天、人、万物都以一定的物质形态作为其存在的根据。刘禹锡在唯物主义元气论的基础上,创立"天与人交相胜"的学说,认为人的命运并不决定于天。"天之所能者,生万物也;人之所能者,治万物也。"[16]145 在宦官专权、藩镇割据的中唐大背景下,刘禹锡主宰不了自己的命运,很自然地把贬谪看成是一种"浊气",归因于"天命"。而"天与人交相胜"的哲学观点,肯定了刘禹锡"人定胜天"的积极思想。他虽遭贬谪,身处困厄,却能从消极不利的现实中找到积极有利的因素来激励自己,以此淡化对贬谪的恐惧感,开阔对人生意义的重新认识。从贬谪所带来的忧患之中看到希望,成就了刘禹锡乐观豪迈的人格魅力,是其长期的贬谪生活中心态发生转变,傲视挫折、奋斗不息的关键因素。刘禹锡在《因论》中,着重从事物的两个相反方面探讨其相互关系和发展变化,表明事物因果相联、相辅相成的辩证观点。在《何卜赋》中,刘禹锡提出辩证法的两个基本观点:一是"极必反焉",即事物发展到极限就会向相反的方面转化;二是"主张其时",即事物转化必须具备一定的条件。刘禹锡正是本着"极必反焉""主张其时"的辩证思想,才得以在遭受多次贬谪的悲惨境遇中自适。他坚信贬谪是人生的一种磨砺,万物皆有因果,一切皆有循环。坏的事物走到尽头,总有好的事物到来的那一天。这种思想认识强调人主观战斗精神的重要性,是刘禹锡豪壮诗风形成的根本所在,更是刘禹锡不悔少志、不改初衷的精神所在。坚定执着的精神使刘禹锡在坎坷的贬谪生活中,在应对环境的改变所带来的心态上的转变更加从容豪放。

三、晚期的消解与超越

元和十五年,宪宗李纯卒,穆宗李恒立,改年号长庆。刘禹锡却依然没有走完他在巴山楚水的颠沛流离。服阕,授夔州刺史。他于长庆二年抵夔州。经历了十五年的贬谪,贬谪已经成为刘禹锡的生命常态,他也进入了贬谪的晚期。

这一时期刘禹锡的心态与贬谪初期和中期相对照，变化是一目了然的。这时的刘禹锡已经五十一岁了，与年轻时的意气风发相比，强烈的功业进取意识逐渐淡化，贬谪的苦闷与反思被现实的"蹉跎"心态所取代。政治激情的衰退源于刘禹锡对执政者薄于贤才的无奈和自身才华失去的慨叹。正是基于这样对现实的理性判断和思考，刘禹锡不再对仕途抱有幻想。这在他赴夔州途中的诗作中有明显的表露。《重寄表臣二首》其一："对酒临流奈别何，君今已醉我蹉跎。分明记取星星鬓，他日相逢应更多。"其二："世间人事有何穷，过后思量尽是空。早晚同归洛阳陌，仆邻须近祝鸡翁。"[16]1322

这两首诗的关键显然是"蹉跎"二字。"过后思量尽是空"表明诗人对以前的种种不能释怀画了句号，告诫自己必须从贬谪情绪中解脱出来。我们从刘禹锡被贬夔州以后的诗作中能够明显感到他视野的转移和心态的松弛。他开始重新审视自己所处的环境，发现一种明丽、通畅的异域之美。《竹枝词九首》之一："白帝城头春草生，白盐山下蜀江清。南人上来歌一曲，北人莫上动乡情。"[16]852 刘禹锡在夔州时期的诗文创作，成就最高的要数《竹枝词》。在偏远的巴山楚水之间，刘禹锡并没有苦闷消沉，而是热情地融入巴渝文化氛围之中去感受自然之美。诗人先以春草和蜀江起兴，勾勒出一幅饱含巴楚气息的自然图画。当读者还在这样一幅风景画中流连低徊时，"南人上来歌一曲，北人陌上动乡情"两句将读者又带入另一幅描摹当地风土人情的图画中去了。此时诗人与贬地的山水风情才真正实现了亲近与融合，巴楚之风才在诗人眼中凸显其质朴而美好的一面。

荣格认为："人在苦难的环境中常用转视法，即用转移注意力来化解现实的苦难及可能引起消极心理体验的环境。"[23]118 漫长贬谪生活的磨砺，使得刘禹锡饱尝了被压抑的苦痛。如果说在朗州、连州时期，刘禹锡对苦闷视角的转移是迫于压力和无奈之举，那么到了夔州以及和州时期，常年遭受主流社会疏离、政治进取意识淡化的诗人，变被动消解为主动调适。观察人生，发现大自然生生不息的规律及人世沧桑、历史兴衰变迁之真谛。他以反思之后的平和面对困境，以更智慧的方式生存。人作为社会中的存在，不能不顾及社会理性，不能不受社会理性的制约。当他被社会理性制约，理想无法实现的时候，他起而超越社会理性也就成为不得已而为之的事了。一旦实现了对社会理性的超越，即从社会理性给个体生命的种种规范和设计中解脱出来，其人生就进入了另一个境界。当一种社会理性或文化观念对人的现实生存不再关注甚至束缚感性生命发展的时候，就日渐失去其规范力和影响力。刘禹锡此时将其视野转向自然就是顺理成章之事了。

与多数贬谪隐逸之人寄情于山水、回归自然不同，刘禹锡是将其视野转向自然。他很少单纯的模山范水之作,而是以所处自然而反观自身,以自然的博大宽容来开阔自我胸怀,以自然的生生不息来激发被社会消磨的生命活力。《浪淘沙词九首》可以说是其中代表。其一:"九曲黄河万里沙,浪淘风簸自天涯。如今直上银河去,同到牛郎织女家。其五:"濯锦江边两岸花,春风吹浪正淘沙。女郎剪下鸳鸯锦,将向中流匹晚霞。"其八:"莫道谗言如浪深,莫道迁客似沙沉。千淘万滤虽辛苦,淘尽狂沙拾到金。"[16]863

其一首句即让人感受到磅礴的气势和无尽的生命力,大浪淘沙却丝毫没有畏惧悲悯之态。其五描绘了一幅色彩斑斓的织锦画面,在自然之中兼具人情民风之美。其八更是将淘沙视为对生命的磨练。道出唯有坚持理想,才会赢得人生的生命真谛。诗人通过对自然界的体验感触上升到对人生的感悟,是理性与感性的结合,也是审美意识的解放。刘禹锡以独特的自然情怀凸显着人类精神的清澈与美好。

心理学认为:"本能因受阻力而不能释放其全部能量,这就是'目的抑制'。遭到目的抑制的本能常常产生强烈的对象性发泄和持久的内驱力,因为紧张不能完全被解除。结果,没有解除的刺激便不断提供能量,以保持其发泄作用。"[20]84正是因为政治上遭受否定,使得刘禹锡遭受了心理上的"目的抑制",而贬谪使得内心的"目的抑制"一直得不到宣泄,结果这种刺激使得诗人心理上有着深深的恐惧感。心理学家认为:"当人遇到危险时,力图通过改变对象的选择来转移危险。"[20]90 我认为这种心理可以称作一种发自人本性的"自我保护意识"。出于对贬谪的恐惧,对自我的保护意识,使得刘禹锡转移了发泄对象。他开始对自己贬谪之后的苦闷情绪做调整。力图找到现今境遇的本因,这也是刘禹锡在苦闷之后积极反思的原因。正是这种出于本性的"自我保护意识",使得刘禹锡没有像大多数被贬士人一样,纠结于人生的改变,饱受终日苦闷之煎熬。而是积极的转向对失败的反思,总结教训,从新开始新的生活。纵观刘禹锡二十三年的贬谪经历,对贬谪的恐惧感是一直存在的。如果说在贬谪朗州、连州之时,刘禹锡消磨恐惧感的方法是对往事的反思,对人生信念的执着。那么在其贬谪时代晚期,再贬夔州、和州之时,其消磨恐惧感的方法则是在寄情于山水自然,感悟人生哲理上。

到任夔州之时,刘禹锡已经五十一岁了,对于命途多舛的他来说,此时的心态已经与初入仕时的意气风发,初遭贬时的苦闷恐惧相比有了很大的变化。对于刘禹锡来说,对年龄的恐惧感已经远远要大于对贬谪所带来的恐惧感。老龄遭贬,注定了刘禹锡政治进取意识的消减。此时的刘禹锡再次运用"转视法",将自己的恐惧感"转视"到山水自然。利用大自然的变化和从中感悟的人生哲理,来消解贬谪、年老所带来的恐惧感。徐复观先生论中国艺术精神时指出:"人的精神,固然要凭山水精神而得到超越,但中国文化的特征,在超越时,亦非一往而不复返；在超越的同时，即是当下的安顿，当下的安顿在于自然山水。不过并非任何山水，皆可安顿住人生；必须山水的自身，现示有一可供安顿的形相，此种形相对人是有情的。于是人即以自己之情应之，而使山水与人性成为两情向洽的境界；则超越后的人生，乃超越了世俗，却在自然中开辟出了一个更大更广的有情世界。"[24]277 这足以说明，随着年迈、政治积极性减退等一系列自身问题的产生，刘禹锡对待贬谪恐惧感的主要方法便是寄精神于山水。并且在寄情山水的同时，完成了对世俗、对人生的超越。这也可以理解为另一种出于人本性的自我保护意识。

四、结语

刘禹锡打破了贬谪文学沉湎于幽怨孤愤的套路，开创了一条傲视忧患超越苦难的新道路。纵观刘禹锡二十三年的贬谪心态，从贬谪初期的苦闷与恐惧到贬谪中期的理性反思，再到贬谪晚期从原有的生活圈里和社会理性规范中解脱出来。刘禹锡的贬谪心路既有执着，也有超越，既有对现实生存的关怀与适应，也有对理想人格的追求与固守。刘禹锡通过他的思考和选择，完成了他的心路历程从不自由到自由的转变。究其原因，应归根于贬谪制度给诗人心理上带来的种种变化，进而其性格与写作风格也随之发生变化。对刘禹锡贬谪生活心态流变原因的探究不仅有助与我们了解刘禹锡其人，更有助于准确把握中唐贬谪制度对文人的影响。本文只是对刘禹锡二十三年贬谪时期心态变化成因做了简要分析，研究过程中发现其晚年回朝时期心态，对于探究贬谪制度对文人一生的影响，也有一定的研究价值。笔者将做进一步探究。

参考文献

[1] [清]王鸣盛. 十七史商榷[M]. 上海：上海书店出版社，2005.
[2] 尚永亮. 雄直劲健：刘禹锡贬谪诗文的风格主调[J]. 中州学刊，1990（04）.
[3] 尚永亮. 元和五大诗人与贬谪文学考论[D]. 台北：台北文津，1993.
[4] 董正宇. 论刘禹锡的贬谪诗[J]. 衡阳师专学报，1997（02）.
[5] 吴姗姗. 刘禹锡的夔州诗歌及其贬谪后期心态研究[D]. 厦门：厦门大学，2007.
[6] 许慧君. 饱霜孤竹声偏切 带火焦桐韵本悲——刘禹锡贬谪期间心态探微[J]. 安徽文学，2008（07）.
[7] 贺秀明. 坚贞·愤懑·豁达——刘禹锡朗州时期心态探析[J]. 厦门大学学

报，2001（04）.
[8] 韦燕宁. 略论刘禹锡的诗歌意象及其逐臣心态[J]. 名作欣赏，2011（23）.
[9] 刘梦初. 论刘禹锡贬谪中的"诗豪"品格[J]. 常德师范学院学报（社科版），2000（01）.
[10] 来梅. 豪迈、昂扬赞南荒——论刘禹锡贬谪四州时的诗歌创作[J]. 河南科技大学学报（社科版），2014（01）.
[11] 孙妮妮. 柳宗元刘禹锡贬谪作品的对比研究[D]. 合肥：安徽大学，2001.
[12] 王建梅. 旷达与抑郁——刘禹锡、柳宗元贬谪心态比较[J]. 贵阳学院学报（社科版），2009（01）.
[13] 王建梅. 刘禹锡的贬谪生活与诗歌创作[D]. 兰州：西北师范大学，2009.
[14] 万伯江. 刘禹锡的贬谪心路探析[D]. 北京：北京语言大学，2005.
[15] [美]黑格尔著. 贺麟译. 小逻辑[M]. 北京：商务印书馆，1982.
[16] 瞿蜕园. 刘禹锡集笺证[M]. 上海：上海古籍出版社，1989.
[17] 钱谷融 鲁枢元主编. 文学心理学[M]. 上海：华东师范大学出版社，2003.
[18] [宋]王溥. 唐会要[M]. 北京. 中华书局，1995.
[19] 尚永亮. 贬谪文化与贬谪文学——以中唐元和五大诗人之贬谪及其创作为中心[M]. 兰州：兰州大学出版社，2003.
[20] [美]C. S. 霍尔著. 陈维正译. 佛洛依德心理学入门[M]. 北京：商务印书馆，1985.
[21] [奥地利]佛洛依德著. 高觉敷译. 精神分析引论[M]. 北京：商务印书馆，1986.
[22] [美] Asher Milballer. 超越流亡[M]. 弗罗里达国际大学出版社，1985.
[23] [瑞士]荣格著. 卢晓晨译. 人·艺术和文学中的精神[M]. 北京：北京工人出版社，1988.
[24] 徐复观. 中国艺术精神[M]. 沈阳：春风文艺出版社，1987.

朱熹校勘学的方法论

马瑞梅①

【摘　要】 朱熹的校勘学方法，本着以恢复古籍真实面貌的治学目的，首先在版本的选择上，广求异本，择善从之；其次吸取汉学和宋学之长，即训诂与义理两相适宜地有机结合；最后依据文势文理，从语言角度出发释义文词，力求文意文词符合原著原意。然此方法出于时代的局限，故在校勘音韵中也存在不足之处。

【关键词】 朱熹　校勘学　方法

理学集大成者的朱熹，除了在哲学、经学、史学领域皆有狩猎之外，在文献校勘方面更有不可小觑的贡献。朱熹本着以恢复古籍真实面貌的治学目的，在校勘上从版本的选择到内容的考辨校订，充分融入汉学的章句训诂与宋学的义理，形成独具特色的校勘学方法。

一、校勘学方法论形成的历史背景

靖康之难，南宋偏安一隅，政治上继续沿袭北宋建国初"右文抑武"基本国策。统治者对知识分子的尊重，造就南宋思想学术学派林立。尚新求奇、大胆质疑是宋人特有的思维方式，故宋儒在校订考辨前代文化遗产方面成果卓越。张舜徽曾发挥章学诚《文史通义·朱陆》篇说："舜徽尝广其意以推之，则有清一代学术无不赖宋贤开其先，乾、嘉诸师特承其遗绪而恢宏之耳。校定《说文解字》，自徐铉始；为《说文解字》作传，自徐锴始；昌言右文，自王盛美始；考论古韵，自吴棫始；为《尔雅》作疏，自邢昺始：此清代小学出于宋也。攻《伪古文尚书》，自吴棫、朱子始；斥河图洛书，自欧阳修始；为《礼经》作图，自聂崇义始（《隋志》虽著录郑阮诸家《礼图》，然皆早佚）；尊信《诗序》，自吕祖谦、马端临始；收辑汉人旧注，自王应麟始，此清代经学出于宋也。他若

---

① 作者简介：马瑞梅，贵州师范大学文学院2015级中国古典文献学研究生。

金石考证，欧赵肇其端；目录解题，晁、陈启其绪。自郑樵有《校雠略》，而校雠之学始号专门；朱子为《韩文考异》，而考异之体方臻精密。……由此观之，有清一代之学，莫不渊源于两宋，后之从事实事求是之学者，数典忘祖，反唇相讥，多见其不知量力也。"[1]95 张氏此番论述，列举了宋儒一代的校勘考据成果，从中也可以看到宋代校勘学蓬勃发展一派欣欣向上局面。

另外，科技的进步就意味着学术的进步。印刷术虽然在唐代已经发明，但印刷业的繁盛却是始于宋代，宋代官私刻书坊拔地而起，刻书现象甚是壮观。民间私家刻坊大多以营利为目的，刊刻于市场流通的书籍大多校勘不精，质量不佳。朱熹看到朋友不加审视、滥刻书籍，他也表示了担忧：

> 平日每见朋友轻出其未成之书，使人摹印流传而不之禁者，未尝不病其自任之不重，而自期之不远也。[2]1145

为了保证校勘书籍的质量，他从来不会把校勘完毕的书籍交给书坊之后就撒手不管了，相反本着负责的态度，他事必躬亲，亲自到达刻书现场监督并随时指导刻书过程。他曾请蔡元定在建阳寻找书工："《孟子解》看得两遍，改易数处，颇有功。但涂抹难看，无人写得一草本。不知彼处有后生醇谨晓文理快笔扎者否，俟某复来此，倩得两人来，草写出一本，大家商量为佳。"[2]1993 所以宽松的政治氛围和印刷术的推广普及，从一定程度上刺激并促进朱熹对书籍的整理和校勘。

二、校勘学方法论的主要内容

（一）考诸本之同异，择善者而从之

校勘文献，首要前提就是熟悉版本，校书必广求异本，尤其必须广求善本。朱熹自己有一条终身奉行的校勘原则：

> 悉考众本之同异，而一以文势义理及他书之可验者决之。苟是矣，则虽民间近出小本不敢违；有所未安，则虽官本、古本、石本不敢信。[2]366

朱子生活的时代，社会掀起一阵学韩浪潮，关于韩文的传本更是层出不穷，特别是市面上流通最广的方崧卿校勘本《韩集举正》，朱熹认为存在很大的缺陷：凡去取都以祥符杭本、嘉祐蜀本与馆阁本为准，尤其尊奉馆阁本，而轻视了民间小本等有价值的版本，且校勘之处多有牵强、有失真实。因此后来朱熹亲自整理韩集时，就成功贯穿考诸本之同异，择善者而从之，广求异本而校之的校勘原则。据刘真伦先生的统计，所引用的本子除去其底本方崧卿本外，共14种：

谢克家本、潮本、马永卿本、沈晦本、祝充本、鲍由本、赵令畤本、洪炎本、南宋监本、文谠本、南宋浙本、南宋江西本、南宋闽本、南宋蜀本。在校勘过程中除了广求异本以外，朱子还广求相关资料。如《韩文考异》考辨广征博采，引用书籍除了有大量的诗集文集以外，还有像《集韵》《广韵》《唐韵》等韵书，《说文》《尔雅》《方言》等字书，《史记》《春秋》《通鉴》等史书，《水经注》《元和郡县志》等地理书，《列子》《淮南子》《吕氏春秋》《抱朴子》等诸子书，金石书如《集古录》，政书《唐会要》，小说《穆天子传》等等。集结各类古书，校勘过程中随时参证，纠正了方崧卿众多的误说。

（二）章句训诂与义理结合

汉以来注疏校勘普遍以考据见成，注重字词句训诂，善考名物典章制度。此种考证方法注重细微，但容易流于琐碎，忽略大义。宋人反其道行之，注重义理，喜好用微言大义阐发义理，而此种方法又极易产生以己之心，度人之腹的附会之意。朱熹没有像其他宋儒一样，跟汉学保持对立态度，相反对汉儒训诂功夫推尊倍至："平日解经，最为守章句者，然亦多是推衍文义，自做一片文字。非惟屋下架屋，说得意味淡薄，且使人看者将注与经作两项工夫做了，下梢看得支离。至于本旨，全不相照，以此方知汉儒可谓善说经者，只说训诂，使人以此训诂玩索经文，训诂经文不相离异，只做一道看了，真是意味深长也。"[2]1388 将《大学》和《中庸》的郑注与朱注比较视之，其名物训诂大抵相同。如大学中的"明明德""此之谓自谦""厌然""严乎""克明德""峻德""于止""询傒""忿""蓁蓁""之子于归""老老""不倍""丧师""峻命""悖而出""道善""彦圣""殆哉""命也""仁者以财发身，不仁者以身发财""伐冰之家""百乘之家"等等，朱注皆同郑注。[3]

当然，对于古注朱熹也并非没有判断力，他曾说："圣贤之言，有渊奥尔雅而不可以臆断。其制度名物行事本末，又非今日见闻所能及也。故治经者必因先儒已成之说而推之。……汉之诸儒所以专门名家，各守师说，而不敢轻有变焉者也。但其守之太拘，不能精思明辨以求真是，则为病耳。"[2]3355 如《论语·乡党》："朝，与下大夫言，侃侃如也；与上大夫言，訚訚如也。"何晏注："孔曰：'侃侃，和乐之貌；訚訚，中正之貌。'"朱注："此君未视朝时也。《王制》诸侯上大夫卿，下大夫五人。许氏《说文》：'侃侃，刚直也。訚訚，和悦而诤也。'"[4]111 《语类》卷三十八："问：'先生解侃侃、訚訚四字，不与古注同。古注以侃侃为乐，訚訚为中正。'曰：'衎'字乃训和乐，与此侃侃字不同。《说文》以侃为刚直。《后汉书》中亦云'侃然正色。'訚訚是'和悦而诤'，此意思甚好。和悦则不失事上之恭，诤则又不失自家义理之正。"[5]998

取其精华，去其糟粕。朱熹继承汉人的朴学考据方法，又融入自己的宋学理性精神，将考据义理相结合，形成独具特色的校勘方法。也正是因为此种方法的使用，使得朱子能以一种睿智的哲人眼光纠正前人的误说。

（三）站在语言角度校释文词

朱熹是一个严谨的学者，本身就对遣词造句有着甚高的要求。曾有弟子这样问朱子："观书或晓其义而不晓字义，如'从容'字，或曰横出为从，宽容为容，如何？曰："这个见不得，莫要管他横出、包容，只理会言意。"[5]2785这个回答是极其科学合理的，"从容"是一个合成词，本就该分开释义，但是在上述特殊情况中若把它分开来解释则跟原文不相符合，故朱熹主张将二字合起来理解，从语言角度出发，这是符合合成词的规律的。

《韩文考异》中，朱熹从语言角度出发，注重校正《韩集举正》中的语法错误。如韩愈《送孟东野序》篇中"其于人也亦然：人声之精者为言，文辞之于言，又其精也，尤择其善鸣者而假之鸣"一句，朱熹从语法分析入手，他说：方从阁、杭、蜀本，去"又"字，而取下句"尤"字足成一句，不成文理……上文已再言"择其善鸣者而假之鸣"矣，则此又言人声之精者为言，而文词"又"其精者，故"尤"择其善鸣者而假之鸣。"又"字、"尤"字正是关键血脉、首尾相应处。方以三本之误，遂去"又"字，而以"尤"字属上句，不唯此句不成文理，又使此篇语无次第，其误尤甚，今悉正之。[6]135由此可见，方崧卿在校勘《韩集举正》中，任意改动"又""尤"两个助词，造成文章晦涩难读、语义混乱，这一行为不仅违反了语法规则，还使得文章失去原本所要表达的意义，影响文章全部格局。朱熹在校勘上，对语言语法的校正，不只是出于让文章符合语法规范而已，更重要的是恢复其书籍本来面貌。

三、校勘学方法论的成就与不足

在中国校勘学史上，朱熹可谓是一个承上启下的过渡点，他将义理、考据二者并重形成独具特色的校勘方法，对宋以后的明清两代文献整理和学术思想产生了重要影响和启发。清代著名经学家皮锡瑞曾这样评价朱熹：

> 经学所以衰而盛者，……一则朱子在宋儒中，学最笃实。元、明崇尚宋学，未尽得朱子之旨。朱于常教人看注疏，不可轻议汉儒。又云："汉魏诸儒，正音读，通训诂，考制度，辨名物，其功博矣。"……元、明乃专取其中年未定之说取士，士子乐其简易。而元本不重儒，科举不常行；明亦不尊经，科举法甚陋。慕宗朱之名，而不究其实，非朱子之过也。朱子能遵古义，故从朱学者，如黄震、许谦、金履祥、

王应麟诸儒,皆有根柢。王应麟辑《三家诗》与郑《易注》,开国朝辑故佚书之派。王、顾、黄三大儒,皆尝潜心朱学,而加以扩充,开国初汉、宋兼采之派。(《经学历史》十《经学复盛时代》)

皮氏是经学家,评论角度自然是从汉学立场出发,但从这短话中,却可看出他对朱熹客观公允的评价,他承认朱熹章句训诂与义理结合的校勘法,并认为此种方法对后世影响甚深,开清代辑古佚书和清初汉、宋兼采学风之先河。

然朱熹校勘方法论也不是尽善尽美的,最大的一个弊端就是在音韵上采用了当时流行的"叶韵"说。《诗集传》中尤为明显,例如:《小雅·棠棣》:"宜尔室家,乐尔妻帑。是究是图,亶其然乎!"《集传注》:"家:叶谷胡反(音姑)。"《召南·行露》三章:"谁谓鼠无牙?何以穿我墉?谁谓汝无家?何以速我讼?"《集传注》:"家:叶格空反(音公)。"这种为了押韵,随意更改同一字读音的方法没有看到语言发展的事实,失去了语音判断的客观标准,所以从根本上是错误的,但我们若以此去苛责朱熹,也是不恰当的。

综上所述,朱熹虽是理学的集大成者,但却不困于理学的圈限。他的校勘站在客观的角度,以公正的眼光重新审视理学存在的弊病,用实际行动纠正宋学沉湎于义理而忽略汉唐注疏的缺失,将理学和朴学有机地融合在一起。校勘本身就是一项细微琐碎而永无止境的工作,在衡量和评析时无法有绝对公平的准绳,因此校勘中掺杂些许个人主观因素也是无法避免的。朱熹的校勘方法中,不排除贯穿了少量理学思想色彩的可能性,但他与前期理学家或同期理学家有着本质上的不同,朱熹能接受理学家否定的汉学以及其不同于儒家的其他思想,狩猎广泛不说并且探究入微,故他能一一指出其好坏利弊,给予相对公允的评判。他的校勘方法,不仅对当时文献整理与出版起到重要作用,更对后世学者研究学问影响至深,尤其是开清以来的"汉宋兼采"的朴学之风。

参考文献

[1] 张舜微. 广校雠略[A]. 张舜微集[C]. 武汉:华中师范大学出版社,2004.
[2] 朱熹. 晦庵先生朱文公文集[A]. 朱子全书[C]. 上海:上海古籍出版社,2002.
[3] 刘志刚. 从四书章句集注看朱熹的训诂学与义理学[J]. 广东教育学院学报:社会科学版,1996(1):5-12.
[4] 朱熹. 四书章句集注[M]. 北京:中华书局出版社,2011.
[5] 黎靖德. 朱子语类[M]. 北京:中华书局出版社,1986.
[6] 朱熹. 昌黎先生集考异[M]. 上海:上海古籍出版社,2001.

雁赋主题流变论

赵金平①

【摘　要】 古人名物就为物赋予文化内涵，雁亦是如此。在上古的典籍中，雁就被赋予丰富的文化意蕴，或寓意祥瑞与纯正，或象征礼仪与秩序，或譬喻懿德与壮志，抑或寄寓感慨，抒发生命体悟等。雁赋主题从一开始就汲取了中华文化中关于雁的文化蕴涵，且在后世雁赋中一脉相传。就雁赋主题而言，中古雁赋集中于生命体悟和羽仪之美两个方面，唐代雁赋主要承袭了中古两大主题而略有变化；宋至明清时期，在因循之外又增加了新的主题即故国之思、家国情怀和游子思妇。在雁赋主题流变过程中，有诸多的因循和回溯，主要体现在共同的价值取向上，同时又呈现出历时性的变化，在融合、探觅中发展和深化。

【关键词】 雁赋　生命体悟　羽仪之美　故国之思　家国情怀

雁在上古时期就被赋予丰富的文化意蕴。一是用雁来象征美好的品德、高远的志向、祥瑞和纯正、礼仪和秩序等，即羽仪之美。用雁象征美好的品质和品德，如《周易集解纂疏·下经第六·渐》："鸿渐于陆；其羽可用为仪"[1]卷六 470 等。用雁来比喻高远的志向，如《尸子》曰："虎豹未成文，而有食牛之气；鸿鹄之鷇，羽翼未全，而有四海之心，贤者之生亦然"[2]下卷110 等。用雁来象征祥瑞、纯正等美好的事物，如《仪礼译注·士昏礼第二》曰："昏礼。下达。纳采用雁……主人降，授老雁""摈者出请。宾执雁，请问名""纳吉，用雁，如纳采礼……请期，用雁。"[3]25-29 用雁的行为来比拟知礼仪、恪守秩序等，如《春秋繁露》："凡执贽，天子用鬯，公侯用玉，卿用羔，大夫用雁。雁乃有类长者，长者在民上，必施然有先后之随，必淑然有行列之治，故以为贽"[4]卷十六531-532 等。二是寄寓感悟、哀怨之情，即生命体悟。以《诗经·小雅·鸿雁于飞》为代表。历代对此诗主题有多种解读，朱熹之说更近诗情，《诗集传》云："流民以鸿雁哀鸣自

---

① 作者简介：赵金平，贵州师范大学文学院。

比而作此歌也。"[5]卷十 119 诗以鸿雁起兴，借以自喻，抒发了流民无处安身的感慨和对徭役繁重的哀怨，哀鸿之鸣，凄厉怨愤，引起了流民的共鸣。至赋体文学兴起，雁赋对此二者都有或多或少的因循和借鉴，或取其羽仪之美，或取其生命体悟，或二者兼有。两汉乃骋辞大赋兴盛期，单篇写雁赋者无几，刘向《行过江上弋雁赋》仅存篇目，张衡《鸿赋》存序文一篇①。逮至中古即魏晋南北朝隋，咏物抒情小赋兴盛，雁赋创作亦可观，主题主要集中于生命体悟和羽仪之美两个方面，皆是对先秦两汉时期人们对雁的认识和体悟的承袭和深化，同时又烙着深深的时代印记。此一时期，前承两汉后启三唐，是雁赋创作亦是中国辞赋创作中一个十分重要的发展阶段。唐代雁赋承袭了中古两大主题而略有变化。至宋、明、清时期雁赋创作呈现出因循、融合和转变的状况，对前期雁赋主题表达既有因循和深化又有转变和拓展。这一时期最大的变化，就是故国之思和家国情怀主题的出现。在雁赋主题的流变过程中，有诸多的因循和回溯，主要体现在共同的价值取向上，然又呈现出历时性的变化，在融合、探觅中发展和深化。

一、雁赋主题的承袭和形成

中古时期，由于特殊的社会环境，赋家审美情趣的变化，以及赋文学自身的发展等诸多因素，咏物抒情小赋兴盛，雁赋作为其中之一，亦取得了不俗的成就。

中古时期雁赋的兴盛，是中古个体意识的兴起在审美意识领域中展现的一个投影，文学主体注重对自身特质的追求，在赋作上表现为赋家内心世界的个性化呈现，但是不同时期的雁赋又呈现出不同的风格，建安时期，承继了楚骚作品寓强烈感情色彩和鲜明艺术个性于赋中的特性，即刘熙载言："建安名家之赋，气格遒上，意绪绵邈，骚人情深，此种尚延一线"[6]卷三 435，曹植《离缴雁赋》是矣。《离缴雁赋》，寓情于物，以物自况，自我内心的矛盾、焦虑感和孤独感都显露无遗。首言见孤雁而悲痛失志，"怜孤雁之偏特兮，情怅焉而内伤。"[7]卷十四 1129 次言雁是象征祥瑞和纯正的善类，却不幸被箭所伤，坠落离群，惊恐万分，昂首哀鸣亦徒劳。此种孤独、惊恐和挫折感亦是子建所感。最后，"甘充君之下厨，膏函牛之鼎镬。蒙生全之顾覆，何恩施之隆博。"[7]卷十四 1130 即使充下厨、烹鼎镬亦愿意，只求过自由生活。观全赋，孤鸿之经历与子建多有暗合，子建争储失败之后，悲观失意，又曹丕父子在位期间对其猜忌和非难，使其遭遇了颠沛流

---

① 此赋文原载于《太平御览》卷九一六，严可均《全上古三代秦汉三国六朝文》亦收录。据龚克昌考证，此赋文是隋卢思道《孤鸿赋》中的一部分。本文亦从此说。

离、苦闷压抑，又有旦夕祸福，焦虑惊恐常萦绕心头。此与离缴之雁的无助焦虑、惊悸恐慌、委曲求全又有何异。

西晋时期，借物抒情，观照个体情感。但是表现出不同的主题倾向和审美情趣。陆机、傅咸等人的赋咏忧生之嗟，惜无雁赋流传。另外，西晋一些赋家追求闲适之趣，使情感归于平和、恬静，表现爱美、崇美之情，如成公绥、羊祜、孙楚等人的雁赋。成公绥《鸿雁赋》叹鸿雁羽仪之美，虽栖居环境艰险，但是乐观旷达，悠然自适，"上挥翮于丹霞兮，下濯足于清泉；经天地之遐极兮，乐和气之纯暖。"[8]卷五十九1797 羊祜《雁赋》中的雁安闲自得、井然有序，又举止优美、清静无为且境界高超。同时它们不畏艰险、不惧疲敝，千里迁徙，"当其赴节，则万里不能足其路；苟泛一壑，则众物不能易其所"[8]卷四十一1695 是他们的气节。孙楚《雁赋》中的雁为俊禽，性恬静，随节气而迁徙。又群族活动，族类繁盛，任性逍遥于天际，不慕名利，崇尚清淡，"任自然而相伴，穷天壤於八极"[8]卷六十1801 是它们的写照。

南北朝时期，复杂的政治使士人的人生历经沧桑，充满压抑感。如南朝宋鲍照《野鹅赋》塑造了一个颇具悲剧的、自伤自悼的雁的形象，身处繁华亦无存在感，得不到认同。这个形象中投射了众多作者自我的影子。此赋是明远在临川王幕府时作。赋曰，与集于陈侯之庭和栖居于汉宫之巅的隼和雀相比，雁显得渺小，虽"厕景而成仁"，[9]41 但失去了原本的自由和快乐，纵然身处池林苑囿之中，有奇玩异禽相伴，内心却寂寥无味。寄人篱下，惊惧惶恐，处处谨慎小心，这与明远的现实处境相类，故以野鹅之遭际自况。祝尧《古赋辨体》评曰："比而赋也。此赋虽亦尚辞，而其凄婉动人处，实以其情使然尔，遐想明远当时赋此，岂能无慨于其中哉。"[10]卷六337 北朝卢思道《孤鸿赋》用比兴手法，以清高的孤鸿的遭遇象征自己的悲剧命运。《北史》："隋文帝为丞相，迁武阳太守。位下，不得志，为《孤鸿赋》以寄其情。"[11]卷三十1075 又张说书其碑曰："凡更臣三代，易官十七，再降，一免，二去职，八平除，擢迁者四而已。"[12]卷八九三4699 可知其一生仕途坎坷，不得志。由此观之，其作此赋，当是抒心中抑郁不平之气。赋文言孤鸿率性游历、翱翔寥廓的清高气质，作者将自我的身世之慨自然地融入孤雁傲世独立的情状中，自喻才志。然孤鸿被网罗，"永辞寥廓，蹈迹重围"，"忧惮刀俎"，"恣其容与"，又"恶禽视而不贵，小鸟顾而相轻"，[13]卷十六4107 借雁之遭际来感慨自我悲惨命运，在写物中自然地融会自我之遭遇及情感。另外，赋家中的君王、宫廷文人等，或咏欢愉之情，或赋闺思怨情，又使赋呈现出另一种色调，如陈后主《夜亭度雁赋》，写春夜闻携带着北塞肃杀寒气的凄切雁声，顿生惆怅，群雁长途迁徙，惊魂未定，队伍凌乱。凄切的雁声使独守空闺和倡楼里的女子愁思更苦，搴开珠帘欲寻觅月色中的雁影，只见大雁飞掠而过，怨女们转身调管抚琴，低声吟唱，欲消解心中的愁怨，却使怨情多。赋写惊雁及其哀鸣可谓传神，最后虽落入南朝咏闺愁之窠臼，但全赋抒发了深深的愁闷及怨情。

就雁赋主题而言，可分为两大类：一类是表达生命体悟的雁赋，以曹植的《离缴雁赋》、鲍照的《野鹅赋》、卢思道的《孤鸿赋》以及陈后主的《夜亭度雁赋》为代表，以物自况，即人即物，把人的体悟赋予物，情物交融。赋中充满了生命的忧患，表现出孤独感、忧虑感和挫折感。另一类是表达羽仪之美的雁赋，以成公绥《鸿雁赋》、羊祜的《雁赋》、孙楚的《雁赋》为代表，假象兴物，托物言志，寄寓自我之幽情，赞叹鸿雁之懿德。此类赋是中古士人精神面貌的另一个侧面的展现。二者皆是对前期雁的文化意义的借鉴和承袭，同时亦有发展变化，尤其是前一主题中融入了独特的时代气息。至此，形成了雁赋的两大主题。

二、雁赋主题的因循和融合

清王芑孙《读赋卮言·谋篇》言赋："至唐而百变具兴，无体不备。"[14]8 唐代是赋发展的一个高峰时期，这一时期咏物赋也得到了极大地发展，不仅题材广泛，而且数量多，富有时代特色。初盛唐时期，咏物赋从最初的延续南朝赋风到逐步融入唐代的风骨和气韵，逐渐抛弃了南朝的创作传统而开创了独具个性的发展道路，题材内容和思想艺术都获得了极大地发展，从王绩的精研富丽到"四杰"的雅瞻浏亮再到高适的刚健豪迈可以管窥。中唐时期，盛唐气韵消沉，受古文运动的冲击，赋体文学的内容和思想较前期又有了极大地充实。同时，科举试赋逐步形成体系，咏物律赋亦开始兴盛，但是作为一种官方文体，就决定了它的主题和风格，在雁赋的创作中，如陆贽的《圣人苑中射落飞雁赋》（以题为韵次用），言圣明之皇帝射落苑中飞雁，其箭术可比逢蒙之绝技，其视力可比离娄之明睇，百发百中。圣皇有作为，边远之夷狄皆应臣服，"将威九垓而清八荒。"[15]卷二十二 775-776 歌咏太平，高颂功德。清魏谦升在《赋品·应举》中评为"簪毫禁苑，待诏承明。文章官样，歌咏太平。"[10]358 可谓中的。此时期，亦将羽仪之美与儒家的修身治国理念相结合来赋雁，如陆贽《鸿渐赋》（以"鸿渐路适之"为韵）用"鸿渐于陆；其羽可用为仪"[1]卷六 470 之意。赋言："通于道者是谓君子，适于空者莫如渐鸿。故圣人托象以明义，务勤以饬ული"[15]卷二十二 783 将鸿类比为楷模。次言雁容姿伟丽："美夫姿淑伟丽，飞鸣有检"[15]卷二十二 783 又励志奋发、进退有序，不畏艰险，千里迁徙。最后，用雁之品行及奋发进取之精神勉励，"以言乎鸟，尚不忘进；以言乎人，如何勿思"[15]卷二十二 783 以儒家君子修身之德来赋雁。

晚唐时期，咏物赋继续向前发展，一方面是以议论和关注现实为特点的文赋的兴盛，另一方面是以骈体和绮丽文风为主的骈体咏物赋的复归。雁赋的创作以骈体为主，如赵励《秋鸿赋》言秋鸿出入寥廓，远游江湖。远戍边塞之人及空闺怨妇闻雁之哀鸣莫不愤惋泪流，希冀雁带来远方的信息。南北迁徙，千里万里，惊恐不已，怕被缯缴所伤，失去自由，被人牢笼。此赋虽表达了生命体悟，但是与中古曹植《离缴雁赋》等相较，已无生命的忧患，感染力亦逊色许多。崔陟的《鸿赋》《鸿渐赋》，也以儒家君子修身之德来赋雁。《鸿赋》写雁之懿德，"飞则有贯，集则为群。跡不以沙泥自混，貌不以元黄自分。敏清真之不杂，同朴略之无文。"[12]卷一三七 631 又言长途迁徙，不畏艰险，有四海之心，有八方之气，其他如豹、鹑、巢睫之虫等都不能与雁媲美。最后作者以雁自勉。其《鸿渐赋》与陆贽《鸿渐赋》主题相类，亦用"鸿渐于陆；其羽可用为仪"[1]卷六 470 之意。言雁可为楷模，又"飞则有序，和而不同，有类于君子进德修业"[12]卷一三七 631 且其不强进，常自检，可为羽仪之重。

就主题而言，唐代雁赋承袭了中古两大主题，但略有改变。同时亦出现了"文章官样，歌咏太平"的雁赋，以赵励的《圣人射落飞雁赋》为代表。而以赵励《秋鸿赋》为代表的雁赋，因循中古表达生命体悟的主题，但是已无生命的忧患，亦无焦虑感和挫折感。以陆贽《鸿渐赋》和崔陟《鸿赋》《鸿渐赋》为代表，表达羽仪之美的主题，前承中古，但是又与前者不同，即以儒家君子修身之德来赋雁。

三、雁赋主题的深化和拓展

宋代咏物赋的范围进一步扩大，题材选择更加生活化，究其原因，与宋代发达的文化有直接的关系，正如陈寅恪在《金明馆丛稿二编》中所言："华夏民族之文化，历数千载之演进，造极于赵宋之世。"[16]277 文化政策、科举考试、个人遭际以及文学自身的发展规律等，使咏物赋在宋代得到了极大地发展。北宋前期文学，如苏轼所言："宋兴七十余年，民不知兵，富而教之，至天圣、景佑极矣。而斯文终有愧于古。"[17]卷十 316 虽未取得足以与前代媲美的成就，但是亦获得了新的发展。就雁赋而言，主题亦承袭了前代的羽仪之美，以吴淑《雁赋》、文彦博《鸿渐于陆赋》(鸿渐于陆，为世仪表)、《雁字赋》(云净天远，腾骞成字)，田锡《雁阵赋》(以"叶落南翔，云飞水宿"为韵)为代表。《雁赋》用雁之典故，写雁之美德，美仪容，知礼仪，守信用，有智慧。《鸿渐于陆赋》用"鸿渐于陆；其羽可用为仪"[1]卷六 470 之意，赋雁之高洁，"为仪而可崇"[18]卷一 D264。《雁字赋》，写秋鸿飞行、凭空书字之美态，如："初同洒翰，如丝之密雨轻笼；几讶书绅，似练之澄江下映""暮穿霞绮，依稀而窦氏回纹；晓拂云罗，仿佛而仲尼华衮。"[18]卷一 D264。《雁阵赋》咏雁飞翔时的阵型，叹其有序，如："一一汇征，若阵行之甚整；嗷嗷类聚，比部曲以相依"[19]卷九 D304，赞其气势，如："来

若羽林骑士，闻一鼓以争前；去如翼卫材官，听摐金而稍却。岂天阵地阵之能询，何圆阵方阵之足云。"[19]卷九 D304

至南宋时期，民族矛盾进一步加剧，故国家园已非昔日，爱国志士忧心国事，却并不得志。这在南宋时期的雁赋中有充分的展现，以李曾伯的《闻雁赋》和王质的《问北雁赋》为代表。李曾伯是南宋名臣，长于边事，有治绩。其《闻雁赋》原文题注："丙戌九年十一日"，[20]卷一二九 518 即宋理宗赵昀宝庆二年（1226）秋，赋作于此时。全赋以"闻雁"起笔，因人情而"载想物意"[20]卷一二九 518。运用丰富的想象和拟人状物手法，缘物思人，推人及物，"既感物之可感，又忧人之所忧。"[20]卷一二九 518 雁之鸣与人之思贯通一体。故国之思与孤高情志完美呈现。闻雁哀鸣，"载想物意"，[20]卷一二九 518 推想雁在北地之行程及心思，"谅山河之无恙，今风景之不异"[20]卷一二九 518，悲痛国土沦亡。思绪由古及今，由北向南，追忆故国，寄托故国黍黎之悲情，亦表明不为稻粱谋的高远志向。又推想众人之思，涵括英雄失志和游子思妇。最后申抒孤高情志。《问北雁赋》以讯问雁的方式来抒发情志。王质是南宋著名的爱国志士，因性格耿介，屡遭打击，仕途潦倒。试图用讯问的方式来抒发心中的愤懑和了解故土百姓的境况，而雁"于是哀鸣咿嘤，若避若趋"，[21]卷十二 135 倏忽飞去。在作者的讯问里寄寓了忧愤之情及家国之思，而雁之反应表明故国家园已今非昔比，令人悲恸。

明代前期的赋在体式上大多承袭唐代古文家之余绪，但此时的赋家一般受理学影响较深，故所作内容益趋严正，文辞也较质朴。同时受到社会政治环境的影响，士人精神上的贫乏致使他们追求一种平稳、典雅之美。就雁赋而言，大致可为两类，一类是抒发自我品质与社会冲突后的孤独失意，但与中古对生命的焦虑和担忧不同。以皇甫涍《后湖雁赋（并序）》、薛蕙《孤雁赋（有序）》、石珤《感双雁赋（有序）》为代表。《后湖雁赋》言作者羁旅京城，见雁群栖居于华池苑囿之中，虽华丽舒适，但拘束不自在，思念故土家园，忽义无反顾、振翅高飞，翱翔于天际，令作者感叹不已。此乃作者困于京城之感悟，托于雁身，以言其志。薛蕙《孤雁赋》寄寓了作者的情志。其生活于明正德、嘉靖时期，政治日渐败坏，加之薛氏性情耿介，以致仕途困塞。因谏武宗南巡，受杖夺俸；因议大礼，获罪下狱；又遭谗言，解职归家。睹孤雁思自身，"心恻然伤焉"[22]卷四十 295。首言鸿雁的品质和美德。作者耳闻目接，孤雁彷徨愁惨，凄怆悲号，令人哀怜。又将雁之"异质"和"至性"与众鸟对比，对鸿雁"殊特"的品质进行赞美，将其品质美德归因于"将材质之不伦，固天命之难俟。"[22]卷四十 295 作者又调转笔锋，铺写孤雁怅然若失、无所寄托、同类难逢的孤单寂寞。最后，抒感慨，寄情思，叹身世之悲，借物缘情，即人即物。石珤《感双雁赋》展现了其独立高洁的士大夫品质。序曰双雁："虽复穷蹙，雅有高志，萧然独立，若贤士君子罹困，侮遭播越而耿介，绝俗固将终身也"[22]卷四十 280，为全赋奠定了基调。铺陈雁随节令而发，南北迁徙，不幸被捕，命途多舛，令人悲哀。闻雁鸣惨惶，使失志孤臣惝恍，贞女垂泪。作者独好雁之高志"念天秩其能序兮，内行纯其有别；富与贵其莫淫兮，岂威武之可摄；相徜徉以容与兮，知谢也之可食"[22]卷四十280，最后表明自我情志，愿以岁晏为期，与雁远去，"吾与汝其焉往，离忧患之孔多兮；世纷秽而鞅掌，无忝尔所生兮。"[22]卷四十280而另一类是附于王权，歌咏太平之赋。以俞允文《来雁赋（并序）》为代表，据序文"隆庆二季冬十有一月"[22]卷四十286可知，此赋作于明穆宗朱载垕隆庆二年（1568）十一月。赞明梁王朱瞻垍"有单父之理"，"士之及公门者皆并为赋"，[22]卷四十286作者亦作赋，感梁王之礼遇。赋写寒门之鸿雁，历经艰辛，"趋单父之静庭"，"幸微躯之见托，荷盛德之能容。"[22]卷四十286又饲之稻梁，丰其肌体得以永安。赋中亦用雁"有来仪之征"[22]卷四十286来赞誉梁王，集于庭之雁亦是因为梁王之懿德，"遂归仁于君子，偶来仪之瑞征。"[22]卷四十286最后，直白地表露了自我心声"庶承君之惠渥，常保己而永终。"[22]卷四十286

明后期的辞赋虽有与前期相承之处，但亦有较大的区别。由于社会矛盾的加剧和学术思想发生的重大变化，追求抒写真情实感，现实性加强。如夏完淳《夜亭度雁赋（并序）》，将家国之恨和忧国之情寓于慷慨激切之气中，郁积而发。《夜亭度雁赋》序文言："旅人寒宿，孤雁数声"，又赋中"恨宾鸿之双落，怜孤雁之独栖。"[23]卷一40-41可知赋作于其父殉节之后，随陈子龙从事抗清活动期间。夏完淳幼时，常随父远行，其闻雁之哀鸣而沾裳，见雁之双落而怨愁，作者踟蹰长途，漂流异域，与孤雁之处境暗合，"顾清影而相怜，应曼声而下泣。"[23]卷一41

清代辞赋，马积高在《历代辞赋研究史料概述》认为"清赋有着较普遍的崇雅倾向，即内容以雅正为宗，尚含蓄而少偏激；词采虽有浓、淡、浅、深之别，亦多以雅为则。当然，这只是就其主导倾向而言，其间也有别调……但比较而言，清赋雅的特点是比较突出的"[24]151，这与清代的文化政策和学术学风有关。清初二三十年，辞赋作家中的大部分是不仕清的明朝遗老，亡国之痛和民族巨变，使他们的内心蕴含着深沉的悲愤，然由于文化政策，使他们不能直露地而是蕴藉含蓄地表达他们的激情。雁赋创作中以王夫之的《孤鸿赋》为代表，赋失群之孤雁，独自南徙，"伤装回兮孤往，弥永夜兮悠长""萧条四座，志失魂离"。[25]卷七176又述雁行路悲难，"悲矣乎！其聚无留，其离无迹"[25]卷七177寓悲情于物。《王夫之年谱》载康熙二十五年（1686年）先生重病，是年冬，先生长兄石崖公亡，先生奔赴长乐乡，"公归，作《哀鸿赋》。"[26]113据《船山文集·孤鸿赋》注："丙寅，为石崖先生作"[25]卷七176可知，此赋乃是缅怀长兄之作，其中亦寄寓了家国悲情。从康熙朝至鸦片战争是清赋发展时期，这一时期歌功颂德的辞赋较多，就雁赋创作而言，大多亦承袭前代主题，如安芩《燕雁代飞赋》（以"去来有时，南北带飞"为韵），以雁和燕之习性及迁徙时间的时令不同来取材，燕雁"是惟气化迁移，阴阳迭代。""知节序之无违"[27]809来迁徙，天涯游子、思妇征人，睹之伤情，闻之泪下。

宋、明、清时期，对前期雁赋主题表达既有因循和深化又有转变和拓展。

承袭前代主题的雁赋如宋代吴淑《雁赋》、文彦博《鸿渐于陆赋》《雁字赋》以及田锡的《雁阵赋》等承袭了羽仪之美的主题。而明皇甫涍《后湖雁赋》、薛蕙《孤雁赋》、石珤《感双雁赋》,清安岑《燕雁带飞赋》等因循前代主题但又有深化,赋生命体悟,多描写游子思妇等情感。这一时期最为显著的是宋、明、清易代之时的雁赋,如南宋李曾伯《闻雁赋》、王质《问北雁赋》,明末夏完淳《夜亭度雁赋》,明末清初王夫之《孤雁赋》等是雁赋主题的转变和深化,主要是故国之思和家国情怀主题的铺写。

  雁赋主题可溯源于上古时期,逮至以后各个时期,雁赋主题受时代环境、文学风气以及个人遭际等的影响而发生流变,因循、融合、深化、转变,主题不断丰富。"雁"承载了中国古代文人的思想和情感,雁赋主题的流变更是古代文人和中华文化内涵的展现和投影。观雁赋主题流变,可知赋体文学的因循与变革,可悟华夏民族的精神和情感。

参考文献

[1] 李道平撰. 周易集解纂疏[M]. 北京:中华书局 1994.

[2] 尸佼著,李守奎、李轶译注. 尸子译注[M]. 黑龙江人民出版社 2003.

[3] 杨天宇撰. 仪礼译注[M]. 上海:上海古籍出版社 2004.

[4] 董仲舒撰,凌曙注. 春秋繁露[M]. 北京:中华书局 1975.

[5] 朱熹. 诗集传[M]. 北京:中华书局 1958.

[6] 刘熙载撰,袁津琥校注. 艺概注稿·赋概[M]. 北京:中华书局 2009.

[7] 严可均辑. 全上古三代秦汉三国六朝文·全三国文[M]. 北京:中华书局 1958.

[8] 严可均辑. 全上古三代秦汉三国六朝文·全晋文[M]. 北京:中华书局 1958.

[9] 鲍照著,钱仲联增补集说校. 鲍参军集注[M]. 上海:上海古籍出版社 1980.

[10] 王冠辑. 赋话广聚[M]. 北京:北京图书馆出版社 2006.

[11] 李延寿. 北史[M]. 北京:中华书局 1974.

[12] 李昉等. 文苑英华[M]. 北京:中华书局 1982.

[13] 严可均辑. 全上古三代秦汉三国六朝文·全隋文[M]. 北京:中华书局 1958.

[14] 王芑孙. 读赋卮言[M]. 三联书社 1982.

[15] 陆贽撰,王素点校. 陆贽集[M]. 北京:中华书局 2006.

[16] 陈寅恪. 金明馆丛稿二编[M]. 三联书社 2001.

[17] 苏轼撰,孔凡礼点校. 苏轼文集[M]. 北京:中华书局 1986.

[18] 文彦博撰. 文潞公文集[M]. 明嘉靖五年刻本、傅增湘校本影印本.

[19] 田锡撰. 咸平集[M]. 明祈氏淡生堂钞本影印本.

[20] 陈元龙辑. 历代赋汇[M]. 江苏古籍出版社、上海书店联合出版 1987.
[21] 王质撰. 雪山集[M]. 北京：中华书局 1985.
[22] 黄宗羲. 明文海[M]. 北京：中华书局 1987.
[23] 夏完淳著, 白坚笺注. 夏完淳集笺校[M]. 上海：上海古籍出版社 1991.
[24] 马积高. 历代辞赋研究史料概述[M]. 中华书局 2001.
[25] 王夫之. 船山全书[M]. 湖南：岳麓书社 2001.
[26] 王之春撰, 汪茂和点校. 王夫之年谱[M]. 中华书局 1989.
[27] 陈文新主编, 詹杭伦、沈时蓉等校注. 历代律赋校注[M]. 湖北：武汉大学出版社, 2009.

论郑珍《汗简笺正》的文字学价值

花友娟①

【摘　要】 郑珍《汗简笺正》是研究《汗简》的第一部专著。该书从考证《汗简》古文入手，广泛征引，对字形、释文、出处一一详加研核，在《汗简》古文的研究，沟通字际关系，以及对文字研究资料的校勘方面具有重要的学术价值。

【关键词】 郑珍　《汗简笺正》　文字学　古文

一、引言

《汗简》成书于北宋，乃郭忠恕仿《说文》体例，按"始一终亥"五百四十部排列，每字一体，即使相同之字也不做归并。每字先列"古文"字形，正文之下以楷书释之，"不为隶古，取其便识"，释文之后附有"古文"字形出处，其间亦偶有为字注音者，共计八卷，是中国传统文字学中"古文"研究方面的一部重要著作。

然随着殷商金文的搜集研究大盛和清代《说文》之学的风行，以《汗简》为代表的"古文"，被认为上不合于商周，下有悖于《说文》，受到不应有的蔑视，学界鲜有对其作专门研究者。直至晚清，有著名学者、文字学家郑珍为古篆籀之学，恒奉《说文》为圭臬，又诬惑于涽乱许学而伪托古文者，遂积数十年之功对《汗简》"古文"追穷根株，精加研核。分别从甄别古文字形、鉴订楷书释文、考证文字出处和注音几个方面入手，运用广征博引，外部求证和字形考订与字音、字义相结合的方法，对《汗简》所列古文、释文、出处一一详考，遂成《汗简笺正》（以下简称《笺正》），该书是研究《汗简》的第一部专著，在《汗简》研究史乃至"古文"研究史中占有重要地位。

通过对《笺正》全书内容、体例的爬疏整理、研究发现，与其他治"古文"者相比，郑珍的"古文"研究有其自身的特点和价值，比如，注意区分正俗字，

---

① 作者简介：花友娟，贵州师范大学文学院，汉语言文字学 2013 级硕士研究生。

严于古文、奇字之辨的思想，以及质实严谨的治学态度等。但目前学界对其作系统研究者还很缺乏。

鉴于其研究现状和郑珍在学术领域的地位以及作进一步研究的必要性和价值，本文通过对《笺正》的内容作全面的梳理研究的基础上，着重探讨一下《笺正》的文字学价值。主要从对《汗简》古文的研究价值，在沟通字际关系方面的价值，以及对文字研究资料的校勘价值方面作进一步的挖掘和研究，以冀为解决某些文字问题提供一部分材料和证据，推动郑珍学术研究的发展。

二、对《汗简》古文的研究价值

《笺正》的文字学价值首先体现在对《汗简》古文所做的考证上。如李零先生所述："郑氏对《汗简》一书的研究有几点特别值得我们吸取，一是他全面考证了《汗简》的引书，把《汗简》引书目录与正文引书作了详细核对。二是他在考订《汗简》的文字时，不仅把《汗简》的古文与《说文》的古文进行了比较，而且还对一部分《汗简》与《古文四声韵》相重的字也进行了比较。这两方面工作对研究《汗简》都是最基础性的工作。"[1]164

具体而言，郑氏广征博引，综合文字、音韵、训诂等小学理论，运用科学的语言文字观和研究方法，以《说文》为宗，或据夏竦《古文四声韵》，辅以《玉篇》《一切经音义》《广雅》《经典释文》等字书、音书，以及其他一些文献典籍和碑铭材料，于训释之中总结各书体例，对郭书所录"古文"字形、楷书释文、出处皆细加查考，逐一辨正。

（一）甄别古文字形

诚如众说，《汗简》一书被认为是"中国传统文字学中'古文'研究方面的一部重要著作"[2]447，那么郑珍研究《汗简》，对其所收"古文"字形的考释自然是重中之重。主要包括两个方面：一是甄别字形正误；二是甄别"古文"真伪。

如：

> 业：小。○此形目录亦然，如此即是"尐"字。据石经《尚书》古文"小"正同，郭氏盖本之。然郭氏决非不知"小"与"尐"是两字者。石刻当原是中画相连，仿古文之 业，小篆之 上 下，中直并屈为之。传写误分为两画，遂与"尐"字相乱。郭亦沿误书之，未究其讹变之迹也。（524）

按，此例当是原字传写讹误，郭氏沿误书，致误。《说文》"尐，少也。"三体石经《尚书·君奭》"在今予小子"之小作㣽。㣽、少、小三字义同。故郑珍认为此形原本是小字，中画相连，传写误分为两画，遂与㣽字相乱，郭亦沿误书之，当属臆测。

还有一部分古文是郭氏采录时"自为裁制，求合所定偏旁"而致误，或郭书不误而后世传写致误。如：

㪿：所。○编中所载，其形有不可强说者，大抵非传讹即臆造。要不得为古文。（503）

郑珍在笺正过程中，一方面着力分辨其真伪，另一方面还揭示了伪古文的种种情况。在笺语体例上还特意定出"古""籀""篆""篆或""更篆""移篆"等术语，从字体来源上说明其是否是真正"古文"。此类例子众多，限于篇幅，仅少举几例以作说明。

如：

奞：夺，《古论语》。○篆。今《论语》"匹夫不可夺志"等皆作此，非古本。（610）

帘：禹。○古作㢱，楷写则如此。《前汉·艺文志》"大帘三十七篇"，师古注："帘，古禹字。"是也。故薛本作"帘"。此亦依楷作之，非。（750-751）

按，这两例分别是以正篆和楷体而作"古文"的例。

䈎：菜。○移篆，"艹"改从"竹"，谬。（683）

按，此例指出䈎字的形体是将"菜"字的正篆形体加以变化：移"艹"于"木"之左，又因"竹"与"艹"形近易混，故改"艹"形同"竹"，当谬。这是更改篆形而作"古文"的例。

勦：（阙）。○《说文》"剿，绝也。"经典今作"勦"。隶变从"巢"从"樔"之字每互易。此以隶作古，非。注脱。（696）

按，此例指出俗因变"澡"为"藻"，剿（勦）当是剿字或体，《说文》艹部藻字或作藻。故"勦"是"剿"隶变后改易声旁别出的异体字，非"古文"。这是依照隶形或体而作"古文"的例。

书中还有大量以后世俗别字而当"古文"的例。比如：

囟：囟，音信。○夏以为《天台经幢》"信"字，盖原借作"信"。郭释"囟"从本字也。从肉，司声，后世俗字。《一切经音义》屡云"囟，古文'胴'。"盖汉以下字书有之，司马氏所本。（804）

按，此形乃"胴"字，据《一切经音义》知"胴"是"囟"的后世俗字。此例是以后世俗字充作古文的例。

秦汉以后出现的字,大多是后人仿照古文书写特点而作古文的例子,且多见于秦汉以后仿古文体书写的典籍、碑文中。如:

㣟:来。○《隶续》:石经《春秋》"來"古文作㣟。知郭氏此从石经也。按"行來"字积古借用"來年"之"來",汉隶增"彳",取配"往"字。见《唐公房碑》、《辛通达造桥碑》,又增"辶"以配古文"逑"。恐非邯郸淳古文之旧。(672)

按,此形及下一体"㣟",隶写皆"逑"字,还录有"㣟"一形,即"徕"字,当是逑字异体,亦即往来之来。古文有来字,亦有往字,后世人因"往"字从"彳",于是加"彳"旁作"徕"字,又仿作古文。因此,徕字是一个后起字,郭氏误收入《汗简》。

黄锡全认为增从"辶"乃"往来"正字,《说文》失收。郑珍此处误以为"增辶以配古文"。[3]219

亦有一些因一字多体而不辨真伪造成的伪古文。如:

"风"字,《汗简》共收四形(同字异体)。其一是作部首的风"凬"(956),与《说文》古文风字大体相似。其二是采自《王庶子碑》的古文风"𩙿"字,"因古文右畔改从戈,谬。"(957)其三是采自唐《碧落碑》的古文风"𩘬"字,是根据东汉蔡邕《夏承碑》风字的隶体仿写的,形体与《说文》所载大不相同。(957)其四是采自《周礼》的古文风"𩙿"字,"《说文》所无,从'堇'义不可详。"(957)

按,《说文》录有古文风字,风字在先秦有古文体无疑。但《说文》所载古文风字仅一形,即《汗简》部首风字。而采自《周礼》的"𩙿",实则"飙"字,形旁从"堇",意义上无法分析,且若真出自《周礼》,《说文》不会不收。同样,《王庶子碑》和《碧落文》都是后世作品,其古文风字当是后世所作,形体怪异,又不见于《说文》,如果没有其他证据,很难说是先秦古文。由此看来,四字之中,只有作为部首的古文风字大致可信。而郭氏不加分辨,一概作为古文收入确实不妥。

𨳿:問。○"問"系"聞"之讹,正文亦误。薛本《尚书》及《玉篇》古"聞"作"𦕉",《集韵》、《类篇》作"𦕉",知下当作𦕉。似此则成"料"字,夏沿之。上形亦误,夏作𣎵,是,乃"門"之奇字。"門"从二户相向,反书之为"𨳿",得二月天门开启之象。古文作𣎵,已是奇字。此盖又依傍其形诡更:合二直为丨,以象阖门缝际,加一横象门扃,取𣎵形平分作之,是成𣎵字。当出好异者所为,未必古有。郭认此与上字从米,则尤非。(729)

按,郑珍认为此形乃"聞"字,上部当是"門"字,古文作"𣎵"形已是奇字，好异者又依傍其形诡更：合二直为"丨"，加一横象门扃，又取"⿻"形平分作之遂成"㮚"字。而郭氏不识，又误认作"米"；又据《尚书》《玉篇》《集韵》《类篇》下部当作"⿰"，郭氏此形却作"料"，不知据何作此形。故此形亦非"古文"，当郭氏误认。

如此种种伪古文，《汗简》一书中不乏此类之例。郑珍在未见到今天如此丰富的古文字资料的情况下，也能指出某些"伪古文"的错误类型、来源和讹误原因，可谓用功之深。但是，随着战国文字研究的日益深入，那些被郑珍认为是诡异不经的"古文"，却有很多与出土战国文字颇有相合，当的确出自先秦，非后人杜撰。对此，我们应客观辩证的看待，限于其时代局限，对《笺正》的偏颇和失误不应过多责难。

（二）鉴订楷书释文

依《汗简》编排体例，每列一字，皆是先列"古文"字形，然后"于本字之下直作字样之释，不为隶古，取其便识"。然其间有很多释文与字头"古文"并不相符，或是原本释误，或是传本写误，其间有大量以异体或通借字充作"古文"的释文。对于此，郑珍逐字进行考订，对于脱注或释误的释文，郑珍亦依他书补正。

1. 原本释误

如：

⿱：满。○中从古文"馬"，隶写即是"圂"字，《玉篇》口部有"圂"，音繁，盖⿱之隶变。⿱从口绊马足，作隶即不便于四点中加口，因改作此体。误认作"满"，不知自《义云》抑自郭氏。至从古文"馬"作之，则郭氏也。（698）

按，《玉篇》当是误认"圂"为羈。《说文》羈字正篆作⿱，或体作⿱，与圂构形有别。依此，圂应是从口馬声。馬属明母鱼部，满属明母元部，二字双声。

⿱：芙。○《集韵》"蔌"同"芙"，注"芙"误。"蔌"非古有，此更不体。（520）

按，此形乃"蔌"字，因古"失"声字与"或"声字读音相近，如《说文》"䠧，……读若《诗》'威仪秩秩'。"《诗·小雅·巧言》："秩秩大猷。"《说文》"䠧"字下引作"䠧䠧大猷"。古文"芙"与"蔌"相通之情况与此相同。[4]67故释"芙"误。"芙"与"芙"二字乃形体相近而误置。

⿱：杳。○《说文》："窅，深目也。从穴中目。乌皎切。"音与"杳"同，义则各字，混作一非。又更篆从本书"目"。（744）

娹：静。〇"妍"训"静",非即"静"字。更从古"女"。(915)

按,前一例因音同而误释。后一例字形本是"妍"字,因"妍""静"二字义同遂误释作"静"。此即所谓"义近误置"现象,即取同义或近义的词充作释文。

㤒：淫。〇篆,薛本同。义本"近求也"。"淫"从之,非即"淫"字。(767)

按,"㤒"本"罕"字,《说文·壬部》"罕,近求也"。郭氏此处因"淫"从"罕",遂误释作"淫"。

这几个方面构成了《汗简》释文错误的主要原因,也是郭书自身的原因。除此之外,后世传写也可能导致原本正确的释文讹脱而致误。

2. 传本写误

《汗简》自宋代成书流传至今,经辗转传抄,在原书的保存上难免出现讹误,或是字形的变更,或是释文的改就。释文讹误方面,郑珍主要通过与夏韵的对勘进行校正。通过对《笺正》资料的考证、分析,知后世传刻过程中,致使释文错误有两个主要原因:

(1)在传写过程中因二字相邻而致误

如:

黐：微。〇注文"微"与下"徵"当互易。此"徵"之古文黐写误。薛本"徵庸"等文见之。

黐：徵。(590)

按,此二字因相邻近而前后互窜。我们在研究或使用古文时,应特别留意这种误置现象,以免引起对古文的误解。

(2)混淆繁简字而致误

如:

祁：礼。〇古,本从示,注当作"禮"。薛本同。(505)

按,此形同《说文》"禮"字古文。"礼"是"禮"简化字,郭忠恕时代"礼"字还未通行,直到1956年经国务院公布才取得正体地位,郑珍认为注当作"禮",是。

除这两种情况外,还有一些错误释文,我们无法判断是郭氏自误还是传写致误,这里不再举例说明。

3. 脱注释文

郑珍笺正《汗简》,除指正错误外,还包括对脱注释文的补充。如:

䀇：此字条郭书缺释文，郑氏笺曰："释原阙。篆'䀇'字也。"（651）

按，郑珍写作"䀇"字，实是《说文》"䐺"字，"䢇也，从豆，蒸省声"。

柉：○篆"柉"字。（685）

按，夏韵业韵（144页）将此形释为"极"。今本《说文》（124页）："极，驴上负也"。"柉，极也"。段注："《广韵》曰，版置驴上负物"。"极，驴上负也。"是极、柉二字音义均近。

岀：（阙）。○并《华岳碑》文。（687）

按，此两形兼脱释文和出处，郑珍依夏韵补两形当出《华岳碑》，补"枖"乃"枕"字，但未笺"岀"形当是何字。据黄锡全考证，此或为"本"字。《说文》"本，木下曰本，从木，一在其下"。此下多一横。检《集篆古文韵海》杜将此字列入痕韵，释为根。《山海经·西山经》"其本如桔梗"，注："本，根也。"本、根典籍互训。[3]229

（三）考证字形出处

《汗简》每列一"古文"，释文之后多记"古文"出处，然其出处多有误记误写。凡郭书所引资料有传世者，郑氏笺正往往寻绎推勘，指明其误。对脱注出处者，亦详考证之。

1. 补证写脱出处例

如：

此类各例出处的脱误，当是因后世传写所致，郑珍笺正常明确指出。且大多数出处的考证，郑珍皆通过与夏竦《古文四声韵》的对勘进行校正。如：

彡：彡，思廉切，奇字，亦为"三"。○篆。云"奇字三"无所出。岂从彡之字隶变有作三者，误言之欤。原注所出书写脱。（509）

此例郑氏笺语明确指出"原注所出书写脱"，不过未考证出自何处。

按，夏韵谈韵录《云台碑》三作彡，录《汗简》作彡。据黄锡全考证知，古文字中"三"有斜书者，如彡（乙629）、彡（井侯毁）、彡（衛盉）等，与《说文》训"毛饰画文"之彡形、音同。[3]70

2. 考证出处注错例

如：

䄠：禅，见《尚书》。○部首已载《尚书》七文，此不应复出。且《尚书》无用"禅"字者，当注"说文"。今《说文》有古"视"、古"社"，

无此。或所见本"禪"有此古体。亦疑上二字出《说文》,此出别书。右旦形亦误。(507)

按,郑珍疑此字或当出《说文》,或出别书,不应注出《尚书》。夏韵線韵录《古尚书》禪字作禋,仙韵录《古史记》作禮。黄锡全认为《尚书》当是《史书》之误。《汉书·武帝纪》'脩天文禮',注引晋灼曰:'禮,古禪字。'郭取禮字,仿流传之古文作古,当作禮。"[3]68

3. 出处有待商榷者考

如:

魄:霸,并《尚书》。〇古。《尚书》无"霸",薛本亦无此字。盖《说文》"霸"下称《周书》"哉生霸",其古文作此形。郭氏因以为《尚书》。其实许君于"霸"下称《书》古文,魄恐出他经,不必同是书也。今《顾命》作"哉生魄"。薛本作"生魄",即是"顺逆"本字,不知何据。(715)

按,此例,郑珍考证《尚书》及《说文》各书,认为此形并非出自《尚书》,恐出自他经,尚未可知。同时判定:郭氏如此注盖是据《说文》而得。但是王国维认为《说文》引者"乃壁中古文。《汉书·律历志》引古文《尚书·武成》亦作霸。其由孔安国写定者,则从今文作魄。"[5]19 如此看来,或许此形确出自《尚书》,"霸"为古形,"魄"为今文。

经郑珍潜探确求,推本详证,则《汗简》"古文"真伪辨,释文与古文字头对应关系明,出处详,对于疏理《汗简》,研究"古文"奠定了深厚基础,还可以帮助我们认识许多战国时期产生的古文奇字,而战国文字的研究又能帮助我们对新出土战国文献进行研究与整理,从而为历史学、哲学等学科的研究提供研究资料。

三、沟通字际关系方面的价值

郑珍考证《汗简》,往往广泛征引,详尽论述。所作笺语,详细地考证了《汗简》的"古文"、释文,对古文字的研究极具学术价值。除此之外,郑氏笺语本身亦有重要的文字学价值。以汉字字形研究为例,郑氏笺语中就有大量沟通字际关系的例子,或可为今天的汉字研究提供思路和材料。这里我们略举几例谈一谈。

(一)塞、窣

窣:塞,古《月令》。〇篆。此"窒窣"正字。"塞"系"边塞"字,

经传并假"塞"为"窭"。郭所见《月令》"谨壅塞"、"闭塞而成冬"等文，盖有作"窭"之本。(642)

按，《说文》塞字正篆作𡪢，隔也，从土，窭声。段注云："𨸏部隔下云塞也，是为转注。俗用为窒窭字，而塞之义、窭之形俱废矣。……大徐作从土从窭，先代切。一部。按，此切音盖因俗通用此字，故以此切别于稣则切也。旧音本无不同。"[6]689 故郑说是。"窒塞""谨壅塞""闭塞"之"塞"字当本作"窭"字，"塞"本是"边塞"字，因经典常假"塞"为"窭"，故塞行而窭废。

(二) 忽、笏、曶

𣅀：忽。○篆。《说文》"笏"之本字。碑借作"忽"。(644)

𣅀：忽。○碑一形如此。按《说文》"冒"下称："《春秋传》曰'郑太子冒'。"《碧落》以"郑冒"今经传作"忽"，是"冒"、"忽"通，因用为"倏忽"字；又因"冒"隶变作"曶"改此形，非古也。今传"曶"鼎铭文有此，未必可信。(644)

按，《说文》曶，正篆作𣅀，"出气词也。从曰，象气出形。《春秋传》曰：郑太子曶。𣅀，籀文曶。"忽，正篆作𢗖，"忘也。从心勿声"。据徐在国考证，曶字曶尊作𣅀，史曶爵作𣅀，师害簋作𣅀 (《金》316页)。𣅀当由𣅀形讹变。[7]106 今本《传》曶作忽。阮元《校勘记》"按，曶与忽古今字。《论语》仲忽，《汉书·古今人表》作中曶"。曶、忽音同义殊，二者可通，此假曶为忽。《说文》又云："曶，一曰佩也。"是曶又假为笏。

(三) 吺与兜、驩与鹍

吺：兜。○篆。薛本同。本训"𠺕吺多言也"。据韩退之《远游联句》"开弓射鹍吺"孙注云："《史记》'藋吺'即'驩兜'字，《古文尚书》亦作'驩兜'为'鹍兜'。"考今《史记》本作"驩兜"，盖后人所改。郑康成注《尚书大传》亦作"鹍吺"，知伪作古书者依据史公、康成等假借字。(532)

鹍：驩。○此鹍吺字，说在口部"吺"下。薛本作"鹍"，从鸟从丹，不异。此更篆，两旁并从古形，有意衒奇。"驩"作"雚"则由写误。(613)

按，鹍吺即驩兜字。《书·舜典》放驩兜于崇山。驩兜，人名。吺，本训"𠺕吺，多言也"，兜，训作"兜鍪，首铠也"，即古代作战时戴的盔。吺、兜二字义别音近。伪作古书者依据史公、康成等假借。《说文》无鹍字。《玉篇》鹍，人面鸟喙。鹍、驩、雚等字音近假借。

（四）唐、煬、喝

歔：唐，出《碧落文》。○《说文》"唐"古文作喝。此"煬"字也。《一切经音义》引张揖《古今字诂》云："'唐'古文'煬'、'喝'二形同。"知汉魏间有用"煬"为"唐"者，因"喝"字傅会也。但《碧落》书"有唐"而取"煬"字，不思"煬"训"伤"，与以"裂肉"之"隋"为"随"何异？书人止炫其异，不顾其不详矣。（666）

按，《说文》"喝"即"唐"字古文。"煬，伤也。从矢，昜声。"古玺"煬"字作䥺（《玺汇》3921），与煬同。古音唐，定纽阳部，煬，书纽阳部。此假煬为唐。

（五）釐、䅶、釐

釐：釐。○汉嵩山太室石阙篆"釐"作"釐"。汉人说字，非止一家，盖有谓"釐"从来声者，故显卿作字如此。薛本《尚书》"釐"作"䅶"，盖亦本显卿等书。（673）

按，郑说是。师酉毁作䥺，隶定即为釐字。芮伯壶釐字作䥺，与此形类同，盖为䅶字所本。"釐"简省作䅶。据《字源》[8]1199所记，釐字，甲骨文为会意字，象手持物攴击"来（麦）"，以示获麦足食、丰收喜庆之意。西周以后有许多变体："来"或变为"未"，并加"里"为声，成为主要写法，延续至今；或省攴作。隶书或改"未"旁为"来"，上承甲骨文、金文，如釐。

（六）朝、晁、鼂

鼂：朝，并《尚书》。○薛本同。"鼂"本"匽鼂"虫名，故字从"黽"。古以同声借为"朝旦"字。《楚辞·九章》："甲之鼂吾以行"，《风俗通》"史鼂之后为鼂氏"，《汉·严助传》"鼂不及夕"是也。汉隶书"鼂"省作"鼂"，见《石门颂》，又省"鼂"作"晁"，见《戚伯著碑》。"晁"下与隶作"兆"同，楷书遂成"晁"字。此《前汉·鼂错传》之"鼂"《景帝纪》所以作"晁"。《上林赋》亦作"晁采"。颜注《纪》《传》、李注《文选》并云："晁，古朝字。"皆沿杜林之说。而杜以"鼂"为朝旦，《说文》已斥其非矣，造伪《尚书》者犹本之，又依俗省"旦"从"日"。（706）

按，鼂，《说文》读若朝，本虫名，因同声假借为"朝"。《楚辞·湘君》"鼂骋骛兮江皋"之鼂，《哀郢》"甲之鼂吾以行"之鼂，均借为"朝旦"字。据黄锡全考证，云梦秦简鼂作䥺，《仓颉篇》作䥺（篆隶13.12），与此形类同。"杜林以为朝旦"字，应有所本。又因汉隶书"鼂"作"鼂"，又省作"晁"，遂楷书作"晁"。又颜注《纪》《传》、李注《文选》皆云："晁，古朝字。"遂鼂、朝、晁三字通。

（七）圖、啚

㠱：圖。○"啚"字也。《说文》古"啚"，大徐作㠱，小徐作㠱，即此。"啚"从口、靣，"圖"从口、啚。以"啚"作"圖"，已见汉成帝时《韩勑修孔庙后碑》。而《一切经音义》屡云："卫宏《诏定古文官书》'啚'、'圖'二形同。"《官书》体式，皆对比两文，或本同字异形，或为经典通用。其书不必真出汉卫敬仲，亦不成于魏晋后人。"圖""啚"之合一字早矣。《干禄字书》云："啚圖，上俗下正。"依其时所用言之。（709）

按：此形与本书㠱（啚）形类同，即古"啚"字。啚即鄙字，与圖古同字。矢侯毁"成王伐商圖""遂省東國圖"，陈梦家认为"两圖字应读作边鄙之鄙。圖之作鄙，犹金文國之或作 或"（《西周铜器断代·宜侯矢毁》）。思泊师引吴北江先生曰："啚即古圖字，圖，谋也，议也。"[3]249 如郑珍言，"'圖''啚'之合一字早矣"，或读为 tú，或读为 bǐ。

（八）秬、鬯

鬱：秬，见《古尔雅》。○"秬"之正文，更篆从古"巨"。今《尔雅》"秬，黑黍"，用别体。郭所见本如此。（657）

按，《金文编》[9]356 收录旨壶鬱作㠱，伯晨鼎作㠱，知"鬱"字在西周已有简写形式，声符省作"巨"。本义是黑黍。据《字源》[8]453 所记，西周吴方彝有："易鬱鬯一卣。"即赏赐一卣用黑黍酿制的酒的意思。借代指酒。吕鼎："王易吕㠱三卣。"《说文》"鬱，黑黍也。"或体作"秬"。今本《释草》"秬，黑黍"，用或体。鬱与秬二字一正一俗。据《字源》所记，出土古文字材料中有"鬱"字而未见"秬"字，而传世典籍中仅见用"秬"字而未见用"鬱"字。如《诗·大雅·生民》："诞降嘉种，维秬维秠，维穈维芑。"

（九）苔、畬、合、答

畬：苔，出《牧子文》。○俗形"畬"字。（664）

畬：苔，出《石经》。○与入部《牧子文》"苔"同。夏作畬，是；此不合部首，误。"畬"当是汉世俗"苔"字，石经以为古文，必非邯郸书法。古"苔问"字止作"合"，《左传》"既合而来奔"是也。（671）

按，苔，作小豆解，名词；作应允、对答解，动词，后写作答。如《书·洛诰》"奉苔天命，和恒四方民，居师"。《汉书·郊祀志》"不苔不飨"。注曰："应也"。依郑说，"畬"是汉世俗"苔"字。又《左氏宣二年传》"既合而来奔"，注"合，犹荅也"。云梦秦简、马王堆汉墓帛书《战国纵横家书》等"荅"字并作"合"。据徐在国[7]23考，合字包山楚简作🗚、🗚，信阳简作🗚，望山简作🗚（《简帛编》410-411页），槁朝鼎作🗚（《集成》5·2693·2）。合是答字初文，陈侯因咨錞'合郙𣄴𢝊'即'答扬厥德'。李家浩认为："'昷'从'曰'从'合'声，对答之'荅'古文'昷'即此字的讹误。对答之'荅'，古文字作'合'、'昷'二形，可见'昷'实际上是'合'字的异体。"[10]544李说可从。

（十）簜、筹

筹：簜。○薛本同，依《说文》"簜"下称《夏书》"瑶琨筱簜"，是《书》古文作"簜"不作"筹"。"筹"别一字，"大竹筩也"。造伪本者不检如此。（634）

按，《夏书》，此指《禹贡》（参见卷二校勘记678页）。《书·禹贡》："厥贡惟金三品，瑶琨筱簜，齿革羽毛惟木。"《王力古汉语字典》（892页）：簜，大竹。《汉语大词典》（8卷1245页）簜："大竹。《书·禹贡》：'筱簜既敷。'孔传：'簜，大竹。'"。《说文》："簜，大竹也。《夏书》曰：'瑶琨筱簜。簜可为幹，筱可为矢。'"此二书皆引《禹贡》例阐释"簜"字，《汉语大词典》未收筹字。《说文》释"筹，大竹筩也"。

段氏注"簜""筹"二字，皆引《大射仪》"簜在建鼓之间"为例，注"簜"曰：簜者，竹名。以竹成器亦曰簜。笙箫皆用小竹，而云簜者，大之也。从竹，汤声。徒朗切。十部"。[6]189注"筹"曰："大竹筩也。《大射仪》：簜，在建鼓之间。按：当作筹。簜乃竹名，非其义也。笙箫之属而谓之筹者，大之也。从竹。易声。徒朗切，十部"。[6]194段氏虽注"以竹成器亦曰簜"，但又于"筹"下进一步指出，"簜"乃竹名，在建鼓之间者当作"筹"，乃乐器，二字只是读音相同，义当不同。

然《玉篇·竹部》："筹，竹器也。可以盛酒。"《集韵·簜韵》："筹，盛酒竹器。"二书将"筹"释为盛酒的竹器。《汉语大字典》又注"筹"亦可同"簜"，大竹。《正字通·竹部》："筹，同簜。"《经典释文》释《夏书·禹贡》（155页）亦曰"簜，徒党反，或作筹，他莽反"；释《尔雅·释草》（1665页）"簜，徒郎反，《说文》云大竹也。《尚书》云筱簜既敷是也。本或作筹，音同。案：《说文》筹，大竹筩也。《字林》他莽反"。陆德明此注从声音的角度训释"簜或作筹。"

王力《同源字典》簜、筹同属定母阳部，都有大的意思，且释簜、筹时亦是以《说文》《尔雅·释草》《书·禹贡》为例。（356）

从声音的角度说"簜""筹"二字音同，或可假借，然二字于本义上并不同，一是竹名，一表乐器，虽都与"竹"有关，但仍不可混淆。故郑珍依据《说文》

将"蕩""篡"二字区别开来是正确的。造伪本者当是不知此故而误将此篡形当作蕩之古文。

全书笺语中蕴含诸如此类字际关系的例子甚多，此处仅略举几例聊以说明其价值所在。

四、对文字研究资料的校勘价值

郑氏随文笺释中，不乏对文献资料的征引和指瑕，与观点相合者则直接引用，与观点不合者则顺带指出该书说法不妥之处，比如对今本《说文》、夏韵和段注等的匡正。所指正的错误，对该书的整理校勘具有参考价值，有助于还原本书原貌。同时《笺正》作为文字学著作，又可为后世研习《说文》等书提供大量可资借鉴的文字资料。

（一）对《说文》的匡正

郑珍在利用《说文》考证《汗简》时，也利用《汗简》《说文》中写逸或失收的"占文"、写讹的字形和脱误的注语进行补正。这一本分补正，郑氏《说文逸字》收录一部分，本文略举几例说明。

1. 补《说文》脱漏字

如：

㯱：貴。〇《说文》"貴"无重文，女部"妻"古文"叟"下云"肖，古文貴字"，此所出。（526）

按，此例考证郭书此形释作"貴"，当依《说文》"妻"字古文"叟"下释语"肖，古文貴字"而得。《说文》"貴"字下或可补古文形作"肖"。

㞢：步。〇《说文》"遠"古文㣟、"陟"古文䢔，此形所出。盖"步"字古文。今《说文》脱去，已收入《说文逸字》。（544）

按，《汗简》收录了"步"字古文体。今本《说文》遠、陟等字的古文体偏旁都从步，按《说文》收字原则，应当有步字古文，但今本《说文》脱漏了这个字。郑珍《说文逸字》据此收入了古文步字，认为"《汗简》'步'作'㞢'，所见许书似尚未脱。"

䀫：睇。〇今《说文》"夷"脱去古"㠯"，说详《逸字》。《说文》亦无"䀫"，而《玉篇》引《说文》"睇"作"䀫"，今本恐误。（602）

尼：夷，见《尚书》。○"尉"字从此。薛本同。今《说文》"夷"下失此古文，详《说文逸字》。（771）

按，《说文逸字·大部》尼（尼），古文"夷"。此字今本为"仁"之古文。按本书偏旁俱是"夷"字。"遲"或作"迡"，从尼声。"熨"从尼又持火会意。尼，平也；又持火以平之。知"夷"下本有此古文。

知同谨按，二徐原本并有此文。张有《复古编》取《说文》及"新附"三千余字，无外溢者。其形相类字中列"尼 尼"，云："上，古'仁'字；下，古'夷'字。"《集韵》"夷"下亦载古文"尼"，可证铉有（张氏"仁"作尼，从"人"；《集韵》同今本，从"尸"。未知孰是铉旧）。小徐注"迡""熨"下并云"尼音夷"，明据"夷"下古文言之。今亦脱。[2]99-100

弓：弹。○今《说文》脱此古文，详见《说文逸字》。（937-938）

按，今本《说文》："弹，行丸也，从弓，单声。徒案切。弦，弹或从弓，持丸。"《说文逸字》知同谨按："今本'弹'重文'弦'，注'弹或从弓持丸。'段氏以郭、夏所引正是'从弓持丸'改，今本从之。今考《通志·六书略》，《象形篇》'弓'下引《说文》'行丸也'。《会意篇》'弦'下引《说文》'行丸也。弹或作弦，从弓持丸；或作弓。'又《集韵·廿九换》《类篇·弓部》亦有'弦''弓'二或体。则铉本原'弦''弓'并有，段氏盖非。"[2]115

故结合《汗简》，可以断定《说文》原有"弹"字古文。"郑珍《说文逸字》考证了当为《说文》原有而后世版本遗漏之字一百六十五字，其中一些是古文。这些古文中的一部分就是根据《汗简》提供的线索所得。"[11]118

另：张涌泉先生认为，"弓"是"卷"字俗书，"'弓'及其孳乳字流行于六朝及唐代前期"且训与"卷"同。[12]332-337 后期学者或可据此综合考量《说文》此"弓"形为何字的问题。

2. 纠正《说文》讹误

如：

仝：全。○今《说文》古作仝，下不成体。此碑当据未误本。"纯玉曰全"，从収谓玉可捧执也。当据此改今本《说文》。（577-578）

按，此例指出今本《说文》全字古文，下不成体，当据《汗简》改今本《说文》全字古文作仝。

篧：皮。○"皮"籀作篧。上○以∀书之，横笔稍出，成此形。"卄"中断成"卄"，而非"竹"也；"卄"又变成"从"，而非竹部古籀文之"从"也。故《说文》古文"皮"作篧，此书竹部有"篧"，皆籀文○之转变。（587）

〿：皮。〇《说文》古、籀从竹者并作〿。古文"皮"亦作〿，上实非"竹"。作"竹"误，详前皮部。薛本《禹贡》"织皮"两见。（634）

按，由此两例知，今本《说文》皮字籀文、古文所从之〇、〿皆曰、廿讹误。另据黄锡全考证，从皮之波作〿（古玺）、〿（古陶），〿盗壶皮作〿，《说文》古文讹变作〿，〿形与石经、《说文》古文"竹"旁类同，故误从竹。[3]187 所以古文〿并非竹部。今本当以此正。

〿：畴。〇今《说文》"畴"重文"〿"注"畴或省"，误。"〿"象田畴，是最初象形字。许君当原注"古文"。以本书例之，如"〿"下出古文"兆"，"箕"下出古文"〿"，（此"，"书作"、"，依上下文改）"云"下出古文"云"，"渊"下出古文"〿"，其古文皆最初象形字，（此"，"书作"；"，依上下文改）篆文乃后出，从之加旁。"〿"之于"畴"，与诸字同，不得为或体。郭所见尚是古文。（640）

按，此例指出今《说文》注"〿"是"畴或省"当误，今本《说文》畴字古文字形当依此正。按，今本《说文》畴字正篆作〿，或体作〿。据黄锡全考证："甲骨文有字作〿、〿，诸家均释为畴。〿乃〿形省作，〿当是〿形讹误"。[3]193

〿：（同上）。〇薛本"〿、〿、〿、〿"四形互见，此取其二。今《说文》"〿"之古文有"〿"无"〿"，依同部中"〿"有籀文"〿"，则"〿"亦宜有籀文"〿"，故造伪书者两采古籀。（680）

按，今本《说文》桌字古文作〿（错本注籀文），上从西当是误〿为〿，再变从〿。段玉裁"古错作籀。今依大徐籀文卤从三卤，则籀文桌亦当从三卤。《玉篇》曰：〿，籀文。是也。疑许书本是一古一籀并载，转写失乱之。""〿部曰：卤古文〿。疑篆体当从卤，隶变作栗者，窃取古文从西之意。"[6]317

〿：本。〇古。薛本同。（681）

按：薛本《五子之歌》本作〿。夏韵混韵录《古尚书》作〿，录《古孝经》《古老子》"本"字并从〿作，此形少一画。今本《说文》古文省变作〿。疑今本《说文》脱一画。

无论是依《说文》考证《汗简》，还是对《说文》自身的考证，都是郑珍勤加研习的成果。尽管个别考证以维护许学为宗旨，稍有失偏颇，但在今天看来，郑氏对《说文》的考证，对研究《说文》仍有一定的参考价值。

（二）对夏竦《古文四声韵》的匡正

郑珍笺释《汗简》释文和出处，主要通过与夏韵的对勘进行校正。同样，郑珍也充分利用《汗简》和其他材料来补充、分析夏韵。

1. 考证夏韵字形正误

如：

形：丹，出《义云章》。○古文亦作"彤"从井，如此是"彤"字。郭误认偏旁，夏沿之。（656）

按，此形同三体石经《康诰》彤。《说文》丹字古文一形作彤，段玉裁认为"似是古文彤"。郑说当是。

星：星，见《说文》。○古星，象形当作〇，此以古文"口"作之，不合。夏沿之。（693）

按，今本《说文》星字古文作星。夏韵青韵（91页）录《说文》作星，上〇改从古文"口"，字少一画。

翼：翌。○夏作翼，并不可说。（708）

按，郑说是，夏韵职韵录《碧落文》作翼，今存碑文无此字，郭书、夏书所注当误。

2. 考证夏韵释文

如：

厂：曲，并出裴光远《集缀》。○此"阜"之古文厂也，裴误认，郭夏并沿之。（935）

余：余。○与口部"予"同，彼注"出石经"。夏以为"餘"，非。（664）

按，夏韵鱼韵（72页）录《道德经》餘作余，录《汗简》予作余。此形与余、余二形近似，郑说当是。

饇：饇，裴光远《集缀》。○注当作"飫"。《说文》有"飫"无"饇"，此字见《诗·角弓》。汉别出。夏以为裴氏"饱"字，误。（660）

按，《诗·角弓》："如食宜饇"，传："饇，饱也"。是饇饱义近，故夏直接列入饱字条。《说文》酉部有醧字，"私宴飲也。从酉，區声"。酉食义近，形符每可互作，……饇盖醧之别体。醧与飫、饇通。《说文》引《诗》"飲酒之飫"，今《诗·常棣》作"飲酒之飫"，《文选·左思魏都赋》张载注引《韩诗》作"飲酒之醧"。段玉裁认为醧为正字，飫为借字。[3]208-209

3. 考证夏韵字形出处

閽：昏，并《碧落文》。○碑无此，有闇字，郑承规释"闇"，郭盖误记，又误写也。按，自"埶"至"昏"十四字郭皆属之《碧落文》，夏各字注亦然。今据碑本，惟有"昊、景、圖"三字，餘并无之。"景"字亦正同《说文》，不如此作。郭并误记，夏沿之。（710）

按，此例郑珍考证了夏韵所注埶、昏等字出处不确的问题。郑珍依据碑本考证自"埶"至"昏"十四子唯有"昊、景、圖"三字出自《碧落文》。夏韵同郭书，各字亦如此，当是误记。疑此乃"闇"字。闇、昏二字义近。《礼记·祭义》"夏后氏祭其闇"，郑玄注："闇，昏时也。"夏韵当依此正。

（三）对《说文解字注》的匡正

⌒：下。○此两形不异篆文。以"一"为地，指其上下，作一直一横一点，古文亦随其宜。如单作⊥丅，则宜从丨，使不与"二、三"混。如为偏旁，作"辛、示、辰、雨"等字，势不能不作横画。许君每云"二，古文上"，而不特出"二"字，正以书势随宜，体实非两。特作"二"即与"二、三"无别，故须明之。金坛段氏改《说文》部首⊥为二，未瞭此也。（504）

按，此例不仅说明了许慎作《说文》的体例，又对段玉裁改部首"⊥"为"二"做了批评。郑珍批评的是。为了使不与"二、三"混便改"二"为"⊥"，则忽视了如单作"⊥"，则宜从"丨"；亦未考虑作偏旁时不能不作横画的必要性。

兆：别。○《说文》兆下云："兆，古文别。"合以虞翻说《尚书》"分北三苗"云："北，古别字。"（兆、北形近易乱，故《书》之兆写作北，犹兆之隶变亦以兆作"北"。仲翔经注当并是兆字，世从作"北"字本书之耳）是"兆"为古"别"字无疑。"兆"下称《孝经说》曰："上下有别。"正以明"兆"之所出。《集韵》作"有兆"，是据旧本也。段氏玉裁注《说文》，乃以"兆"为"卜兆"本字，以卜部"朴兆"为唐后俗增。谓称《孝经说》是说重"八"之意；许凡注"某，古文某"皆见于本书，"别"下未尝有"兆，古文别"，遂并兆注"兆，古文别"删去。不思许注云"某，古文某"者，每有不见重文，如"肖，古文贵"、"二，古文上"者，岂合尽删也。（527）

按，郑说是。兆乃公形稍讹变。"兆"字所从之"兆"，既非《说文》所谓从别，亦非段注说从兆，而是因与"北"（北）形近易乱而混。由《说文》"兆"下引《孝经说》曰"上下有别"，知此形所出。故"兆"为古"别"字无疑。

另，段注以为许书凡注"某，古文某"皆见于本书，而"别"下无"兆，古文别"，遂云"兆，古文别"该删去。殊不知许氏书例未必如此。亦有注"某，古文某"，于正篆下未见重文者。如"妻"下注"肖，古文贵"例，于"贵"字下却无此重文。亦或如"二,古文上"例。不可尽删矣。段氏失检。

郑珍所做的这种与各书互考的工作,不仅有利于自身研究的深入,对《说文》等的研究也具有参考价值,也为后世学者研究《说文》、段注、夏韵等奠定了基础。

五、结论

《笺正》作为研究《汗简》的第一部专著,从考证《汗简》古文入手,广泛征引,外部求证,对字形、释文、出处一一详加研核,有助于《汗简》古文的识别和研究。笺释中,亦不乏对字际关系的沟通,或分析字形演变规律,或区别正俗,所征引的各种文献资料及《笺正》本身,都可为文字演变研究提供借鉴,同时亦可对今本《说文》、段注和夏韵等的整理和还原本书原貌提供一些可靠资料,对其研究具有参考价值。这些不仅有助于推动郑珍的学术研究,对文字学的研究发展亦有帮助。

参考文献

[1] 李零. 出版后记[A]. //古代字书辑刊:《汗简》《古文四声韵》[M]. 北京:中华书局,2010.

[2] 郑珍著. 王锳,袁本良点校. 郑珍集·小学[M]. 贵阳:贵州人民出版社,2001.

[3] 黄锡全. 汗简注释[M]. 武汉:武汉大学出版社,1990.

[4] 李春桃. 传抄古文综合研究[D]. 长春:吉林大学博士论文,2012.

[5] 王国维. 生霸死霸考[A]观堂集林[M]. 北京:中华书局,1959.

[6] 段玉裁. 说文解字注[M]. 上海:上海古籍出版社,1988.

[7] 徐在国. 隶定古文疏证[M]. 合肥:安徽大学出版社,2002.

[8] 李学勤主编. 字源[M]. 天津:天津古籍出版社,2012.

[9] 容庚. 金文编[M]. 中华书局,1985.

[10] 李家浩. 包山二六六号简所记木器研究[A]. //国学研究(第二卷). 北京:北京大学山版社,1994.

[11] 陈奇. 郑珍对古文的研究[J]. 贵州文史丛刊,1987(5).

[12] 张涌泉. 汉语俗字研究[M]. 北京:商务印书馆,2010.

苗语固有词与汉语借词的结构差异
——以贵州省松桃县苗话为例

田再时[①]

【摘　要】苗语词法结构和句法结构并不一致。词法上，苗语固有词有"谓主型""正偏型""动宾型""中补型"和少量的"并列型""偏正型"结构。近年来，随着苗语不断从汉语里借代大量词汇，汉语词法特征在一定程度上渗透到了苗语固有词法层面，如苗语产生了少量的"主谓型""偏正型"结构的词。这些渗透主要不是构成成分的渗透，而是汉语特有的复合词构词方式的渗透。而汉语复合词构词方式的输入，将会丰富和改变苗语的词法结构类型。

【关键词】　固有词　借词　结构差异　渗透

引　言

传统语言类型学把世界语言分为四种：孤立语，又称词根语，指缺乏词的形态变化的语言，主要利用语序和虚词作为语法手段，如汉语、壮语等；黏着语和屈折语，这两种语言都有形态变化，黏着语中存在大量的黏着形态，屈折语中存在大量的屈折形态，"黏着语里每一个语法意义只用一个附加语素来表示，每一个附加语素也只表示一种语法意义，它的词根一般不发生变化，附加语素按照次序依次黏附在词根后面来构成新词或表示同一个词的不同形态。"[1]P109如日语、哈萨克语等，屈折语广泛使用词的屈折形态作为语法手段，如英语、俄语等；编插语，又称综合语，"句子是语言的基本单位，离开句子无所谓词，词（实际只是词根）包含在句子里，它通常以一个词根（一般是动词词根）为中心，在它的前后加上各种表示词汇意义和语法意义的成分组成一个整体。"[1]109如古亚细亚语、印第安语等。从以上四个方面来划分，苗语属于孤立语，没有形态变化，主要利用语序和虚词作为语法手段。例如："ne^{53}（人）"这个词，无论单复

---

① 作者简介：田再时，贵州师范大学文学院2013级汉语言文字学硕士研究生。

数都不发生变化，即既没有发生内部屈折也没有在前后添减别的语素，跟汉语一样，完全通过数量词来表示。另外，在苗语固有词里有不少的虚词，如"gu^{53}（跟）""to^{53}（被）""kɤ^{44}（把）"等。现代苗语借用汉语虚词来表示语法意义也是屡见不鲜。

我们用 S 表示主语，V 表示谓语，O 表示宾语。从逻辑上讲，S、V、O 有六种排列，分别是 SOV、SVO、VSO、VOS、OVS、OSV。这六种语序在人类语言中都存在。Dryer（1992）作过调查，共统计了 1057 种语言，其中 SOV 有 497 种，SVO 有 436 种，VSO 有 85 种，VOS 有 26 种，OVS 有 9 种，OSV 有 4 种。其中 SOV 和 SVO 这两种语序占 88.3%，而 OVS 和 OSV 仅占 1.2%。[2]P118-120 可见 SOV 和 SVO 是较为常见的语序，OVS 和 OSV 则比较罕见。我们一般都认为，苗语跟汉语一样，都是 SVO 型语言，例如："ue^{22}（我）tu^{53}（读）ntɤ^{44}（书）"；"u^{31}（他/她）tʻu^{22}（做）kɯ^{44} toŋ^{35}（劳动）"。但是，当苗语谓主结构的词单独成句时，其语序就成了 OS 了，这是一种特殊情况，我们将在下文再述。

从形态和语序上讲，汉苗语有很多共性的特性，都是孤立语，都是 SVO 型语言，但是我们不能因为这样就忽略了汉苗这两种语言客观存在的差异。

罗安源（2009）[3]119 在论述苗语的句法结构问题时曾指出，大多数人研究汉藏语言，"都按照汉语语法学传统习惯，用'主语、谓语、宾语、定语、状语、补语'六大成分来分析句子内部关系"。"一般来说，句法成分在句子中应有既定的'位置（地位）'。例如现代汉语，其主语在谓语之前，定语和状语都在中心语之前，宾语与补语都在中心语之后。各个句法成分在句子中的位置不能随意变动或根本不能变动，这种现象应称为'句法成分的不可移动性'。而在苗语（这里专指苗语湘西方言）中，句法成分的位置在一定条件下可以变动，从而出现'前主语、后主语、前谓语、后谓语、前定语、后定语、前状语、后状语'。这种现象，应称为'句法成分的可移动性'。"这也是符合松桃苗话句法特征的。

关于词法结构和句法结构是否具有一致性的问题，朱德熙（1984）[4]4 认为，现代汉语的句子与词组在构造原则上具有高度的一致性。此外，从汉语史中的"词汇化"角度来看，大量的双音节词组逐渐降级为双音节复合词，由此可以认为，现代汉语的词法结构和句法结构应该具有高度的一致性。那么，苗语的词法结构和句法结构是否具有一致性呢？在众多苗语语法研究论著中，尚未有直接触及到这个理论问题。据我们考察，松桃苗话的词法结构和句法结构并不一致。所谓"前主语与后主语、前谓语与后谓语、前定语与后定语、前状语与后状语"的提法，句法上是客观存在的，如苗语有"并列短语""主谓短语""谓主短语""偏正短语""正偏短语""中补短语"和"动宾短语"。然而词法上，松桃苗话固有词里只有"谓主结构""正偏结构""中补结构""动宾结构"和极少量的"并列结构""偏正结构"，没有"主谓结构"。可以说，松桃苗话句法结构类型在数量上要大于词法结构。于是，从汉语借词的角度来探讨汉语借词与苗语固有词之间在词法结构方面如何对应、有何差异等问题，具有相当的理论价值。

一、汉苗语"单纯词"与"合成词"的交叉对应

汉苗语词都有"单纯词"和"合成词"之分，合成词又有"复合式""重叠式""附加式"之别。这些类型在这两种语言里并不形成一一对应的关系。表示同一概念的事物，汉语是单纯词苗语是合成词，如汉语的"书"，苗语说成"pen^{53} ntγ^{44}ʅ；苗语是单纯词汉语是合成词，如苗语的"nt'e^{35}"，汉语说成"太阳"；汉语是甲类合成词苗语是乙类合成词，苗话是乙类合成词汉语是丙类合成词等。这种情况是很平常不过了。由于这一缘故，有些汉语词借入松桃苗话后不得不在结构上作相应地改造。

松桃苗话单音节名词数量较少，而附加式合成词数量特大，因为苗语单音节名词一般需要在前面添加词素（部分是冠词）构成前附加式合成词，特殊类型词（如部分瓜果类名词）无论单双或多音节都需要在前面添加词素构成前附加式合成词。所以不少汉语名词借入松桃苗话后都变成了前附加式合成词。例如：

汉语单音词	借入后的词	汉语复合词	借入后的词
驴	ta^{31} li^{35} （冠词）驴	核桃	pi^{44} he^{53} to^{31} （前缀）核桃
马	ta^{35} me^{44} （冠词）马	洋姜	pi^{44} iaŋ^{31} tɕiaŋ^{44} （前缀）洋姜
盆	qγ^{35} p'en^{35} （冠词）盆	柚子	pi^{44} i^{35} tsʅ^{31} （前缀）柚子
犁	qγ^{35} li^{35} （冠词）犁	石榴	pi^{44} ʂʅ^{35} liu^{31} （前缀）石榴
桶	qγ^{35} t'oŋ^{53} （冠词）桶	苹果	pi^{44} p'ien^{31} ko^{31} （前缀）苹果

极少数是变换词缀。如汉语"李子"，借到松桃苗话后，汉语后缀"子"去掉，换成苗语前缀"pi^{44}"，即"李子"变成"pi^{44}（前缀）li^{44}（李）"。

归纳起来有两类：一是汉语指称性单音节名词借入松桃苗话需要转化为前附加式合成词，二是部分表瓜果类汉语名词借入松桃苗话需要转化为前附加式

合成词。添增苗语固有词素主要有"ta³⁵""qɤ³⁵""pi⁴⁴"等，分别代表各自不同的三种类型名词："ta³⁵"是动物冠词，用在动物名词前；"qɤ³⁵"是静物冠词，用在静物名词前；"pi⁴⁴"是虚义前缀，用在瓜果类名词前，通常为圆形状的事物。

从理论上讲，汉语指称性单音名词借入松桃苗话都要转化为合成词，但表金属名称和个别新进的借词可变可不变为合成词。如："银""铜""铝""钢""电"等。另外，有少部分瓜果类借词一般不加"pi⁴⁴"，如："哈密瓜""西瓜""椰子"等。

二、汉语"并列型"与苗语"并列型"

苗语"并列型"词组特别丰富，类型多达十几种，[5]107-121 例如：

1. （名+名）+（名+名）　　　nt'e³¹ nt'e³⁵ m̥'aŋ³¹ m̥'aŋ⁵³　日日夜夜
　　　　　　　　　　　　　　　 日　 日　 夜　 夜

2. （名+形）+（名+形）　　　lɑ⁵³ q'a⁴⁴ lɑ⁵³ ntsʅ⁵³　田地贫瘠
　　　　　　　　　　　　　　　 田　旱　田　瘦

3. （动+动）+（动+动）　　　lo⁵³ moŋ⁴⁴ lo⁵³ ntɑ⁴⁴　问来问去
　　　　　　　　　　　　　　　 问　去　问　回

4. （动+名）+（动+名）　　　pɤ⁴² qa³⁵ pɤ⁴² nu³¹　杀鸡宰羊
　　　　　　　　　　　　　　　 打　鸡　打　鸭

5. （动+形）+（动+形）　　　noŋ⁴² qɤ³⁵ noŋ⁴² tɑŋ⁵³　吃得白白胖胖
　　　　　　　　　　　　　　　 吃　白　吃　胖

6. （动+副）+（动+副）　　　ntɕ'ia⁵³ ta⁵³ ntɕ'ia⁵³ sen³⁵　怕得要死
　　　　　　　　　　　　　　　 怕　死　怕　深

7. （形+形）+（形+形）　　　quen⁴² quen⁴² ntsʅ⁵³ ntsʅ⁵³　黄黄瘦瘦
　　　　　　　　　　　　　　　 黄　黄　瘦　瘦

8. （形+副）+（形+副）　　　zu⁵² t'ɯ³⁵ zu⁵³ iɑŋ⁴⁴　好极了
　　　　　　　　　　　　　　　 好　透　好　多余

9. （形+状）+（形+状）　　　nts'a³⁵ ʂei³⁵ nts'a³⁵ ʂe⁴⁴　干干净净
　　　　　　　　　　　　　　　 净（虚义）净（虚义）

10. （形+名）+（形+名）　　 zu⁵³ nt'e³⁵ zu⁵³ nu⁵³　吉日良辰
　　　　　　　　　　　　　　　 好　日　好　辰

11. （数+X）+（数+X）　　　 pei³⁵ le³⁵ p'a³⁵ men⁴⁴　四五个人
　　　　　　　　　　　　　　　 四　个　五　人

12. （冠+名）+（冠+名）　　 ta³⁵ qa³⁵ ta³⁵ nu³¹　鸡鸡鸭鸭
　　　　　　　　　　　　　　（冠词）鸡（冠词）鸭

但是，苗语"并列型"复合词却屈指可数。从构造方式上看，仅有"名词+

名词"型和"形容词+形容词"型两类。例如：

"名词+名词"	"形容词+形容词"
nɑ³⁵ kɯ⁴⁴　兄弟 兄　弟	lo⁵³ ɕu³⁵　大小 大　小
iɑ⁵³ kɯ⁴⁴　姐妹 姐　妹	ɕiɑ³⁵ hen⁴⁴　轻重 轻　重
l'ɑ⁵³ ɕie³⁵　线 绳　线	zu⁵³ tɕiɑ²²　好坏 好　坏

苗语大量"并列型"复合词借自汉语。苗语除了借用汉语"名词+名词"型和"形容词+形容词"型的并列式复合词外，还借用了"动词+动词"型并列式复合词。例如：

"名词+名词"	"形容词+形容词"	"动词+动词"
kue³¹ tɕiɑ⁴⁴　国家	ʂɛ³⁵ liaŋ³¹　善良	k'e⁴⁴ ke⁴⁴　开关
zen³¹ u³¹　人物	kɛ⁴⁴ tɕien³⁵　干净	ʂɯ⁴⁴ hue³¹　收获
iɛ⁴⁴ tɕɯ⁴⁴　烟酒	li³⁵ he³⁵　利害	tsʐ³⁵ li⁴²　治理
p'o³⁵ ho⁴²　炮火	p'o³⁵ liaŋ³⁵　漂亮	le³¹ uaŋ⁴²　来往
sʐ⁴⁴sen⁴⁴　师生	ɕien⁴⁴ ku⁵³　辛苦	me³¹ me³⁵　买卖

综上所述，苗语"并列型"组词异常丰富，类型繁多，但"并列型"复合词却出奇的少。苗语大量"并列型"复合词借自汉语。从结构上看，汉苗语都有"名词+名词"型和"形容词+形容词"型的并列复合词，而"动词+动词"型并列复合词在苗语固有词里并不存在。

三、汉语"主谓型"与苗语"谓主型""主谓型"

"谓主型"结构是松桃苗话常见的构词法。松桃苗话固有词里不存在"主谓型"结构。"主谓型"结构是松桃苗话主要的句法结构。

（1）松桃苗话"谓主型"结构

松桃苗话"谓主型"结构复合词的构造方法有两种：一是"形容词+名词"结构；二是"动词+名词"结构。例如：

苗语"形容词+名词"结构	苗语"动词+名词"结构
qe³⁵ me⁵³　忧愁 黑　脸	tɛ⁵⁵ ne³⁵　日升 长　日

续表

苗语"形容词+名词"结构	苗语"动词+名词"结构
qa⁴⁴ u³⁵　干旱 干　水	tɑ⁴⁴ ne³⁵　日落 掉　日
le⁴⁴ ɕie⁴⁴　肚量小 短　肠	qo⁵³ tɯ³⁵　摔倒 倒　土
tɑ⁵³ zo³¹　力气大 厉害 力气	tɑ⁴⁴ sa⁴⁴　幸灾乐祸 掉　歌
ŋo⁵³ ne³⁵　凶恶 凶　人	pio⁴⁴ tɤ²²　火熄/熄火 灭　火
tɑ⁵³ quɤ³⁵　幽默 厉害 玩笑	quɑ⁵³ tɯ³⁵　土崩 垮　土

　　判断一个结构是词还是短语，我们通常用扩展法。如果一个结构能够扩展，那么它就是短语，如果不能扩展，那么它就是词。但使用扩展法要注意三个条件：1. 扩展后语言结构的基本意义不改变；2. 扩展后组合关系不改变；3. 一次扩展后还可以继续扩展。[6]130 只有符合这三个条件的扩展才是成功的扩展。以上的词之所以为词，是因为它们都不能进行成功的扩展。我们不能用它们所对应的汉语语义来判断，如苗语词"tɑ⁵³ zo³¹"，汉语语义是"力气大"，汉语"力气大"当然可以扩展，如"力气特别大""力气特别特别的大"，但是苗语"tɑ⁵³ zo³¹"就不能扩展，中间不能加进任何成分。

　　目前苗语语法研究学者对"谓主型"结构复合词还持有异议。有人把"谓主型"复合词看作"中补型"复合词，把名词当作补语。向日征（1999）[7]98 把"lo²²（来）ne³¹q'a⁵³（客人）""tə⁴²（开）pei³¹（花）"中的"ne³¹q'a⁵³（客人）"和"pei³¹（花）"分别看作是动词"lo²²（来）"和"tə⁴²（开）"的补语。朱德熙（1982）[8]125 认为"补语只能是谓词性成分，不能是体词性成分。ᴧ而且ᴧ补语的作用在于说明动作的结果或状态ᴧ，回答的是"怎么样"的问题。名词显然不符合作补语的条件。还有人把"动词+名词"的"谓主型"复合词看作"动宾型"复合词，跟"动宾型"复合词的"动词+名词"结构等量齐观。我们认为，确定苗语"动词+名词"结构是"动宾型"复合词还是"谓主型"复合词关键在于看动词在该结构中所起的作用。如果动词是陈述或说明后面的名词，则看作"谓主型"复合词较为合理。如"tɛ⁵⁵（长）ne³⁵（日）"，前面的动词"tɛ⁵⁵（长）"是对后面"ne³⁵（日）"的陈述和说明，故而应该看作"谓主型"复合词。如果动词是支配或限制后面的名词，则看作"动宾型"复合词较为合理。如"hu⁴⁴（喝）u³⁵（水）"，前面的动词"hu⁴⁴（喝）"是对后面"u³⁵（水）"的支配和限制，故而应该看作"动宾型"复合词。松桃苗话既有"动词+名词"结构的"谓主型"复合词，也有"动词+名词"结构的"动宾型"复合词。

松桃苗话"动词+名词"结构的"谓主型"复合词数量不多，充当该结构的"谓主型"复合词的动词常见的有"qo⁵³（倒）""pio⁴⁴（灭）""tɑ⁴⁴（掉）"等。

（2）松桃苗话"主谓型"结构

松桃苗话固有词中没有"主谓型"结构复合词。"主谓结构"只在句法结构中出现。例如：

tɑ³¹ qa³⁵ qa⁵³　　鸡叫　　　　　　tɑ³¹ maŋ³⁵ nia³⁵　　猫叫
（冠词）鸡　叫　　　　　　　　　（冠词）猫　　叫

pɯ³⁵ moŋ⁴⁴　　我们去　　　　　　mu³¹ toŋ⁵³　　你听
我们　去　　　　　　　　　　　　你　听

lɤ²² ɤ³⁵ nɛ⁴⁴　　老二懒　　　　　ɕi³⁵ nɛ³⁵ lo⁴⁴　　明天来
老　二　懒　　　　　　　　　　　明天　来

tɛ³¹ tɛ³⁵ nɛ⁴⁴tɕia⁴⁴　　孩子哭　　nte³¹ lo⁴⁴　　人来
孩子　哭　　　　　　　　　　　　人　来

na³⁵ loŋ⁵³ tɕia⁴⁴　　龙哥蠢　　　tɑ³¹ ioŋ³⁵ tɑŋ⁵³　　羊子肥
哥　龙　蠢　　　　　　　　　　　（冠词）羊　肥

把这些结构看作是句法结构，理由是：一、这两个成分之间可以有语音的停顿；二、这两个成分之间可以插入别的成分。如："tɑ³¹ maŋ³⁵ nia³⁵（猫叫）"，中间停顿，"tɑ³¹ maŋ³⁵（猫）| nia³⁵（叫）"；插入成分"tɑ³¹ maŋ³⁵（猫）<u>i³¹ tsi³¹（一直）i⁵³（在）</u>nia³⁵（叫）"。

近年来，由于受到汉语词的影响，松桃苗话也出现了少量"主谓型"复合词。特点是用苗语固有语素按照汉语"体词+谓词"形式构成。例如：

ne³⁵ tɛ⁴⁴　　日升　　　　　　　　ne³⁵ tɑ⁴⁴　　日落
日　长　　　　　　　　　　　　　日　掉

这类"主谓型"结构复合词，可以将其位置颠倒过来，构成"谓主型"结构复合词，语义没有发生变化。即："ne³⁵（日）tɛ⁴⁴（长）"等于"tɛ⁴⁴（长）ne³⁵（日）"，"ne³⁵（日）tɑ⁴⁴（掉）"等于"tɑ⁴⁴（掉）ne³⁵（日）"。这种现象其实是作为强势语言的汉语对作为弱势语言的苗语在语法方面的渗透。如果苗语一个词既有"谓主结构"又有"主谓结构"，一般是"谓主结构"的运用频率要高于"主谓结构"的运用频率。从"标记论"上讲[9]22，"谓主结构"如"tɛ⁵⁵（长）ne³⁵（日）"和"tɑ⁴⁴（掉）ne³⁵（日）"是无标记项，而"主谓结构"如"ne³⁵（日）tɛ⁵⁵（长）"和"tɑ⁴⁴（掉）ne³⁵（日）"是有标记项。

句法上，松桃苗话既有"主谓句"又有"谓主句"。"主谓句"是常见句式，"谓主句"多数是"谓主型"复合词加上句调组成的句子。

（3）汉语"主谓型"与苗语"谓主型"

汉语只有"主谓型"复合词，没有"谓主型"复合词；苗语没有"主谓型"复合词，只有"谓主型"复合词。这决定了汉语借词跟苗语固有词在构造上的

不对称。例如:

借词"主谓型"	固有词"谓主型"
tɕi³⁵ tsen³¹ 地震	tɛ⁴⁴ nte³⁵ 日升 长 日
tsʅ³⁵ ɕio³¹ 自学	ta⁵³ zo³¹ 力气大 厉害 力气
mien³¹ tsu⁴² 民主	qe³⁵ me⁵³ 忧愁 黑 脸
fen⁴⁴ liu³¹ 风流	lio⁵³ ʂɛ³⁵ 胆子大 大 心肝
ɕin⁴⁴ ɕi⁴⁴ 心虚	lio⁵³ tɕiɯ⁴⁴ 腰粗 大 腰
nie³¹ tɕien⁴⁴ 年轻	nio⁴⁴ u³⁵ 水浑 浑浊 水
kue³¹ tɕʻien³⁵ 国庆	qɑ⁵³ tɯ³⁵ 土崩 垮 土
tsʅ³⁵ toŋ³⁵ 自动	lɑ⁵³ u³⁵ 干旱 干 水
tɕʻi³⁵ se³¹ 气色	pɑ⁴⁴ qe³⁵ 眼睛坏 坏 眼睛

汉语采用"主谓型"构词,苗语采用"谓主型"构词,其中并不存在优劣之分。但"主谓型"和"谓主型"本身的结构特点,反映了汉苗两个不同民族在认知方式上的差异。"主谓型"复合词是先指明事物的名称,再对事物进行陈述或说明。"谓主型"复合词是先对事物进行陈述或说明,再指明事物的名称。从强调的对象看,前者强调事物本身,后者强调事物状态。

从苗语固有系统角度讲,汉语借词的构造原则是不符合苗语语言特性的,按道理应该将借词"主谓型"转化为"谓主型"之适应。如把"地震"变为"震地","自学"变为"学自"。但实际上借词并不需要这样调整,而是直接将其运用到交际中。在苗语里,"主谓型"汉语借词整体上相当于专有名词,不需要对其内部结构作任何调整。

四、汉语"偏正型"与苗语"正偏型"、"偏正型"

"偏正型"和"正偏型"词所涉及的都是"中心语"和"修饰语"的位置关系问题。汉语复合词的位置关系很单纯,只有"偏正型"结构,而苗语两者兼有。松桃苗话"正偏型"和"偏正型"都涉及到词法和句法问题。

（1）松桃苗话"正偏型"结构

"正偏型"结构可分为两类："中定结构"和"中状结构"。在松桃苗话里，"中定结构"是词法结构，"中状结构"是句法结构。例如：

苗语"中定结构"	苗语"中状结构"
pen⁵³ tɕʻien⁵³ 红花 花　红	nto³⁵ tɕi³¹ tɛ⁵³ 直着走 走 *注 直
ɤ⁴⁴ tɕʻio³⁵ 旧衣裳 衣　旧	ʂu⁴⁴ tɕi³¹ tɛ⁵³ 直直地犁 犁 * 直
pi³⁵ qɤ³⁵ 白发 发　白	nto³⁵ tɕi³¹ ʂaŋ⁵³ 快点走 走 * 快
u³⁵ tɕʻien⁵³ 洪水 水　洪	pɤ³¹ tɕi³¹ ta⁵³ 用力打 打 * 厉害
pɯ⁴⁴ ntu⁵³ 木房 房　木	nie⁴⁴ tɕi³¹ ta⁵³ 大声哭 哭 * 厉害
ntF⁴⁴ tɕʻien⁵³ 红纸 纸　红	ɴqen⁵³ tɕi³¹ lo³⁵ 多挑一些 挑 * 多
ntei³⁵ ɕioŋ³⁵ 苗布 布　苗	pʻu⁴⁴ tɕi³¹ l̩ʻo³⁵ 多说一些 说 * 多
u³⁵ me⁵³ 泪水 水　脸	ɴqɤ³⁵ tɕi³¹ l̩ʻo³⁵ 多唱 唱 * 多

注：表中下面加上"*"的词是半虚义助动词。

"中定结构"为词法结构，这是苗语语法学者都认同的，这里不再详述。"中定结构"复合词的定语词性可以是形容词、动词、名词等三类。形容词，如"pen⁵³（花）tɕʻien⁵³（红）"的"tɕʻien⁵³（红）"；动词，如"kʻo⁴⁴（锄头）pʻɤ³⁵（挖）"的"pʻɤ³⁵（挖）"；名词，如"pɯ⁴⁴（房）ntu⁵³（木）"的"ntu⁵³（木）"等。

"中状结构"短语都必须在中间加上虚义助动词"tɕi³¹"，如果没有虚义助动词"tɕi³¹"，整体就变成了"中补结构"。如："nto³⁵ tɕi³¹ ʂaŋ⁵³（快点走）"去掉"tɕi³¹"变成"nto³⁵ ʂaŋ⁵³"后，意思就成了"走快"。"tɕi³¹"既是语音停顿同时也加深了语义程度。但值得注意的是，加上虚义助动词"tɕi³¹"不一定都是"中状结构"短语，有些是"中补结构"短语。如："hu⁴⁴（喝）tɕi³¹ tɕiu⁴⁴（尽）""tʻu⁴⁴（做）tɕi³¹ tsʻa⁴⁴（完）"。这里的"tɕi³¹"有"把……用（做）尽"的意思。

（2）松桃苗话"偏正型"结构

"偏正型"结构同样可以分"定中结构"和"状中结构"两类，在松桃苗话里基本上是句法结构，例如：

苗语"定中结构"	苗语"状中结构"
ue⁴⁴ pɯ⁴⁴ 我家 我　家	ʂaŋ⁵³ tʻu⁴⁴ 快做 快　做

续表

苗语"定中结构"	苗语"状中结构"
me^{53} nɑ^{35}　你哥 　你　哥	tɕi^{31} ku^{35} tɕʰie^{44}　多么舒活 多么　舒活
tɑ^{35} nie^{35} pi^{44} tʐ^{44}　水牛尾巴 （冠词）牛　尾巴	a^{31} tɕʻi^{53} to^{35}　一尺深 　一尺深
u^{53} tʻei^{44} nɑŋ^{44} ne^{53}　家乡人 家乡　的　人	ɕiʐ^{44} tɑŋ^{44}　站等 　站　等

但要注意，松桃苗话"偏正型"结构也有少量的词法结构存在。例如：

苗语"定中结构"	苗语"状中结构"
hɑŋ^{44} te^{53}　下寨 　下寨	pʐ^{53} ɕio^{53}　睡着休息（贬义） 　睡歇
lʐ^{53} qʐ^{44}　上面 　上坡	ho^{53} noŋ^{31}　煮着吃（有时带贬义） 　煮吃
tei^{53} qʐ^{44}　后坡 　后坡	tɕioŋ^{53} noŋ^{31}　坐吃（贬义） 　坐吃
hɑŋ^{44} qʐ^{44}　坡脚 　下坡	tɕia^{35} noŋ^{31}　炒着吃 　炒吃

把这些结构归为词法结构，是因为这些结构中间没有语音停顿，也不能插入别的成分。例如"hɑŋ^{44}（下）te^{53}（寨）""tɕioŋ^{53}（坐）noŋ^{31}（吃）"，中间语音停顿读成"hɑŋ^{44}｜te^{53}"、"tɕioŋ^{53}｜noŋ^{31}"，语流上是不允许的。它们由于长期使用，已经凝结成稳固的词了。有些词的词义已经不再是两个词素意义地简单相加。如"pʐ^{53}（睡）ɕio^{53}（歇）""tɕioŋ^{53}（坐）noŋ^{31}（吃）"的词义已经不再是"睡着歇息"和"坐着吃"了，还带有一种"好吃懒做"的感情彩色；"ho^{53}（煮）noŋ^{31}（吃）"，也通常带有贬义。

根据我们对语料的调查，"定中结构"只有当它表示方位义时，如"hɑŋ^{44} te^{53}（下寨）""lʐ^{53} qʐ^{44}（上面）"等，才为词法结构。而"状中结构"通常是整体义大于部分义的简单相加，则凝结为词法结构。

（3）汉语"偏正型"与苗语"正偏型""偏正型"

汉语只有"偏正型"复合词，没有"正偏型"复合词。苗语以"正偏型"复合词为主要，兼有少量的"偏正型"复合词。可见，汉苗语在这个构词层面上差异性是主要的，即汉语的"偏正型"复合词跟苗语的"正偏型"复合词是一对矛盾的两个方面。例如：

借词"偏正型"	固有词"正偏型"
pien^{44} ɕiɑŋ^{44}　冰箱	pi^{35} qʐ^{35}　白发 　发白

续表

借词"偏正型"	固有词"正偏型"
ɕio⁴² ʂo³¹　小说	pen⁵³ tɕʻien⁵³　红花 花　　红
tɕʻi³⁵ pʻe³⁵　气派	pɯ⁴⁴ ntu⁵³　木房 房　　木
tɕiɛ³⁵ lo³¹　电脑	u³⁵ me⁵³　眼泪 水　脸
kue³¹ tɕi³⁵　国际	pen⁵³ tɕio⁴⁴　胶盆 盆　胶
ma⁴² lu³⁵　马路	ntei³⁵ ɕioŋ³⁵　苗布 布　苗
tɕie⁵³ haŋ⁴⁴ he⁵³　解放鞋	l'a⁵³ tɕia⁴⁴ so³⁵　棕树线 线　棕树

说明：苗语没有"中状结构"复合词，这里的"偏正型"和"正偏型"仅举"定中结构"和"中定结构"的例词。

借词"偏正型"和固有词"正偏型"的差异其实不仅仅是汉苗语的差异。汉藏语系很多少数民族语言（如侗语、壮语、水语等）都是采用"正偏型"形式构词。这是一个极为普遍的语言差异现象。

松桃苗话固有的"偏正型"复合词包括"定中结构"和"状中结构"。其中"定中结构"复合词只出现在方位词里面。它跟汉语表示方位的"定中结构"复合词构造形式可以相对应，即方位词义都在左边。例如：

汉语"定中结构"方位词	苗语"定中结构"方位词
上面	lɤ⁵³ qɤ⁴⁴　上面 上　坡
下寨	haŋ⁴⁴ te⁵³　下寨 下　寨
后坡	tei⁵³ qɤ⁴⁴　后坡 后　坡
前坡	ɤ⁴⁴ qɤ⁴⁴　前坡 前　坡

松桃苗话方位词比较齐全，能够满足自身交际的需要，很少用借词。

苗语是"正偏型"结构的词，为什么方位词采用"偏正型"结构形式呢？原因应该是多方面的，有待进一步去探究。

在松桃苗话固有词里，"状中结构"复合词比较少见，跟汉语"状中结构"复合词构造形式是同一个道理。例如：

借词"状中结构"	固有词"状中结构"
ʐɯ³¹ tɕi³¹ 游击	pɤ⁵³ ɕio⁵³ 睡着休息（贬义） 睡 歇
ts'ɛ³¹ ɕio⁴⁴ 传销	tɕioŋ⁵³ noŋ³¹ 坐吃（贬义） 坐 吃
ts'en⁴⁴ ien³⁵ 春运	tɕia³⁵ noŋ³¹ 炒着吃 炒 吃

由此可见，松桃苗话虽然存在少量的"偏正结构"复合词，跟汉语借词"偏正结构"保持一致，但并不能改变这两种语言在构词方式上客观存在的较大差异。借词"偏正型"结构跟苗语固有词"正偏型"结构的对立依然是主要的。

五、汉语"动宾型"与苗语"动宾型"

"动宾型"结构复合词都是由"谓词+体词"构成，汉苗语没有差异。例如：

借词"动宾型"	固有词"动宾型"
sɻ⁴⁴ tɕi⁴⁴ 司机	ts'ɤ⁵³ ntu⁵³ 砍伐 砍 树
taŋ⁴⁴ tɕia⁴⁴ 当家	ɴqa⁴⁴ nte⁴⁴ 剪纸 剪 纸
tɕia⁴⁴ iɯ³¹ 加油	pɤ⁵³ ɕie³⁵ 打油 打 油
mei⁴² ʐoŋ³¹ 美容	ntso⁵³ ɤ⁴⁴ 洗衣服 洗 衣

罗安源（2005）[10]177 根据"句法成分可移动性"理论，认为松桃苗话具有"前宾语"。经我们考察，松桃苗话是否存在"前宾语"（或"宾动型"结构复合词）还值得商榷。罗安源的用例有三：（1）"te³⁵ mpa⁴⁴（女孩）pi³¹（生），te³⁵ ni⁵⁴（男孩）sɯ⁴⁴（养）"；（2）"na³¹（兽）tɕaŋ⁵⁴（狩）"；（3）"mlɯ²²（鱼）ʐaŋ⁴²（猎）"（《松桃苗话描写语法学》第177页）。我们认为，例（1）后面谓词"pi³¹（生）"和"sɯ⁴⁴（养）"是分别对前面体词"te³⁵ mpa⁴⁴（女孩）"和"te³⁵ mpa⁴⁴（女孩）"的陈述，属主谓结构短语；例（2）（3）语义理解有误：例（2）语义应该是"na³¹（肉）tɕaŋ⁵⁴（兽）"，例（3）语义应该是"mlɯ²²（鱼） ʐaŋ⁴²（幼）"，后一部分是对前一部分的修饰或限定，属正偏结构复合词。

罗安源提出苗语具有"前宾语"的观点由来已久，且在其论著中多次出现。如：《苗语句法成分的可移动性》[11]15《现代湘西苗语语法》[5]149-150《松桃苗话描写语法学》[10]177《汉苗语法教学札记》[3]221-222 等。但是，无论在其哪个论著中提到"前宾语"，罗安源的用例始终是以上这三个。可见，苗语即使存在"前宾语"，数量也不会太多。

六、汉语"中补型"与苗语"中补型"

"中补型"结构复合词的补语类型很多，如结果补语、可能补语、状态补语、程度补语等，汉苗语基本一致。

汉语"中补型"结构复合词的能产度不高，新时期以来几乎没有什么新词。松桃苗话"中补型"结构复合词在表达上基本可以自足，所以在交际中用到借词的机会很少。例如：

借词"中补结构"	固有词"中补结构"
kuɛ³⁵ mɛ⁵³　灌满	pɤ⁵³ tɑ⁴⁴　打落 打　落
io³⁵ tɛ³¹　要得	Nqe⁴⁴ qɛ³¹　看见 看　见
	kɯ³⁵ tɕ'i³¹　扫光 扫　光
	tu⁴⁴ zu⁵³　做好 做　好

松桃苗话虽然很少借用汉语"中补型"结构复合词，但是汉语"中补型"结构复合词中的某些核心语素却经常被借来充当松桃苗话"中补型"结构复合词中的核心语素。如："扩大"的"扩"，"抛开"的"抛"，"灌满"的"灌"，"缩小"的"缩"等，构成半音义译型借词如："mp'o⁴⁴（抛）tɑ⁴⁴（落）""so⁵³（缩）le⁴⁴（短）"等。

可见，借词"动宾型"和"中补型"复合词跟苗语固有词"动宾型"和"中补型"复合词的内部关系不存在差异。

七、小结

汉语借词和苗语固有词在词法上的区别，除了部分汉语单音节词借入苗语需要变为附加式合成词外，其余类型我们可以用这样一个表来描述，例如：

词法类型	词别	汉语借词	苗语固有词
并列型	名＋名	有	少量
	形＋形	有	少量
	动＋动	有	无
主谓型		有	无

续表

词法类型＼词别		汉语借词	苗语固有词
谓主型		无	有
偏正型	定中结构	有	少量
	状中结构	有	少量
正偏型	中定结构	无	有
	中状结构	无	无
动宾型		有	有
宾动型		无	无
中补型		有	有
补中型		无	无

综上所述，汉语借词与松桃苗话固有词在结构上既有差异又有一致的地方，主要表现在这几个方面：1. 在松桃苗话固有词里，多数单音节指称性名词和瓜果类名词需要在前加一个固定词素构成前附加式合成词才可独立使用。汉语单音节指称性名词和部分瓜果类的名词借入松桃苗话后基本上遵循这条规则，加上苗语固有词素构成前附加式合成词。2. 松桃苗话存在大量的"并列型"词组，但"并列型"复合词异常乏匮。松桃苗话中的"并列型"复合词基本上来自汉语。从结构上看，汉苗语都有"名词+名词"和"形容词+形容词"型的并列复合词，而"动词+动词"型并列复合词在松桃苗话固有词里不存在，完全借自汉语。3. 松桃苗话在句法上具有"主谓型"又有"谓主型"表达方式，以"主谓型"表达方式居多，但在词法上只有"谓主型"结构，没有"主谓型"结构，这跟汉语借词"主谓型"结构在构造方式上大相径庭。4. 松桃苗话固有词既有"正偏型"又有"偏正型"结构，以"正偏型"结构为主。而汉语借词只有"偏正型"结构，没有"正偏型"结构，从而使汉语借词"偏正型"结构跟苗语固有词"正偏型"结构的差异占据主要地位。5. 汉语借词"动宾型"和"中补型"结构跟苗语固有词"动宾型"和"中补型"结构的内部关系不存在差异。

国外语言学界就语言接触的阶段提出了这样观点[12]242-248：强势语言与弱势语言之间接触的第一阶段是前者向后者输出词汇，该阶段主要是弱势语言词汇系统受到影响；第二阶段表现为，由于大量词汇的输入，强势语言音系中的一些成分或特征常常也会渗透到弱势语言中，例如古英语中/f/和/v/原来只是同一个音位的两个条件变体，但随着大量的以"v"为词首音的罗曼语（主要是法语）单词（如 vain[空虚的]、veal[小牛肉]、verse[诗句]等等）的输入，英语的/f/

和/v/也就分化成两个独立的音位了；第三阶段表现为，强势语言的构词形态逐渐向弱势语言渗透，伴随着"incredible[难以置信的]、irradicable[难以根除的]"等等罗曼语形容词的输入，后缀"-able"也逐渐成为英语中能产的构词成分，如"lovable[可爱的]、unbelievable[难以置信的]"等等[13]155-156。

从这个角度来看，松桃苗话中一些非固有的词法结构模式（如"主谓结构"）在一定程度上反映出汉语-苗语接触第三阶段的一个特点：即汉语词法特征向苗语的渗透主要不是构成成分的渗透，而是汉语特有的复合词构词方式的渗透。而汉语复合词构词方式的输入，将会丰富和改变苗语的词法结构类型。

参考文献

[1] 伍铁平主编. 普通语言学概要[M]. 北京：高等教育出版社，2006：109.
[2] 陆丙甫，金立鑫. 语言类型学教程[M]. 北京：北京大学出版社，2015：118-120.
[3] 罗安源. 汉苗语法教学札记[M]. 北京：中央民族大学出版社，2009：119.
[4] 朱德熙. 语法答问[M]. 北京：商务印书馆，1984：4.
[5] 罗安源. 现代湘西苗语语法[M]. 北京：中央民族学院出版社，1990：107-121.
[6] 岑运强主编. 语言学基础理论[M]. 北京：北京师范大学出版社，1994：130.
[7] 向日征. 吉卫苗语研究[M]. 四川：四川民族出版社，1999：98.
[8] 朱德熙. 语法讲义[M]. 北京：商务印书馆，1982：125.
[9] 沈家煊. 不对称与标记论[M]. 江西：江西教育出版社，1999.
[10] 罗安源. 松桃苗话描写语法学[M]. 北京：中央民族大学出版社，2005：177.
[11] 罗安源. 苗语句法成分的可移动性[J]. 民族语文，1987（3）：14-17.
[12]（苏）兹维金采夫. 普通语言学纲要[M]. 北京：商务印书馆，1981：242-248.
[13]（美）萨皮尔. 语言论[M]. 北京：商务印书馆，1985：155-156.

《说文解字注》"浅人"说辨析

薄路萍[①]

【摘　要】 本文主要选取了上海古籍版《说文解字注》中 17 例 "浅人" 说。"浅人" 为段氏所称 "妄改"《说文》之人，对其大致可分为两大类，一是对篆体的改动，二是对说解的改动。其中对篆体的改动又分为四个小类，对说解的改动又分为五个小类。并结合前贤相关研究成果，对段氏所谓 "浅人" 说真伪作进一步考察论证，其中有 13 例为段氏可信，4 例为段氏不可信，对于我们学习和研读《说文》和《段注》具有借鉴意义。

【关键词】 段玉裁　《说文解字注》"浅人" 说

一、引言

段玉裁《说文解字注》的成就和价值毋庸置疑。自清代以来，研究《说文解字注》的论著可谓汗牛充栋。本文以徐铉校定本《说文解字》（中华书局，1963）及段玉裁《说文解字注》（上海古籍出版社，1981）为底本，通过统计整理，对 17 例 "浅人" 说进行考察和分析，段氏所谓 "浅人" 说可信的有 13 例，分别为 '蕲、叫、趏、嗥、祥、禋、詹、璟、莜、蔓、唸、虓、玭'。未可信的有 4 例，分别为 "踞、玼、壮、牛"。

二、"浅人" 对篆体的改动分类及考证

（一）"浅人" 增篆，段氏删篆

踞（踞），段氏删篆。

按：段玉裁删 "蹲" 下 "踞" 字条。《篆隶万象名义·足部》："踞，蹲也，在也，"

[①] 作者简介：薄路萍，汉语言文字学研究生。

(61A)① 《玉篇·足部》："《大戴礼》：'独处而踞。'踞，蹲也。"②（132）《左襄廿四年传》："皆踞转而鼓琴。"《汉书·高帝纪》："沛公方踞床。"《汉书·陈余传》："高祖箕踞骂詈，甚慢之。"慧琳《音义》卷13："蹲踞"条："上音存，下居御反。二字互相训，蹲，踞也；踞，蹲也。"（54，386b）③皆有"踞"。"踞"为"居"的增旁俗字，因汉时踞字已行，故许把"踞"列在足部。林昌彝曰："尸部，居下曰，俗居从足，错本作是，铉改为踞，复增于此。"[1](178) 张舜徽谓："古人造字，各有本义，凥为凥处之凥，居为蹲居之居。后世用字，则同声易混，既以居代凥矣，势不得不加偏旁作踞以为蹲踞字。相沿已久，约定俗成，许书遂亦兼录而并存之。全书中，类此者不少。段氏注本径删此篆，失许意矣。"[2](481) 徐灏也认为此处段氏不严密，不必据居字删许书篆也。故段删篆未可信也。

（二）"浅人"增篆，段氏未删

薙（薙）
《说文》："薙，除艸也。《明堂月令》曰：'季夏烧薙。'从艸雉声。"
《段注》："薙，除艸也……许君说文本无薙字。浅人所羼入也。"
按：《说文·艸部》："苐，'艸也'。"郑珍："按今本有'荑'，即'苐'之误。玄应《音义》卷十四云：'荑'，《说文》作'苐'可证。"[3](144) 礼记"薙氏"作"雉氏"，又作"夷氏"。"雉、薙、夷"古音同，故可通。又"荑"乃"夷"俗字，"薙"乃"雉"俗字。《说文·艸部》："荑，艸也。'荑'或作'薙'。"故许氏置"薙"入艸部，又因《说文·大部》："夷，平也。"故"薙"谓"除艸也"。"苐"为"薙"之本字，疑"薙"为浅人所羼入，段氏当可信。

叫（叫）
《说文》："叫，嘑也。从口丩声。"
《段注》："叫，嘑也……疑'叫'字浅人所增。"
按："叫"字或作"𠮙"（《传抄古文字编》汉1·10林）、𠯑（《传抄古文字编》汉1·4林）、𠲿（《传抄古文字编》四4·26籀）、𠴲（《传抄古文字编》四4·26籀）、吅（《传抄古文字编》四4·26籀）、𠱫（《传抄古文字编》海4·34）𠸶（《传抄古文字编》海4·34）。"䎕"或作"𠽃"（四4·26林），《玉残》作"䎕"。《周礼》："鸡人掌呼旦以䎕百官。"郑玄曰："以惊起百官使早与也。"又曰："衔权掌禁䎕呼。""嗷"古文作"䎕"（《传抄古文字编》四4·26籀）。

---

① 本论文所引中华书局版《篆隶万象名义》，以下皆简称为《万象名义》，其中"61""A"，分别表示的是页数、栏次，下同。
② 本论文所引北京市中国书店《玉篇》，其中"132"表示的是页数，下同。
③ 本论文所引佛经均据日本《大正新修大藏经》，以下简称为《音义》，其中"54""386""b"分别表示册数、页码、栏次，下同。

徐锴曰:"直声呼也。"《左传·襄公三十年传》:"或訆于宋大庙。"许见本作訆耳。杜注:"叫,呼也。"《引经考异》云:"许书口部叫下曰呼也,从口丩声。"訆"与"叫"音义并同,古今字耳。"《尔雅》:"大埕谓之咄也。"或为噭字,或为叫字,并在口部;或为訆字在言部。则咄、噭、訆、叫音义皆同,疑后人因"叫"与"噭、訆、咄"同。又因后世"叫"通行,疑后人误入《说文》。今"叫"为呼叫字,其余皆废。段谓浅人所增可信也。

(三)"浅人"移篆

趞(趞)

《说文》:"趞,趞趞也。一曰行皃。从走昔声。"

《段注》:"趞,趞也。……按'趞趞'双声字。疑篆当先趞后趞。……趞下云:'趞,趞也,从走昔声,今本盖浅人所乱'。"

按:大徐本作"趞,趞趞也",小徐本作"趞,趞趞也"。《玉篇·走部》:"趞,趞趞也,一曰行皃。"张舜徽:"《诗·周南·汉广》:'翘翘错薪。''翘错'与'翘趞'受义必同原。"[2](358)"趞趞"二字双声连绵词。据许书体例,当先'趞'后'趞'。今此二字误倒,《说文》不可通。《说文·走部》(清文渊阁四库全书本):"趞,趞趞也。一曰行貌,从走昔声。"王筠、钮树玉、马叙伦、严章福等皆以段氏为是。段说当可信。

(四)"浅人"改篆

噪(噪)

《说文》:"噪,声也,噪噪,从口橐声。"

《段注》:"噪,声也,噪噪。……《地理志》:'巨鹿鄡县',今《说文》作'鄡县'。'鄡'与'噪'疑皆浅人改作,非许书本字。"

按:《说文·木部》"枭,日至捕枭磔之,从鸟头在木上。"《汉书·高帝纪》:"'枭故塞王欣头'。注云:'悬首于木上是也'。"故义得引借,训枭首。《吕览》:"用民倒而投之潞水。"注云:"'倒杀也,又借倒为枭,与借鼎为枭相同'。"《广雅·释言》:"'鼎,磔也。'鼎亦枭之假借,其说同贾侍中,而皆不知鼎其颠倒本字也。"[4](5)《汉律》"鼎首"多借"枭"字。《玉篇·口部》"噪,古吊切,声也,亦作叫。"(98)《玉篇》有鼎无噪。以倒首之鼎爲声,即噪字。《广韵》亦无噪篆。《广韵》引《汉刑法志》:"鼎首,今《志》作枭首。"盖"噪"当为"噪",段说可信。

三、"浅人"对说解的改动及考证

(一)"淺人"增改術語

祥(祥)

《说文》:"祥,福也,从示羊声,一云善。"

《段注》:"祥,福也,凡统言则灾亦谓之祥,析言则善者谓之祥。……铉本此下有'一云善'三字,浅人所增。"

按:在训诂典籍中"一曰(云)"多用于多义词训释,凡义有两岐者,皆出一曰(云)之例。在《万象名义·示部》:"祥,善也,象也,吉也,告也,恎也。"(1B)《玉篇·示部》:"祥,妖怪也,又福也,善也。"(12)玄应和慧琳的《音义》卷二十:引《字林》:"祥,福也,善也,经文作辟,非也。"(057,54a)(54,593b)从以上可知"善"与"祥"的意义略同,故此处不应再出"一云善"三字。徐灏、桂馥、张舜徽、李学勤皆以段说为是,李学勤认为"善"乃"祥"之引申。以上皆证明段氏的这一观点,故段说可信。

禋(禋)

《说文》:"禋,洁祀也,一曰精意以享爲禋,从示垔声。"

《段注》:"禋,洁祀也。……凡义有两岐者、出一曰之例。《山海经》《韩非子》《故训传》皆然。但《说文》多有浅人疑其不备而窜入者。"

按:《万象名义·示部》:"禋,燎柴祭也,敬也。"(1B)慧琳《音义》卷九十一"郊禋"引《说文》"洁祀也。从示,垔,音同上。示音祇也。"(54,883a)皆无"一曰"。张舜徽、李学勤认为"古有烧柴祭天之礼,但取禋气上通,无酒礼牲牢之奠。"王筠曰:"'一曰'二字,为许君本文者盖寡,其为后人附益者,一种也;合《字林》于《说文》,而以'一曰'区别之者,又一种也;其或两本不同,校者汇集为一,则所谓'一曰'者由今人校书云,一本作某也,是又一种也。"[5](439)徐灏、桂馥等人皆同段说,此为浅人所增故可信也。

唬(唬)

《说文》:"唬,嗁声也。一曰虎声。从口从虎。读若暠。"

《段注》:"唬,虎声也。错本不误。铉本改爲嗁声。误甚。……此下错有一曰虎声四字。铉本此四字在从口之上。皆浅人误增。"

按:《说文·口部》:"唬,嗁声也,一曰虎声,从口从虎。"《万象名义·口部》:"唬,虎声也。"(44A)《玉篇·口部》:"唬,虎声也。"(101)《广韵》:"去声'禡韵'呼讶切:'唬,虎声'。"玄应《音义》卷五:《说文》"虎怒声也。"(056,1163c)皆曰虎声也。小徐本作嗁声也,盖初为之本,故校者记他本之异,而云一曰虎声也。大徐觉嗁声不通,而改为嗁声。宋保曰:"《说文》諕、號、唬三字皆从虎声，古音鱼、虞、模部内字多有药、铎转入萧、宵、豪韵中。"《楚辞·大招》"招""逃""遥"与虩为韵，足为唬从虎声之证。此处疑为虎声也，一曰虎声四字疑浅人所增，段说可信也。

（二）"浅人"增改或体字

璀（瑳）

《说文》："玼，玉色鲜也，从玉此声。《诗》曰：'新台有玼。'"

《段注》："玼，新玉色鲜也。……自浅人分别玼属二章、瑳属三章，画为二字二义，又于《说文》增瑳为训释。今删。"

按：《说文·玉部》："玼，玉色鲜也。瑳，玉色鲜白"《玉篇·玉部》："玼，玉色鲜也。"（18）《玉篇·玉部》："瑳，玉色鲜白也，《诗传》曰瑳，巧笑皃。"（18）《诗·鄘风》："瑳兮瑳兮，其之展也。"《诗·卫风》："巧笑之瑳。"《礼记》《大学》《释文》作"玼"，足证"瑳、玼"非一字。《诗》《释文》"玼"引沈云、王肃本或作"瑳"，则"玼"或作"瑳"。《广韵》曰："瑳，玉色鲜白也。""瑳"为经典屡见之字。笺曰：《鄘风》《释文》云：旧本皆前作玼，后作瑳，又两引《说文》玼，新色鲜也。瑳，玉色鲜白。然则唐以前《说文》旧本固如矣。"《系传》偶遗瑳篆，段氏因疑语而删之过矣，且既以瑳为或体亦当附见玼下，岂得直废之乎。由此认为"瑳"字非浅人所增，不当删。[6](p153) 故段说未可信也。

（三）"浅人"改字形结构

詹（詹）

《说文》："詹，多言也。从言从八从厃。"

《段注》："詹，多言也。……此当作广声。浅人所改也。"

按："詹"字殷商甲骨文和西周金文不见单用，多为构字部件：檐（檐）《战国文字·王命传赁节》檐（檐）（鄂君启车节）邻（邻）（战国文字 包86）瓛（瓛）《战国文字·包》174 緂（战国文字 郭缁16）䳲（䳲）（战国文字 上一缁）詹（西汉 老子甲后 225）膽（胆）（汉 居延简乙 450.20）。"檐"字"八"形（鄂君启车节）、"言"形《战国文字·王命传赁节》的上部连接，遂讹为从宀变成檐，后又加厂声作詹。古文字演变常于"厂"上加丿为饰，如矦字由厎而㡴（诅楚文），故詹字为詹，乃小篆所本。季旭升先生《说文新证》同段说，"《上博一·淄衣》简9'䳲'从畐，詹省声，读为'瞻'，所从'詹'的'言'旁和'畐'旁共笔，上部加'广'声。《西汉·老子甲后》也从'广'声。[7](p80) 许慎云"詹"，"厃"为意符故不确，段注以为声符则可信。

瑑（瑑）

《说文》："瑑，圭璧上起兆瑑也。从玉，篆省声。《周礼》曰：'瑑圭璧。'"

《段注》："瑑，圭璧上起兆瑑也。……从王，彖声。'彖声'依《韵会》所引锴本，今锴本亦作篆省声，又浅人改之也。"

按：《说文·竹部》："篆，从竹，彖声。""篆"从"彖"得声。《韵会·十七霰》引作"彖声"，盖小徐真本如此，大徐改为篆省，不知篆亦彖声。徐灏《注笺》从玉，彖声，原作篆省声，今从段订。[6](p151)何九盈谓"瑑、篆、彖上古皆元部字，中古瑑、篆归狝韵，彖归换韵，故误改彖声为篆省声。"[8](p153)故段说可信。

莜（莜）

《说文》："莜，艸田器，从艸，条省声。《论语》曰：'以杖荷莜。'今作'莜'。"

《段注》："莜，薅田器。……从艸，攸声。旧作条省声，乃浅人所改，条亦攸声也。"

按：《说文·木部》："条，从木，攸声。""条"从"攸"得声。《校义》认为"条省声"当作"攸声"。《尔雅》"条条"，本作"攸攸"，亦见《释文》。是攸、条古今字。何九盈谓："又莜，条均定母字，攸为喻四，改攸声为条省声，就因为中古喻四的音值与定母相差较远。"[8](7)故段氏谓"浅人"所改可信。

（四）"浅人"改复举字通例

蕧（蕧）

《说文》："蕧，茅，葍也。一名藑。从艸复声。"

《段注》："蕧，蕧茅，……各本无蕧字。此浅人不知其不可删而删之。"

按：《万象名义校释·艸部》："蕧，蕧茅也，葍华，又陵苕。"（210B）《玉篇·艸部》："蕧，蕧茅也。"（258）《广韵》平声清韵渠营切："蕧，蕧茅也。"可知"蕧"皆训"蕧茅也"《尔雅·释草》："葍，蕧茅。"郭璞《注》："葍，华有赤者爲蕧。蕧、葍一种耳。"郭在贻谓："段氏曰《说文》'凡艸名篆下必云盖艸也'，以复举篆文，……浅人不知，则以为赘而删之，不知'葵菜也''盖艸也''河水也''江水也'，皆三字一句，首字不逗。"[9](394)从《说文解字诂林》可以看出各家都遵循段氏的说法应补出"蕧"字。[10](1574)其中笺曰："邵氏晋涵云木槿名藑而蕧茅亦名藑者，正谓其华赤似木槿也。"[6](180)此处为浅人所删，因而段说可信也。

唸（唸）

《说文》："唸，吚也。从口念声。《诗》曰：'民之方唸吚。'"

《段注》："唸，唸吚，呻也。今本无唸者、浅人以爲复字而删之。……。"

按：《玉篇·口部》："唸吚，呻吟也。"（100）《广韵》去声霰韵丁练切："唸，唫呀，呻也。亦作殿屎，经典又作殿屎。"《大雅》文，今作"殿屎"，《说文》作"唫呀"。朱骏声《通训定声》："唫，《诗·板》：'民之方唫呀。'本以'殿屎'为之，传：'呻吟'。《尔雅》：'殿屎'呻也。"（93B）依全书通例补正为"唫呀、呻也。"各家都同意段氏的说法，因而段说可信也。

（五）"浅人"删、改、伪脱说解中的字

壮（壯）

《说文》："壮，大也，从士爿声。"

《段注》："壮，大也。……当云大士也。故下云从士，此盖浅人删士字。"

按：《万象名义·士部》："壮，大也，健也，害也。"（15A）《玉篇·士部》："壮，健也，大也。《诗》云：'克壮其犹'"（46）《广韵》去声漾韵侧亮切："壮，大也。"《诗·小雅·采芑》："方叔元老，克壮其犹。"《毛传》："壮，大。"《段注匡谬》按："壮，大也。"[11](11) "壮"字首见战国，从士，爿声。此时"士"字的意思已经指男性。《诗·郑风·秦洧》："维士与女，伊其相谑。"笺曰：《说文》所从之偏旁训释中不必尽见，全书不可枚举。"[6](163)张舜徽曰："《尔雅·释诂》：'壮，大也。'"此盖许书所本。其字既从士，不必云大士，而人大之义可见也。士及为少年未娶妻者之称，则壮者乃指丁盛之年，血气方刚之时也。[2] (94)陆德明《释文》："庄，一本作壮，侧亮反，大也。"[12](1579)《尔雅·释诂上》《尔雅·释天》："八月为壮。"郝懿行《尔雅·义疏》："壮者，大也，八月阴大盛"。《方言》卷一："秦晋之间，凡人之大谓之奘，或谓之壮。"可知"壮"本大义，不必训"大士"，故段氏未可信也。

牛（牛）

《说文》："牛，大牲也。牛，件也；件，事理也。……凡牛之属皆从牛。"

《段注》："牛，事也，理也。……此与"羊，祥也；马，怒也、武也"一例。自浅人不知此义，乃改之云'大牲也；牛，件也；件，事理也'。"

按：《万象名义·牛部》："牛，大牲也。"《玉篇·牛部》："牛，大牲也。黄帝服牛乘马。"（427）《广韵》平声尤韵语求切："牛，大牲也。"《匡谬》"段氏因件字为十九文之一，《说文》本无谓牛件也为浅人所并。大牲之训亦以为非而去之，反用事理二字分释，杜撰成文，居然自谓与《说文》云：'羊，祥也。马，怒也、武也、一例'若。"[11](5)高田忠周在《古籀篇八十九》：'盖牛之用，主于牲，故先云大牲。牛，件也，件，事理也。疑注家说，转写者误为本耳。'"[14]

马叙伦《六书疏证》按《本草纲目》引许慎曰：'牛，件也。'牛为大牲，可以件分事理也。其文象角头三、封及尾之形，与今本不甚同，未详所据。"说解盖本作'侔，件也。'以声训也，牛则隶书复举字也，侔误为件，读者遂增'大牲也'一句，复不敢删'牛，件也之'句，因增'件，事理也'以解之，传写遂成今文，象角头三封尾之形者，本作象形。[13](113)李孝定谓："《说文·牛部》：'牛，事也，理也'，各本作'大牲也'。牛，件也，事理也，此据段注改，定按，各本牛下说解固觉不辞，段氏所改亦未惬人意，以意度之，当以作大牲也三字为是。"[15](0288)因而段说未可信也。

珌（珌）

《说文》："珌，佩刀下饰，天子以玉。从玉，必声。"

《段注》："珌，佩刀下饰，天子以玉。……天子珧珌，此当人云：'天子以珧，诸矦以玉。'浅人妄窜改之。"

按：《万象名义·玉部》："珌，刀上饰也。璏，同上。"（4A）《毛传》云："天子以珧"。《说文·玉部》："珧，天子珧珌"。朱骏声《通训定声》作"天子以珧"。[16](638)张舜徽认为："书经传写，转多伪脱。或原文本作'天子以珧'"，珧字右半灭脱，而遂伪省为玉耳。[2](61)《经典释文·卷六》："珌字又作璏，賔一反，佩刀下饰珧珌。"[12](1579)故段氏所言是也。

四、结语

"浅人"说是段氏研究《说文》的重要内容之一，也是段氏学术成果的重要体现。但至今学界对于"浅人"说仍看法不一，未能成系统。本文通过对《段注》中"浅人"说的研究，可以说充实了这一方面的内容。对于选取《段注》中的17例，通过考证发现期中13例为段氏可信，4例为不可信。因而，为我们能客观公正地重新认识许慎和段玉裁在学术上得失、还原《说文》的本来面貌起到了借鉴和参考价值，也为古籍整理、校读提供了丰富的材料。

参考文献

[1] 桂馥. 说文解字义证[M]. 上海古籍出版社，1987.

[2] 张舜徽. 说文解字约注[M]. 武汉：华中师范大学出版社，2009.

[3] 王瑛，袁本良. 郑珍集·小学[M]. 贵州：贵州人民出版社，2002.

[4] 张揖. 广雅[M]. 北京：商务印书馆，1936.

[5] 王筠. 说文释例[M]. 武汉：武汉市古籍书店影印，1983.

[6] 徐灏. 说文解字注笺续修四库全书[Z]. 上海：上海古籍出版社，1995.

[7] 季旭升. 说文新证[M]. 福建：福建人民出版社，2010.

[8] 何九盈. 《说文》省声研究[J]. 语文研究，1991.

[9] 郭在贻文集. 新编训诂丛稿[M]. 北京：中华书局，2010.

[10] 丁福保. 说文解字诂林[M]. 北京：中华书局，1988.
[11] 徐承庆. 说文解字匡谬[M]. 续修四库全书[Z]. 上海古籍出版社，1995.
[12] 陆德明. 经典释文[M]. 上海：上海古籍出版社，2013.
[13] 马叙伦. 说文解字六书疏证[M]. 北京：科学出版社，1956.
[14] 高田忠周. 古籀篇[M]. 名著普及会，1925.
[15] 李孝定. 甲骨文字集释[M]，台湾：台湾中央研究院历史语言研究所，1970.
[16] 朱骏声. 说文通训定声[M]. 武汉：武汉市古籍书店影印，1983.
[17] 吕浩. 篆隶万象名义校释[M]. 上海：学林出版社，2007.
[18] 董莲池. 说文解字考正[M]. 北京：作家出版社，2004.
[19] 桂馥. 说文解字义证[M]. 上海：上海古籍出版社，1987.
[20] 李圃. 古文字诂林[M]. 上海：上海教育出版社，1999.
[21] 郭秋媛. 段玉裁《说文解字注》"浅人"说疏证[D]. 华东师范大学，2015.
[22] 刘秀华. 论段玉裁对《说文》的勘误成就[D]. 曲阜师范大学，2008.
[23] 周觐. 说文段注改字互训研究[D]. 湖南师范大学，2013.
[24] 高明，涂白奎. 古文字类编（增订本）[M]. 上海古籍出版社，2008.
[25] 蒋冀骋. 说文段注改篆评议[M]. 湖南教育出版社，1993.
[26] 李学勤. 字源[M]. 天津古籍出版社，2012.
[27] 徐在国. 传抄古文字编. 北京：线装书局，2006.

揣测副词"敢是""怕是"的比较研究

魏 雪[①]

【摘 要】"敢是""怕是"都是现代汉语揣测情态词,但二者在具体用法上有明显差别。具体而言:语义侧重点上,"敢是"侧重单纯的揣测意义,"怕是"侧重因为担心、忧虑的揣测意义;语义确信度上,"怕是"高于"敢是"。句法上,"怕是"能选择第一人称与将来时态,"敢是"则几乎不能。语用功能上,"怕是"倾向否定意愿表达,"敢是"则没有这种限制;语气表达上,"敢是"比"怕是"更委婉。同时分析出现以上差异的原因。

【关键词】 敢是 怕是 揣测副词

一、引言

"敢""怕"原本都是心理动词,在语义上是反义词。"敢"表示有勇气、有胆量做某事,"怕"表示担心、害怕做某事,但是二者后来均经过语法化演变出新的意义和用法,成为表示揣测的测度副词,同时在"F是"结构固化作用的影响下,又都发展出相应的揣测副词"敢是""怕是"。叶建军[1]79对测度副词"敢"和"敢是"的形成及演化进行了深入的探讨。高增霞[2]对汉语担心——认识情态词"怕"的语法化过程进行了有益探索。王亚群[3]就"怕是""怕不是"进行了全面细致的比较研究。我们感兴趣的是揣测副词"敢是""怕是"在共时平面具体用法上有何异同及存在差异的原因。

"敢是""怕是"都是现代汉语典型的揣测情态词,都能表达揣测情态,但是二者在具体用法上存在明显的差别,请看下面的例句:

(1)代表们半是玩笑、半是认真地发问道:"阿曾呦,你们的这支娘子军怕是打不过曾文正公的那支湘军吧?"(李卫平《阿曾妈妈》)

(2)这两捆柴,敢是给亮亮妈砍的吧?(史铁生《我的遥远的清

[①] 作者简介:魏雪,贵州师范大学文学院14级硕士研究生。

平湾》）

（3）不久我就得到了理所当然的破格殊遇。事后我曾想过，这回答怕是真的不合适，难怪老领导说我嘻皮笑脸，不肯认罪服罪。（黄裳《读<辣味集>》）

（4）他接过名片，放进他的抽屉，咕噜着："我怕是一辈子也用不完它！"我一听，就来了气："你可以去送人呀！难道你……（刘晓明《模范丈夫从家庭叛逃》）

例（1）（2）言者用"怕是""敢是"分别对"你们这支娘子军能不能打过曾文正公的那支湘军""这两捆柴是不是给亮亮妈砍的"进行揣测，"怕是""敢是"完全可以互换，都是表示单纯的揣测情态。但是例（3）（4）中"怕是"就不能换成"敢是"，说明在现代汉语中，"敢是"和"怕是"虽然都可以表达揣测情态，但是这二者也有很大的区别，不能随意替换。

二、语义分析

揣测副词"敢是""怕是"在语义上都能表示揣测意义，都能反映出言者对所述事情的不确定的情感及态度，是典型的揣测情态副词，但二者在具体语义上有明显差别，主要表现在以下两个方面：语义侧重点和语义确信度。

（一）语义侧重点

《现代汉语词典（第六版）》[4]423,965收录了这两个词，释义"敢是"为副词，"莫非、大概是"；释义"怕是"为副词，"表示推测或估计（有时含有担心意）"。"敢是"是一般揣测情态副词，语义上主要表示单纯的揣测意义；"怕是"语义上不仅具有揣测语义，还有担心、害怕意义。因此"敢是"语义上侧重单纯的揣测意义，而"怕是"语义上侧重因为担心、忧虑的揣测意义。

（5）这位客官，敢是失迷路途了不成？（朱秀海《乔家大院》）

（6）这不像是去李庄的道儿，敢是走错了吧？（《现代汉语词典》）

（7）父亲病危的电报送到前线，王全东的父亲几年前就已瘫痪在床，这次怕是凶多吉少，队长刘振启派人硬把他从工地拉回来，……（1994年报刊精选）

（8）…晕，不知是缘于酒，还是二爷讲的故事。她只是觉得今晚的逃跑计划怕是难以实现了。（《石门夜话》尤凤伟）

例（5）"敢是"与"不成"同现，揣测"客官是不是迷路了"，例（6）"敢是"对"是不是走错了路"进行揣测，以上两例"敢是"都是表示揣测情态的用法，表示单纯的揣测义。例（7）（8）"怕是"都是出于说话者的担心或忧虑而发出的揣测，此时"怕是"不能换成"敢是"，"敢是"表达不出说话者在揣测之中的担心、忧虑情态。究其原因，认识情态词"怕是"是由"担心——认识情态词"发展而来，我们认为它或多或少还带有一些"担心、忧虑"的底层痕迹。

(二) 语义确信度

现代汉语中揣测副词"敢是""怕是"都表示揣测情态，但是在表达揣测情态的确信强度上表现出明显差异。"怕是"在语义上的确信度较高，"敢是"在语义上的确信度较低。我们具体从以下两个方面来说明：对功能语气的选择倾向和共现词（"的[①]""真（的）"）。

1. 对功能语气的选择

齐沪扬（2002）[5]引入言语行为理论将汉语的语气系统分为功能语气和意志语气，其中功能语气包括陈述语气、疑问语气、祈使语气和感叹语气。揣测副词"敢是""怕是"表达的揣测情态与表示命令要求的祈使语气在语义上相矛盾，所以二者都不能用于带有祈使语气的句子。但是二者在对陈述语气、疑问语气和感叹语气的选择上表现出明显的倾向性差异。二者都能选择感叹语气，但"敢是"倾向于选择疑问语气，"怕是"倾向于选择陈述语气。为了更加清晰地反映"敢是""怕是"在功能语气选择上的倾向性差异，我们随机检索了"敢是"300条语料、"怕是"400条语料制成表1：

表1："敢是""怕是"对功能语气的选择倾向表

数量 语气	敢是（300）		怕是（400）	
	数量	百分比	数量	百分比
疑问语气	240	80%	22	5.5%
陈述语气	46	15.3%	357	89.25%
感叹语气	14	4.7%	21	5.25%

从表格中我们发现，"敢是""怕是"都能选择感叹语气，但选择频率很低；"敢是""怕是"都能选择疑问语气、陈述语气，但"敢是"主要倾向选择疑问语气，"怕是"主要倾向选择陈述语气。这表明二者在功能语气的选择倾向上表

[①] 此处助词"的"表示"情况确实这样"。

现出显著差异。

疑问语气信疑参半，确信度低，"敢是"倾向选择疑问语气表明其确信度较低；陈述语气是客观叙述、描写特定事实或事件，确信度高，"怕是"倾向选择陈述语气表明其确信度较高。请看下面例句：

（9）方必春一边推开门，一边应道："我呀，大妈。""必春，我以为是谁呢，敢是开完会了？"大妈坐在正厅上，双眼透过老花眼镜瞅了大妈拉也拉不住，……（厦门日报1965年2月）

（10）胡有标……发现死亡离他竟是如此之近！"秦汉……，你要干什么？军中严禁持械私斗，你敢是不想活了吗？"（寂寞剑客《秦汉》）

例（9）"敢是"不能用"怕是"替换，因为"敢是"确信度较低，半信半疑，用"敢是"句子表达言者对"你开没开完会"信疑各半的揣测。例（10）"敢是"与用在句末表示疑问的语气词"吗"共现使用，更说明"敢是"的确信程度较低；"怕是"一定不能与"吗"共现使用，如果必须用"怕是"，需要与语气词"吧"一起使用，"你怕是不想活了吧？"表示偏于肯定的揣测，如此言者所表达的意思就发生了变化。另外，从听说双方角度看，例（9）（10）中"敢是"也不能换成"怕是"，其中"大妈对必春有没有开完会""胡友标对秦汉想不想活"并不能确定，可以说各占一半，而换成"怕是"则表示偏于对某一方面的肯定性推测。

2. 共现词语

共现词是两词辨析的重要方面，"敢是""怕是"在共现词方面的差异主要体现在能否与"的""真（的）""吗"的共现上。《现代汉语八百词》[6]释义"真"为副词，表示"实在、的确"，用来加强肯定。《现代汉语词典（第六版）》[4]272 释义"的"为助词，用在陈述句的末尾表示肯定的语气；释义"吗"为助词，用在句末表示疑问[4]865。"真（的）""的"本身就具有肯定、确认的语气特点，如果一个词能与之共现则表明这个词也具有高确信度的语义特点。"吗"表示疑问，一个词与之共现则表明此词确信度较低。揣测副词"怕是"在陈述语气的句子中经常与表示加强肯定、确认语气的"真（的）""的"共现，表示偏于肯定的揣测或推断，而"敢是"不能与之共现。但"敢是"能与"吗"共现使用，"怕是"则不能。因此可以说"怕是"在语义确信度上高于"敢是"。

（10）那车是吴大水花二十万买来的，手续都全，硬给他拿走，他真怕是接受不了。（谈歌《大厂》）

（11）玉儿妈赶紧拿了一件棉袄走出来，说刚才她也是一阵心跳，怕是真的出事了。（戴厚英《流泪的淮河》）

（12）"唉，谁知道呢！"孙俊英忙插断他的话，"这几天伤疤又发紫啦，怕是挑东西压坏的。（冯德英《迎春花》）

（13）即道："教主这是何意？""这是何意，应该问你自己！""敢是为了下毒之事吗？""知道就好，来来来，我符立这条命反正……（上官鼎《八极神童》）

（14）不由脱口问道："姐姐不在华山侍奉仲孙伯父而独自一人下山，敢是与姐姐适才所提与小妹同样遭遇有关吗？"（独孤红《恩怨情天》）

例（10）用副词"真"加强"他不能接受"的肯定语气，"怕是"能对带有加强肯定语气的句子进行揣测，则说明其本身具有较高的确认、肯定语气。例（11）"真的"是加强"出事了"的确认语气，"怕是"与"真的"共现，说明"怕是"语义上的确信度较高，否则不能与之共现。例（12）句尾"的"表示情况确实如此，用来表示肯定语气，"怕是"与之共现，表明"怕是"揣测事件的确信程度较高。例（13）（14）"敢是"与表示疑问的语气词"吗"共现，表明"敢是"语义确信度较低，而"怕是"则没有这种用法。我们认为"怕是"本身具有较高的语义确信度，而"敢是"语义确信度相对较低，所以"敢是"能与"吗"共现，"怕是"不能；"怕是"能与"真（的）""的"共现，而"敢是"不能。

三、句法分析

现代汉语揣测副词"敢是""怕是"在句法位置上都具有很强的灵活性，可以位于句首也可以位于句中，评注辖域都是整个句子，但在主语人称的选择和时态上表现出各自独特的个性。

（一）主语人称

这里的主语指句法主语，言者主语由于前文往往提到，通常承前省略。通过北大CCL语料库及北语BCC语料库的检索，我们发现"敢是""怕是"都经常与第二、第三人称共现使用，但是在第一人称的选择上"怕是"可以与之同现使用，而"敢是"很少用第一人称。为了清晰地说明此情况，我们随机各选取200条语料统计分析制成表2：

表2："敢是""怕是"对主语人称的选择倾向表

数量 人称	敢是（200）		怕是（200）	
	数量	百分比	数量	百分比
第一人称	1	0.5%	7	3.5%
第二人称	42	21%	13	6.5%
第三人称	48	24%	30	15%

从表格中可以看出,"敢是"很少使用第一人称,"怕是"可以使用第一人称,但使用频率比较低。究其原因,"敢是""怕是"是表示揣测情态的副词,它们所揣测的事情往往是言者的疑惑,并且说话者通常是对他人的事情不了解才会疑惑,而对自己的事情一般不太会产生疑惑,所以二者第一人称使用的频率都不是很高。但是"怕是"语义上确信度高于"敢是",是一种偏于肯定的揣测或推断,有些时候其表达本来是没有疑惑的,只是因为出于礼貌给对方留有面子才使用"怕是",使得"怕是"在第一人称的选择使用上高于"敢是"。

(13)我十分愿意相信你是被坏伙伴引入了歧途,因为你年纪轻轻,缺乏经验,还有——呃——鲁莽,以及——呃——你具有一种轻率的性格,我怕是从你母亲那里继承下来的。"(艾捷尔·丽莲·伏尼契《牛虻》)

例(13)表达的是"'我'这种轻率的性格是从你母亲那学来的",言者表达时本没有疑惑,只是为了礼貌原则而给对方留有面子才使用"怕是"的,如果"我"直接说"你鲁莽、性格轻率",显然很不礼貌,语气强硬不便对方接受。但是言者用"怕是"偏于肯定的揣测来补充说明"你的鲁莽轻率是从你母亲那里继承下来的",多少挽回了听话人的面子,更便于对方接受。"怕是"与第一人称的这种用法是"敢是"所没有的。

同时从表格中可知"敢是"在第二、三人称的使用频率上明显高于"怕是"。究其原因,"敢是"的揣测语气是由反诘语气演变而来的,[1]80-81 反诘语气多出现对话环境中,对话环境经常使用二三人称。而"怕是"经常对其前所述事件进行揣测,句法上的主语其实是其前所述事件。

(14)"疯丐"查义突然说道:"假如遇上大风浪来个船底儿朝天,那咱们就要到水晶宫赶上一趟啦。"查仁瞪了他一眼,怒声说道:"老二,你敢是成心惹我生气?此时此地,柳娃儿危多于安,你倒还有心情说笑。"(独孤红《剑花红》)

(15)有关昨天陈蓝签售的消息报道太多了,念只能念个标题,要是连文章都念,怕是一上午时间都不够。(王海鸰《新结婚时代》)

例(14)"敢是"还多少保留一些反诘语气,出现在对话环境中,对话环境中经常使用第二人称。例(15)"怕是"的主语是前面所述的"要是连文都念"这件事。所以"敢是"在第二三人称的使用频率上明显敢于"怕是"。

(二)时态

逻辑上,人们一般会因为对过去的或现在正在进行的事实、事件不清楚而揣测,但也可以对将来未发生的事件进行揣测。"敢是""怕是"在时态选择上存在一些差异,二者都可以用于过去、现在时态的句子中且很常用,但是"怕是"还能用于将来时态,"敢是"则几乎从不用于将来时态。

(16)还当着什么这个委员那代表什么的?事情弄大了怕是要有点麻烦。不像何小顺那种胡同串子。问题简单多了。(谈歌《城市警察》)

(17)临走时还笑着说,这一回进县,要盖一座水泥厂,以后修房子全用水泥了。哎呀,这古木河两山两界,这方圆百里内同样格式的青瓦木楼,往后怕是要被人看不起呢!(蔡测海《远处的伐木声》)

以上两例都是"怕是"用于将来时态的句子,例(16)表达的是事情弄大了将来要有点麻烦,例(17)表达的是往后青瓦木楼要被人看不起。揣测表达不仅可以对过去、现在的事件进行揣测,而且还可以对未来事件进行揣测。

"怕是"能用于将来时态的句子,"敢是"则不能。究其原因,表达揣测的"敢是"由反诘语气虚化而来,反诘语气是一种强断定性语气,表达一种肯定的、确定的判断,而肯定的、确定的判断一般是对过去或现在的事实、事件而言,因为未来事件总是充满不定因素。文章认为"敢是"尽管演化为揣测副词,但也保留了作为反诘副词的一些句法形式,如几乎从不用于将来时的句子。揣测副词"怕是"由担心认识情态发展而来,未来事件带有不确定性,与担心心理有天然的联系,所以"怕是"能用于将来时态的句子中。

四、语用分析

在语用上,"敢是""怕是"都是典型的评注性副词,都有委婉功能、传达否定意愿功能,但是二者在具体的语用功能表达上还是有明显的强弱之分的。

(一)否定意愿

揣测语气副词"敢是""怕是"都可以传达否定意愿,即其后所接内容为否定意愿或不希望发生的事,但是"怕是"更倾向于否定意愿表达,"怕是"传达否定意愿的程度要高于"敢是"。为了清晰准确反映此现象,我们随机各抽取300条语料制成表3:

表3:"敢是""怕是"对否定意愿的选择倾向表

数量 后接内容	敢是(300)		怕是(300)	
	数量	百分比	数量	百分比
否定意愿	141	47%	222	74%
非否定意愿	159	53%	78	26%

从表格中可知,"敢是"传达否定意愿与非否定意愿在使用上相差无几;"怕

是"传达否定性意愿高达74%,明显高于"敢是"(47%),"怕是"传达否定性意愿表现出明显的倾向性。究其原因,"敢是"相对于"怕是"确信度较低,可以说是信疑参半,对其后所接内容没有明显的限制,传达否定意愿与非否定意愿大体平衡;但是"怕是"由于从"担心义"演变而来,说话人担心的事情往往是不希望发生的否定性意愿,所以"怕是"对其后所接内容有明显的限制倾向,"怕是"更倾向传达不希望发生的否定性意愿。因此在否定意愿的表达上"怕是"明显强于"敢是"。

(二)委婉语气

揣测副词"敢是""怕是"都能传达出对事实或事件不确定的揣测情态,当二者用于具体的人际交际中,尤其是对话环境中,都能表达出出于礼貌原则而使用的委婉语气。但是这二者在委婉语气表达的强弱程度上表现出些许差异,"敢是"的委婉语气表达较强,"怕是"的委婉语气表达相对较弱。

(18)李慕凡吸了一口气,压制了一下心中的悲痛,道:"那么,你打开盘子让我看看!"乐倩道:"怎么,秋叔敢是不信这盒子里有炸药?"李慕凡道:"我信,但我想看看它是怎么样……(独孤红《侠种》)

(19)朝宗道:"是从电话传来,叫我速拘沈、勾二人。"震春道:"你敢是听错了?"朝宗道:"并没有听错。"(蔡东藩、许廑父《民国演义》)

(20)而她对当年插队时的好友说:"怕是今年过不去了"。(1994年报刊精选)

(21)她高烧不止、极度贫血,脑勺上还砸开一个小窟窿,若不及时输血怕是不行了。(1994年报刊精选)

例(18)(19)"敢是"均是出现在对话环境中,语义上的确信程度较低,且出现在疑问语气的句子中,信疑参半,将说话者认为肯定的事实用疑问揣测的方式表现出来,其语气有信有疑,这无疑会大大降低交际语势,保全听话者的面子,语气更委婉。例(20)(21)"怕是"出现在陈述句中,将说话人认为肯定的已然事实或未来事件用偏于肯定的"怕是"表达,目的是不将话说满、留有余地,以便对方接受说话者的观点或看法,其揣测语气更倾向于偏于肯定语气的表达。如此"怕是"的语气委婉程度较"敢是"要低得多。为了清晰明白地说明此现象,我们作图1如下:

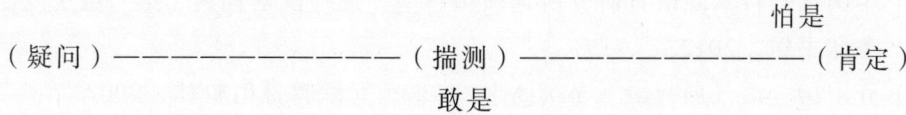

图1:"敢是""怕是"语气表达倾向图

从图 1 可知，在语气的表达上"敢是"信疑参半，大体处在疑问与肯定的中间位置，语气舒缓，委婉语气程度较高；"怕是"表示偏于肯定的揣测或推断，在语气表达上更倾向于肯定的表达，委婉语气程度较低。"敢是"相比于"怕是"确信程度较低、揣测程度较高，且"敢是"倾向出现在疑问语气的句子中，"怕是"倾向出现在陈述语气的句子中，疑问语气比陈述语气要委婉得多，所以我们认为在委婉语气的表达上"敢是"更委婉。

五、结语

揣测副词"敢是""怕是"都是表达揣测情态的情态副词，但是二者也有很明显的区别。首先，语义侧重点上，"敢是"侧重单纯揣测意义，"怕是"侧重因为担心、忧虑的揣测意义；语义确信度上，文章发现"敢是"倾向选择疑问语气、"怕是"倾向选择陈述语气，同时发现"怕是"能与表示加强肯定、确认语气的"真（的）""的"共现，不能与表疑问语气的"吗"共现，而"敢是"则正好相反，我们认为"怕是"的语义确信度高于"敢是"。其次，句法上，"敢是""怕是"都经常与第二、第三人称共现使用，且"敢是"与其的共现频率明显高于"怕是"，但是在第一人称的选择上"怕是"可以与之同现而"敢是"很少使用；在时态上"怕是"能用于将来时态而"敢是"几乎从不用于将来时态。第三，语用功能上，"怕是"更倾向于传达否定性意愿，对其后所接内容有明显的限制倾向，而"敢是"则不受这方面的限制；"敢是"在委婉功能表达上强于"怕是"，同时我们构建了"敢是""怕是"的语气表达倾向图。最后，文章对二者在现代汉语使用上的差异进行了深入分析，我们认为二者的语义及其演化的底层遗留是导致其差异的主要原因。

参考文献

[1] 叶建军. 测度副词"敢"、"敢是"的形成与演化[J]. 上饶师范学院学报, 2007（4）.

[2] 高增霞. 汉语担心—认识情态词"怕""看""别"的语法化[J]. 中国社会科学院研究生院学报, 2003（1）：97.

[3] 王亚群. "怕是""怕不是"的比较研究[D]. 华中师范大学, 2014.

[4] 中国社会科学院语言研究所词典编辑室. 现代汉语词典（第六版）[Z]. 商务印书馆, 2012.

[5] 齐沪扬. 语气词与语气系统[M]. 北京：安徽教育出版社, 2002.

[6] 吕叔湘. 现代汉语八百词[M]. 北京：商务印书馆, 2013：668.

鲁迅一生的漫画情结与作品中"漫画"特点

王祝婧①

【摘　要】漫画思维给予鲁迅别具一格的思维方式和审美趣味，漫画式人物又是鲁迅写作过程中重要的思想表现载体。鲁迅将"漫画式"思想融入文学作品，展现出在传统文学话语表达背后下，鲁迅通过漫画式人物体现的批判精神和现实关照的现实主义情怀，以及通过艺术手段疗救大众的启蒙主义精神。

【关键词】鲁迅　"漫画式"人物　漫画思想

"漫画"艺术在我国 20 世纪二三十年代确立，与新的传播媒体在中国的兴起息息相关，"当时资产阶级革命民主运动、人民大众的反帝爱国斗争及印刷技术的革命，报纸、画报的风行一时"[1]因而取得了独立发展的机会。从漫画的起源来看，漫画确实从产生之初就带上了讽刺的烙印，在此之前，"漫画"被称为"讽刺画""警话""寓意话"等。据众多研究者考察，丰子恺是确立中国"漫画"这一专有名词的首创者，他在 1925 年于《文学周报》上首用了"子恺漫画"。然而值得被关注的是，鲁迅早在 1921 年发表在《小说月报》上的《译了<工人绥惠略夫>之后》，就使用了"漫画"一词，文中提到："因为生计，便给小日报画些漫画，做点短论文和滑稽小说。"[2]

一、漫画情结的缘由与呈现

历史上对鲁迅的评价是：伟大的文学家、思想家、革命家，而在这些称号的背后隐藏着鲁迅另一个鲜为人知的身份：中国现代美学奠基者。"鲁迅是一位独具眼光的鉴赏家，也是富有洞察力和说服力的议论家，更是当年前卫美术的卓越推动者和襄助人。"[3]对艺术执着的追求和非凡的造诣，使得鲁迅对漫画艺术尤为钟爱。鲁迅自幼热爱描摹插图绣像，画过漫画与速写，留学日本时，画

---

① 作者简介：王祝婧，贵州师范大学文学在读研究生。

过人体解剖图，又曾为推动文艺而筹办《新生》杂志，并亲自设计封面、描摹插图，正如鲁迅好友许寿裳所说："鲁迅的好好艺术，自幼已然，爱看戏、爱描画，中年则研究汉代画像；晚年则研究版画。"[4]

鲁迅童年时期便对"民间风俗漫画"[5]产生了浓厚的兴趣，由于出生在浙江，鲁迅六岁就接触到了当地一些带有漫画意味的花纸，这些民间艺术根植于我国劳动人民尤其是农民群体的审美趣味，采用夸张、戏谑的画面形式，突出的反映了一种幽默讽刺的艺术形式。童年时期专注于绘画艺术的他就曾创作过漫画，据周作人回忆："在院子里有矮墙上画有尖嘴鸡爪的雷公，荆川纸小册子上也画过'射死八斤'的漫画。"[6]可见鲁迅自幼起就充满了对漫画艺术的热爱。对"漫画"的喜爱随着鲁迅年龄的增长而愈发强烈，当他开始悉心搜罗《山海经》《西游记》以及《毛诗品物图考》等书时，"人面的兽，九头的蛇，三脚的鸟，生着翅膀的人，没有头而以两乳当做眼睛的怪物"展现在少年鲁迅眼前时，这些大胆奇异的画面更加强化了鲁迅"漫画思维"的视觉体验。

青年留日时期的鲁迅，在日本仙台医学院系统地学习和研究过人体解剖，大量的绘制人体解剖图，促使青年鲁迅加深了绘图艺术的思维模式，又由于受到了日本众多美术思潮的影响，鲁迅开始广泛接触日本浮世绘绘画为主的美术史、现代绘画和漫画，以及从古希腊到十九世纪的欧洲艺术流派和艺术作品。在这段留日时间里，鲁迅整理和阅读了大量外国艺术书籍和资料，掌握了丰富的外国美术知识和艺术理论，逐步形成了一套独属于他个人的思维方式和审美趣味。鲁迅回国后发表了一些漫画评论，并翻译漫画理论，他在《热风·题记》中写道："这些文章有的是对于扶乩，静坐，打拳而发的……有的是对于上海《时报》的讽刺画而发的。"[7]足见鲁迅对漫画评论的重视。最后，鲁迅还曾为漫画刊物在国内的发展做了许多努力，在上海创办的《漫画生活》便是当时最为流传的漫画期刊，鲁迅尤为重视这本漫画月刊，不仅因为它"略有生气"[8]地促进了中国漫画事业的发展，还承载着向往民主、自由的进步知识分子在文化话语体系上所寄托的愿望。

二、文学话语中典型的"漫画式"表现

鲁迅对艺术的热爱，尤其突出的表现在"漫画"上，而"漫画"区别于传统山水画的缘由：正是源于其内在对现实人生关照的现实主义精神。"我们活在这样的地方，我们活在这样的时代"[19]，鲁迅亲历了旧中国的衰败，饱受了人世的辛酸，现实的人生惨景迫使他在文学创作中显露出清醒的现实主义倾向，他的一生在质问和寻找中度过，因此鲁迅认为的"漫画"绝不是世俗意味的上只供消遣的"闲画"，而是承载着强烈批判和讽刺意味的画作，而这种艺术倾向

也会潜移默化地渗透到文学作品的创作中。

（一）"漫画思维"在文体上的特征

鲁迅的小说作品全部都是短篇小说，然而短篇小说区别于长篇小说最主要的特点，就是"短篇小说主要抓住一个富有典型意义的生活片断，来说明一个问题或表现比她本身广阔得多也复杂得多的社会现象。"因此，鲁迅采用了漫画需通过一个静态的简单图示来表现作者对生活中一切事物及现实思考的创作手法，将这种通过一个侧面来展现生活的全部面貌的创作手法，借鉴到小说创作中。如何在一个较短的篇幅内，鲜明地展现作者着力塑造的人物形象，并具有所指意义的故事，借以传递出鲁迅的深刻思想，因而在这样的创作目的下，短篇成为最佳的文体方式。所以，无论是《故乡》《阿Q正传》《孔乙己》《祝福》中的任何一个，还是鲁迅其他小说文本，如：《药》《明天》《一件小事》等鲁迅创作的全部小说，皆属于短篇小说。这种"抓住一个富有典型意义的生活片断"来进行文学创作的艺术手法可与漫画"夸张"与"放大"的创作方法相联系。鲁迅虽自称是美术的"门外汉"[10]，却凭借自身强大的知识谱系和丰富的文艺创作经验，将漫画与文学创作巧妙地结合在一起，将漫画"夸张"与"放大"的创作方式运用于小说创作中时，最符合短篇小说来建构"富有典型意义的生活片断"。鲁迅在《漫谈"漫画"》中写道："漫画要使人一目了然，所以那最普通的方法是'夸张'，但又不是胡闹。"[11]所有鲁迅创作的小说，小说内容在社会功能上都具有"放大"的特点，如《孔乙己》讲述了孔乙己一生的悲惨故事，但由孔乙己的遭遇，完全可延伸至整个被封建科举制所毒害的读书人，又或者是《祝福》中的祥林嫂，故事中她是一位深受封建伦理纲常戕害的农村妇女，而放眼当时的整个中国，这样的女性占据了绝大多数。因而可以说，鲁迅的短篇小说具有如"漫画"一般的"放大"作用，通过短小的篇幅来承载鲁迅深刻的思想。然而鲁迅的短篇小说，同样在故事场景上具有"夸张"的"漫画特点"，如《示众》中对一群看客的描写："霎时间，也就围满了大半圈的看客。待到增加了秃头的老头子之后，空缺已经不多，而立刻又被一个赤膊的红鼻子胖大汉补满了。这胖子过于横阔，占了两人的地位，所以续到的便只能屈在第二层，从前面的两个脖子之间伸进脑袋去……但是后面的一个抱着孩子的老妈子却想乘机挤进去了；秃头怕失了位置，连忙站直……"[12]通过这样一个看客们争先恐后为了争抢空间竟只是为看杀人的"夸张"场景，无情地讽刺了看客们麻木的心灵状态。鲁迅的小说，虽都是短篇小说，但绝不失长篇小说表现社会和底层人民的广阔与深入，这正是源于鲁迅借鉴了漫画的手法来创作小说，因而"中国现代小说在鲁迅手中开始，又在鲁迅手中成熟，这在历史上是一种并不多见的现象。"[13]

（二）"漫画思维"在人物描写上的特点

通常，鲁迅笔下的"闰土""阿 Q""孔乙己"和"祥林嫂"在文学史上被公认为是鲁迅笔下最典型的四位人物形象，他们的成功不仅是体现在对人物描写时艺术手法上的巧妙，同时也是在社会功能上廓写了农民、知识分子甚至整个中国人在半殖半封的社会制度下命运的写照。"闰土"分为"少年闰土"和"中年闰土"，少年时的纯真被岁月吞噬而今，中年闰土被视为受到封建尊卑等级观念残害的淳朴农民；"阿 Q"被塑造成了一面国人的镜子，在帝国主义扩张的浪潮下，封建统治日趋落寞，衍生了一代像"阿 Q"这样的人，他们沉缅于"精神胜利法"的病态心理中，最终以悲剧的命运结束一生；"孔乙己"则更多的被视为受封建文化毒害的读书人，是封建文化制度戕害了他，通过一个读书人的惨遇来揭露封建制度及文化对读书人的迫害；而"祥林嫂"这位农村妇女也同样受害于封建礼教对妇女的压迫。这些都是对四位人物形象公认的认知，但如果探究"漫画思想"在文学作品中的流露，从这方面来考察这四个人物形象，不难发现，鲁迅对四位人物形象的刻画带有明显的"漫画"痕迹。

《故乡》中闰土的两次外貌对比，便可见出"我们之间已经隔了一层可悲的厚障壁了"[14]，鲁迅对闰土的第一次外貌描写是"我"初次见到少年闰土的模样："他正在厨房里，紫色的圆脸，头戴一顶小毡帽，颈上套一个明晃晃的银项，这可见他的父亲十分爱……他见人很怕羞，只是不怕我，没有旁人的时候，便和我说话"[15]可见这时的闰土稚气十足，还未有等级观念的身份之差，然而"我"时隔二十余年后再见到闰土，"他站住了，脸上出现欢喜和凄凉的神情；动着嘴巴，却没有作声。他的态度终于恭敬起来了，分明的叫道：'老爷！……'"中年的闰土已全然丧失了纯真，宗法观念吞噬了曾经少年的稚气与纯真。鲁迅对闰土的外貌描写并不多，闰土两次外貌的变化都只是通过简单几笔，而闰土除了外在的变化外，最实质的改变就是心灵上受到的毒害，一声"老爷"就完全揭示出了闰土的变化。鲁迅只通过几笔勾勒和一句对话，就复活了闰土这一形象，如同漫画一般精简传神。又如《阿 Q 正传》中的阿 Q，这位一生都通过"精神胜利法"来实现虚假的自我满足的悲剧人物，他的形象也同样充满了"漫画思想"，鲁迅抓住了阿 Q 外貌上最明显的一处特征：癞痢，"最恼人的是在他头皮上，颇有几处不知起于何时的癞疮疤……讳说'癞'以及一切近于'癞'的音，后来推而广之，'光'也讳，'亮'也讳……"[16]以及他懒瘦伶仃、黄辫子、厚嘴唇和旧毡帽等几个明显特点，而这些特征使得他与小说中其他人物形象相区别，是独属于他个人的标志性人物特征。鲁迅对阿 Q 在外貌方面的塑造，并没有过多繁复的描绘，但通过以上几个明显的外貌特征，便清晰地表现和说明了阿 Q 在现实生活中的境遇和社会生活中的地位，阿 Q 这些外貌特征也同样表现了他的阶级和性格，使得形象尤为鲜活和独一。而这种"抓特征"的表现手法与漫画的创作方式和表现方式类似。漫画需通过一个静态的简单图示来表现作者对生活中一切事物及现实的思考甚至讽刺，鲁迅从小对漫画的喜爱，促使他在无意间将"漫画思维"运用到小说创作中。再看"孔乙己"和"祥林嫂"这两个形象，"孔乙己是站着喝酒而穿长衫的唯一的人。他身材很高大；青白脸色，皱纹间时常夹些伤痕；一部乱蓬蓬的花白胡子。穿的虽然是长衫，可是又脏又破，似乎十多年没洗。"[17]活画出了一个穷困潦倒、人生不得志又清高的老书生形象，鲁迅通过对一件"旧长衫"的描述，把孔乙己的社会地位、思想性格和所受教育揭示得十分清楚；对祥林嫂这个人物形象，鲁迅通过对她的三次外貌描写来塑造这一人物：第一次"五年前的花白的头发，即近已经全不像四十上下的人；脸上瘦削不堪，黄中带黑，而且消尽了先前悲哀的神色，仿佛是木刻似的；只有那眼珠间或一轮，还可以表示她是一个活物……"；第二次"头上扎着白头绳，乌裙，蓝夹袄，月白背心，年纪大约二十六七，脸色青黄，但两颊上却还是红的……手脚都壮大，又只是顺着眼，不开一句口"；第三次："她仍然头上扎着白头绳，乌裙，蓝夹袄，月白背心，脸色青黄，只是两颊上已经消失了血色，顺着眼，眼角上带些泪痕，眼光也没有先前那样精神了。"祥林嫂三次外貌上的变化，昭示了她必然走向死亡的结局。如果用文学话语来解释鲁迅对于这四位人物形象，以及他笔下的所有人物对于外貌描写所采用的是白描手法，然而这种"白描"相似于漫画"一目了然"的创作风格，二者都试图抓住明显事物和人物的明显特征来展现形象，从而透视出创作者的意图。鲁迅曾说过："要极省俭地画出一个人物的特点，最好是画他的眼镜。我认为这话是极对的，倘若花了全副的头发，即使画得逼真，也毫无意思。"[18]换句话说，这种"极省俭"的描写方式，与漫画"一目了然"的创作形式相通，皆是通过极少、极短、极精炼的概括能力，呈现典型的人物形象，突出其特征与所处环境之间的关系，因此说鲁迅在塑造文学中的人物形象时，从未详细介绍人物的生平、家庭背景、社会境遇等，也不会详细而逐一地描述他们从死到生的人生细致故事。这种人物写法不自觉地借鉴了漫画的表现形式，使得其笔下人物更加精炼、传神。

三、鲁迅漫画情结的意义

鲁迅的伟大不在于他创作了多少文学经典，而在于其表现出的强烈批判精神。鲁迅见证了旧中国的腐朽和败落，在现实主义的文艺创作中更夹杂着鲁迅复杂而深刻的情感及态度，他的一生都在极力探寻中华民族的未来出路，因而鲁迅的思想闪烁着人性的光辉。清醒的现实理性、现实的人生关照和深刻的社会批判是他力图建构的漫画艺术、文学艺术乃至整个文艺思想的内核。几千年封建制度的延续，对整个中华民族带来的是落后与沉沦，鲁迅用他的"匕首和投枪"指向病态社会的顽疾，暴露出虚幻背后的真实和罪恶，望其使众人认识到被奴役的处境，从而引起劳苦大众的自我觉醒。鲁迅一直视漫画为讽刺艺术，"将那无价的撕破给人看"[19]，即表明漫画艺术要直面被规避在社会常态下所包裹的丑恶，挖掘和揭示社会弊端，在"嘲笑"中唤起人们对是非曲直的价值判断，只有这样才能起到疗救大众的作用。将漫画思想中对人生的关照和现实的批判，植入文学作品中的文物形象及取材上，使得人物形象更加鲜明，也使得故事内容深刻并多义，真正让鲁迅的文学作品尤其是小说，成为不可复制和不可超越的时代经典。

鲁迅的"漫画情结"不仅体现在小说创作中，也体现在他最钟爱的杂文创作中，在鲁迅的杂文中同样出现了一些精彩的人物形象。如《"揩油"》中那个"眼光练得象老鼠和老鹰的混合物"[20]的"揩油者"，鲁迅抓住了他的眼神，一笔便可将"揩油者"贼眉鼠眼的模样生动展现出来。又如《夜颂》中那穿着高跟鞋"阔阔地走得起劲，但鼻尖也闪烁着一点油汗"[21]的"摩登女郎"，鲁迅抓住了她走路时的动作，惟妙惟肖地揭示了"摩登女郎"装模作样的态势。鲁迅杂文中所蕴含的批判精神甚至比他的小说中更直露，《灯下漫笔》中有这样的句子："中国人向来就没有争到过'人'的价格，至多不过是奴隶，到现在还如此，然而下于奴隶的时候，却是数见不鲜的。"[22] "所谓中国的文明者，其实不过是安排给阔人享用的人肉的筵宴。所谓中国者，其实不过是安排这人肉的筵宴的厨房。"[23]鲁迅犀利地批判了中国人的奴性意识，深刻而直面的批判意识贯穿了鲁迅所有的杂文。

鲁迅终其一生都在战斗，促使大众"平凡生活既克服封建意识形态造成的愚昧与畸形，又脱离屈从与琐事的压力而形成的平庸状态，日益健全与崇高起来。"[24]这就是鲁迅思想中的核心，使人民脱离愚昧，走向自觉觉醒。鲁迅极热爱漫画艺术，他不仅在漫画中暗含真切的人生关照和社会批判，也将这种思维渗入了文学创作中。漫画思维中所体现的批判精神和现实关照的现实主义情怀，以及通过艺术手段疗救大众的启蒙主义精神，一直贯穿在整个鲁迅思想的始终，成为研究鲁迅及鲁迅思想的一个新方面。

参考文献

[1] 毕克官，黄远林. 中国漫画史[M]. 北京：文化艺术出版社，2006：18.

[2] 鲁迅. 译文序跋集译了《工人绥惠略夫》之后[M]//鲁迅. 鲁迅全集（第十卷）. 北京：人民文学出版社，2005：180.

[3] 陈丹青. 笑谈大先生[M]. 桂林：广西师范大学出版社，2011：160.

[4] 许寿裳. 亡友鲁迅印象记[M]. 北京：人民文学出版社，1953：41.

[5] 徐琰，陈白仪. 中外漫画简史[M]. 杭州：浙江大学出版社，2008：24.

[6] 周作人. 避难[M]//钟叔河. 周作人散文全集（第十二卷）[M]. 桂林：广西师范大学出版社，2009：58.

[7] 鲁迅. 热风·题记[M]//鲁迅. 鲁迅全集（第一卷）. 北京：人民文学出版社，2005：307.

[8] 鲁迅. 书信·360229致曹靖华[M]//鲁迅. 鲁迅全集（第十四卷）. 北京：人民文学出版社，2005：39.

[9] 鲁迅. 且介亭杂文·附记[M]//鲁迅. 鲁迅全集（第六卷）. 北京：人民文学出版社，2005：221.

[10] 鲁迅. 热风·随感录五十三[M]//鲁迅. 鲁迅全集（第一卷）. 北京：人民文学出版社，2005：357.

[11] 鲁迅. 且介亭杂文二集·漫谈"漫画"[M]//鲁迅. 鲁迅全集（第六卷）. 北京：人民文学出版社，2005：242.

[12] 鲁迅. 鲁迅文集[M]. 北京：中央编译出版社，2010：121-122.

[13] 严家炎. 《呐喊》《彷徨》的历史地位[M]. 北京：作家出版社，1996：64.

[14] 鲁迅. 鲁迅文集[M]. 北京：中央编译出版社，2010：39.

[15] 鲁迅. 鲁迅文集[M]. 北京：中央编译出版社，2010：39.

[16] 朱栋霖. 中国现代文学作品选（第一卷）[M]. 北京：高等教育出版社，2002：8.

[17] 鲁迅. 鲁迅全集（第一卷）[M]. 北京：人民文学出版社，2005：458.

[18] 鲁迅. 鲁迅杂文全集（上下册）[M]. 北京：北京燕山出版社，2010：709.

[19] 鲁迅. 坟·再论雷峰塔的倒掉[M]//鲁迅. 鲁迅全集（第一卷）. 北京：人民文学出版社，2005：203.

[20] 鲁迅. 鲁迅杂文全集（上下册）[M]. 北京：北京燕山出版社，2010：885.

[21] 鲁迅. 鲁迅散文诗歌全集[M]. 北京：北京燕山出版社，2009：293.

[22] 鲁迅. 鲁迅文集[M]. 北京：中央编译出版社，2010：334.

[23] 鲁迅. 鲁迅文集[M]. 北京：中央编译出版社，2010：336.

[24] 钱理群. 心灵的探寻[M]. 北京：北京大学出版社，1999：300.

[25] 赵玉彩. 鲁迅漫画思想研究[D]. 湘潭：湘潭大学，2014.

由内而外的心灵触动
——论杨启刚诗集《遥望家园》与《打马跑过高原》

黄梦芸①

【摘　要】品读贵州当代少数民族诗人杨启刚的诗集《遥望家园》和《打马跑过高原》，是透过语言本身与作者进行一种思想交流与对话，其中发现诗人不仅是一位感性的书写者，更是一位理性的思考者。在这两部诗集中，诗人正是通过平淡而朦胧的语言表达形式，对感观世界的细腻呈现，以及家国情怀的政治书写，完成了由内而外的心灵触动的审美表达。

【关键词】贵州少数民族诗人　感观呈现　政治书写

杨启刚是贵州当代具有影响力的一位布依族诗人，法学专业出身的他，基于对文学的特殊情感，尤其是对诗歌的热爱，始终坚持着文学作品的创作，用细腻而感性的笔调写下了一页页对生活感悟的篇章。他著有散文集《一城灯火》，评论集《文学新浪潮》，报告文学集《璀璨人生》，小说集《爱情版本》，以及诗集《遥望家园》《打马跑过高原》等等。他的散文诗组《在生活的边缘》获2007年《散文诗》杂志全国十佳散文诗提名奖；2007年，他的组诗《六月初六的黄昏》被《民族文学》隆重推出；他的诗集《遥望家园》和散文集《一城灯火》，均被北京中国现代文学馆和内蒙古中国少数民族作家研究中心收藏；他是全国唯一三年蝉联"新世纪之声"征文奖的诗人（2005年10月，他的组诗《时令：民谣的侧影》荣获第五届"新世纪之声·中华颂歌"征文诗歌类银奖；2006年11月，他的长诗《跪教》再获金奖；2007年，他的散文组诗《大高原》荣获金奖）。学术界对于诗人、作家杨启刚的研究主要集中在其诗歌和散文的创作上，马忠称他的散文"创造一个深邃幽远的情感天地，一个令人神往的优美意境"[1]126。而学术界对其诗歌创作尤为关注，自他的第二部诗集《打马跑过高原》出版后，省内外评论家纷纷对其进行评论，对诗歌的语言和内容给予高度的评价。学者耿林莽认为杨启刚的语言"有一种适合吟诵的音乐美感"[2]90；耿文福的《也解

---

① 作者简介：黄梦芸，贵州师范大学文学院。

其中味——读布依族青年诗人杨启刚诗集<遥望家园>》从色彩分明的意境、高度概括的语言和生动简洁的语言三个方面对其诗歌进行了简要的分析[3];当代著名诗歌评论家苗雨时指出:"他的诗在感性和理性的融汇中,就形成了独特的坚实质地和清新、明丽的艺术风姿"[4]210。本文拟从诗人杨启刚的两部诗集《遥望家园》和《打马跑过高原》出发,从语言、内容和艺术个性三个方面对其诗歌进行较为详尽的解读和分析。

杨启刚对外界事物有着自己独到的感受,敏锐而感性的内心使得他对自己身边的事物处处"留情",一片麦田,可以唤起他对新鲜生活的无限向往;一场大雪,也会让他坚定自己的信念,对光明不懈地追求;一片秋叶,能使他产生对生活的感悟,进而思考人生的意义……杨启刚秉持着诗人的诗性,捕捉生活的细微之处,以树木为友,以花草做伴,倾心于对生活情思的描写,通过平淡而朦胧的语言表达形式给我们以感观世界的细腻呈现,也即是内心世界的坦白与流露。同时,诗人与时俱进,一种对国家和民族强烈的责任感和使命感驱使着他将笔触及到社会所关注的问题上,对"主旋律"作品的创作与坚守,体现了其高度的社会性、时代性。

一、平淡而朦胧的语言表达

"平淡,但最真实,它比一切虚幻的语言更值得赞美。这平淡中又与每个人对人生的透彻理解和诚挚天性有关"[5]4 平淡,不饰雕琢,按照常理出牌,遵从语言表达最初的冲动,是语言在经历了长期写作过程后的必然走势,平淡是与"陌生化"相对的一种语言表达形式。"陌生化"使得表现对象陌生、奇特,甚至不同寻常,让人难以从正常的逻辑思维出发去理解其中的韵味,这样的语言表达使得诗歌与读者之间产生了距离感,时刻留有一条无法逾越的鸿沟。而杨启刚的诗歌在语言书写上反其道而行之,在词汇的选择和使用搭配上都遵守常规的原则,并且诗中的意象也大都以人们所熟知的语言形式呈现出来,给人以亲切感、熟悉感,并与之产生强烈的共鸣。词汇的推敲和使用主要体现在两个方面,一是词汇的选择,二是词汇的搭配。

(一)词汇的选择

词汇的选择对于文学作品,尤其是诗歌的艺术风格有着不可忽略的作用,一个诗人的语言创作特点往往是通过词汇的运用体现出来的,比如:郭沫若诗歌的词汇狂放、浪漫,卞之琳的诗歌词汇优雅、致美,李金发的诗歌词汇艰涩、新奇……而诗人杨启刚更偏爱平淡而不饰雕琢的词汇。艾青在他的《诗论》中指出:"朴素是对于词藻的奢侈的摈弃;是脱去了华服的健康的袒露;是挣脱了形式的束缚无羁的步伐;是掷给空虚的技巧的宽阔的笑。"[6]177 通过阅读诗集《遥望家园》和《打马跑过高原》,我们会发现他的诗歌所呈现给读者的画面与我们的生活图景有很大的相似之处,并与人产生交涉,透过诗歌的字里行间,我们仿佛看到了生活的影子,若影若现,如诗如画,诗中大量使用朴素的、不饰雕琢的辞藻,如"雪花""攥紧""慈爱而健康""熟透的"等,这样的文学艺术品不易与人产生距离的隔阂,给人以亲切感、熟悉感。

在《冬至之夜》这一首诗的一开始,便出现了"雪花"一词:

冬天仍然以第一枚雪花的方式如期而至

"雪花"这一词汇是人们再熟悉过的了,一提到冬天,我们首先想到的就是雪,而当对"雪"这样一种自然现象进行描绘时,"雪花"又必然成为了首要词选,这样一来,便迎合了人们常规上对于雪的理解和认识,开门见山地将诗歌的中心意象引入读者的视野中,欣赏者紧接着就自然而然地进入到诗歌的第二个层面上,即:对情感的整体感知。

在《南泥湾》这首诗中出现了"熟透的"这一形容词,诗人写道:

粮食一株株地站立/在我们身旁/熠熠生辉/熟透的菜籽/珍珠般炸裂

整首诗的感情基调是喜悦而欢腾的,秋天是收获的季节,秋天的南泥湾呈现出一片丰收的景象,"菜籽""土地""锄头""镰刀"等自然是这个季节里最亮丽的风景线,诗人用"熟透的"一词来形容"菜籽",显然没有站在审美的高度对其进行斟酌,而是以一个普通农民的视角去看"菜籽"的颜色。在农民的眼中,对于"菜籽"的修饰,没有比"熟透的"更能传达出他们内心对于收获的急切渴求的词语了,如此平淡的词汇在这样的语境中显得更为贴近生活,更能传达出人的情思。

类似这样的平淡的词汇的运用在他的诗中比比皆是,在诗集《遥望家园》第二辑(时令:民谣的侧影)中,出现了"冰冻的""纯洁的""严严实实""春花"等平淡的词汇;在诗集《打马跑过高原》中,"保一方平安/解百姓急难""下岗""裂了""塌了"等这样一些词的运用,质朴而生动。

(二)词汇的搭配

词汇的搭配,在现代汉语语法中明确规定,形容词可以修饰名词,也可以修饰动词,至于它们三者之间的搭配,什么样的形容词修饰什么样的名词,什么样的动词由什么样的形容词来修饰这样的一系列搭配问题是约定俗成的。朱光潜在探讨原始诗歌的作者时指出:"在起源时,诗歌是群众的艺术"[7]13,可见原始诗歌的欣赏者以群众为主，在词汇的搭配上顺从惯常的思维，便于群众理解、吟诵，以达到取悦的目的。然而，在现代诗人主张的个性化的写作方式里，大量的词汇搭配方式显得怪异而荒诞，意在营造一种距离的美感。诗人杨启刚则回归到语言的最初状态、原始诗歌的创作态势，遵循一般的搭配组合原则，回归于"平淡"，于平淡中彰显诗歌的纯真、质朴之艺术魅力。

《旗帜永恒》的第三段是这样写的：

鲜艳的旗帜在晚风徐徐的猎猎声中/高高地照耀着中华儿女那一双双/清澈明亮而坚毅不屈的眼睛

"鲜艳的旗帜""清澈明亮的眼睛"都是很普通的搭配，人们对此也习以为常了。然而，正是这样的一系列平淡朴实的语言，与诗人所要表达的情感相得益彰，对于"旗帜永恒"这样的意识主体来说，它所呈现的对于先烈、民族生生不息的美好寄愿是永恒不变的，于平淡中见永恒，最平凡的诉说也是最切实际的凤愿。换句话来讲，也就是形式上平淡的词汇搭配与情感上真实质朴的表达有内在的一致性。

类似于这样的平淡质朴而又生动形象、有生命力的词语搭配还有很多，比如说"不畏荆棘丛生的荒原与垦地""宽阔而慈厚的怀抱""激情燃烧的八月"等等。诗人在词汇的选择与搭配上显示了诗歌平淡而生动的语言魅力，这些诗词往往会使读者立即进入到诗歌所描绘的情景，熟悉而亲切，自然而流畅，由字入诗、由诗入情，使得诗与情达到高度的结合和统一。

（三）词意的"朦胧"

杨启刚的诗歌在词汇的使用上呈现出"平淡"的特点，而他在意象的选择上彰显了"朦胧"之美。燕卜荪在《朦胧的七种类型》中提出的"朦胧"理论在西方文学界和理论界产生了重大的影响，"朦胧"又译为"模糊""晦涩""复义""含混"等，燕卜荪认为："当我们感到作者所指的东西并不清楚明了，同时，即使对原文没有误解也可能产生多种解释的时候，在这样的情况下，作品该处便可称之为朦胧"。[8]4 "朦胧"作为西方形式主义"新批评"理论中的批评术语之一，并非词义的晦涩难懂、感情的琢磨不定，而是"得意忘言"似的对语言的超越。燕卜荪认为"朦胧"不仅可以表现在某个词、某句诗中，也可以表现在整段诗、整首诗上，甚至可以表现在作者和读者的心理活动中。杨启刚的诗歌并非以晦涩难懂的词汇选择和难以琢磨的词义表达来实现"朦胧"之美，而是在整体的意象上创造一种"朦胧"的意境。谭德晶对诗歌下了这样一个定义："诗是节奏化的最有意味的语言形式"[9]5，杨启刚对"意味"的诠释有着自己独特的方式渠道，透过平淡质朴的语言传达出诗意的"朦胧"之美。

诗人《给你之四》中写道：

你说过有一支沉郁的歌/是为我们的春天唱的/我凝神时却什么也没有听到/我只迷朦地看见/桌上厚厚的信札被移动了位置/女贞子的绿栅栏不知何时已经拆掉

这里出现了第一人称："你"，"你"只是一个人称代词，具有不确定性，因而造成了主体意象上的含糊、朦胧，使人浮想联翩，其不确定性恰好证明了它的具体可指性，因为读者可以通过诗歌与诗人进行情感上的对话，并结合自身的生活经历，将自己所交流出的感悟与实践进行对号入座，从而使这种"朦胧"美感得以具体化。诗歌诸如此类的"朦胧"表达在《呓语》《红尘之外》《梦江南》等诗歌中均有体现，对于诗歌平淡质朴的语言外形作了更深层次的补充。

二、感观世界的细腻呈现

诗歌是对人性本真的呼唤，是一种内心世界的外化，是一种至纯至美的境界。"一切景语皆情语"，诗人的内心情感是由外部世界所触发的，具体表现主要集中在他的第一本诗集《遥望家园》的创作中，诗人在十八岁后，生命有了一种波折，过着漂泊无定的旅途生活，最后拖着疲惫的身躯回到自己无数次魂牵梦萦的故乡，诗人在此期间产生了对生活的独特体验和思考，其表现在形式上就是诗歌中对感观世界（如麦田、故土、四季变化、名歌民谣等）的细腻表达。

（一）绚丽烂漫的自然风光

艺术生活的形态构造离不开自然界的绮丽多彩，杨启刚有着自己独特的感受世界和艺术地表现世界的方式，其中最重要的是"感觉"，即对外界的感受与知觉。艾青在《诗论》中对诗歌下了一个定义："诗是由诗人对外界所引起的感觉，注入了思想情感，而凝结为形象，终于被表现出来的一种'完成'的艺术。"[6]172由此可见，"感觉"对于诗人的艺术创作起到至关重要的作用，也是作为诗人应具备的基本能力。"感觉"不仅仅只停留在对外物的欣赏层面上，还应将诗人自身的主观情感渗入其中，将欣赏层面与感悟层面相结合，才能完成"感觉"所赋予诗人的使命。杨启刚对于自然界的感悟与抒写正是基于这样的"感觉"之上。试读他的《大雪之时》：那"冬天仍以第一枚雪花的方式/如期而至"，那"晶莹的雪景/布满雪白的记忆"，那"在雪中行走的人/看见了梅花"，既是对自然界四季变化的敏锐感受，更包含了诗人对于季节变化所带来的情感上的变更，大雪降临，带来了"微颤的寒意"，然而，"在雪中行走的人/看见了梅花"，身体上的寒意并没有渗透到内心，诗人在寒冷的冬季捕捉到的是"在大雪中那束纯洁的花卉"，引起人们的丰富联想。

在杨启刚的诗歌中，对于四季变化的感受与描写比比皆是，期间渗透着诗人对自然界的声与色的独特感受，"当十月第一枚壮硕的果实/沉甸甸地坠入丰沃的土地"，"将那一面使劳动者激动的旗帜/这生命中最珍贵的烈焰与坚韧/火红地绽放在阳光和花朵之中"（《秋天的歌唱》），"在那些田垄旷远的深处/即将开镰的收获在喜悦的双眸中沉淀/成为清澈而透明的期盼"，"我寻找着田野里丰沃的旋律与插曲/以及那些悬挂在屋檐下的南瓜和玉米"（《立秋之野》），"此刻秋天/硕果挣脱苍古的枝丫/一地滚圆的苹果散发浓香的诱惑"，"香山的枫叶/轰地一声红遍了漫山遍野"（《秋天》）在表现"秋天"这一意象与主题时，诗人使用"沉甸甸地坠入""轰地一声"等欢快喜悦的声调，"火红""清澈透明"等柔和协调的色彩，使劳作的满足与丰收的喜悦跃然纸上。类似这样的自然风光的描写在诗歌中得到了很好的体现，从一定程度上表现出了诗人对于生活的无比热爱之情，对自然界的景、物有着自己独特的感受和感悟。

（二）西部家园的壮阔图景

曾经漂泊无定的旅途生活经历使得诗人对于自己的家乡——黔南这片土地的风土人情产生了特殊的情感，对于一位寄身他乡、面临生活的困境的漂泊者来说，最美好的夙愿就是走向自己的家园、走回自己的美丽故乡。基于这样的生活体验，诗人在进行诗歌创作时，多次将自己的家乡以及故土风情融入其中。在诗人的笔下，对于"故乡的记忆"体现为："在细白的瓷碗里品尝粮食的芳香/和家乡的思念/我深知吃下的每一粒粮食里/都有铧犁穿过泥土时/那锋利的声音"（《农耕之季》）；"许多美好的事物/有时/就此一去不返"（《有鸟飞过今夜的乡村》），"乡村的正月/家园是一句温暖的诗行"，"晚间到村口坐坐/那些碧绿的庄稼呵/犹如我们的孩子"，"我们喜欢用一些朴实的语言/来表达乡村/和我们之间的血肉联系"（《乡间的日子》），乡村闲适自得的生活方式在诗人看来是人性最原始的冲动，也是心灵归宿的最佳选择。对于西部歌谣的谱写，除了恬淡的生活图景之外，还包含了独特的文化风俗，"马尾绣作品，凝固成公元2006年/被列入中国首批非物质文化遗产名录的'中国刺绣的活化石'"（《马尾绣》），"2006年的初夏五月，又是水族同胞/吹起九十九支长号的喜庆日子/已经被岁月咀嚼得彤红的端节——"（《端节》），以及像"卯节"这样的东方情人节，更有像"水书"那样"灵动"、"象形"的文字"引领着我走进了远古的洪荒"，"这是一部独特的弥足珍贵的文化瑰宝/我们心中还有一部神奇的古老水书/那便是我们前行的光明之箭——"（《水书》），对家乡人文风情的自然流露，字字见真情，句句吐真言，使得类似的家园组诗的创作不落俗套，读后使人心灵为之一动。

诗人将对西部家园的感情表达谱写成一曲歌谣，诗歌中对家园壮阔景观的描写还有很多，譬如："在西部/那片神奇美丽的土地/在流动着秋日神韵的季节/是我推开了它虚掩的门扉"，"在西部/我的目光如烛/照彻一切美好的爱情和事业/伫立在我的身后/西部/你是我缄默的羽翼"(《西部歌谣》)；又如："我再视野里/穿越你这粗犷的南高原/母性飘动的河流/有山歌甜美地拂过高高的峰巅"(《伫立的土地》)等，这些对家园的描写字里行间透露出诗人对于西部家园的无限热爱与感激之情，唯有以饱含深情的诗篇相赠才足以表现其内心的澎湃与激扬。

（三）内心世界的艺术外化

是什么让我们在寒冷的冬季保持着一颗温暖的心？是什么让我们在喧嚣浮华的凡尘坚守着那份宁静？是什么让我们在逆境中坚定着那份执着？我想这来源于精神深处的慰藉，具体呈现也就是艺术作品，对于诗人来说，诗歌便是最好的表达形式。"生活不止眼前的苟且，还有诗和远方的田野"，杨启刚在《打马跑过高原》自序中说："业余写诗不为稻粱谋，只听从心灵的召唤"，这是写诗的出发点，也是写诗的归宿地。在《精神之乡》《涉过夏季的沼泽》《遥远的花期》《给你之一》等一系列诗作中，多次出现人称代词"你"，它代表着诗人内心所向往之物，可遇而不可求，然而，也正是这样的一种幻想，为诗人的心灵家园留有一方净土，梦幻与现实之间的距离其实很近，只是一步之遥，当诗人重新捡起曾被丢弃的笔墨，"蘸着我一身的伤痕和尘土，又开始抒写那些梦幻与现实之间的距离，那篇《遥远的花期》让我重新翻开了生活的另一页，我已不再把生活看着是一条天堂走向地狱的通道。我向往着新的生命篇章"。[10]139 "栅栏那边/总有凤仙花忧郁得灿烂的乐声/虽然你的小屋是小小的/然而/我的心却远离这太阳/只承受着你湿润的爱抚"《(给你之三)》，希望虽小，但只要一心向往之，接受一定的熏陶后便会有所改变，这是诗人借诗歌对自己进行的激励；面对困境时，诗人做了这样一个选择："于是就在今日把人生之路走绝/就在此际/把唯一的退路切断"(《精神之乡》)，只有无路可退才能有路可走。

除此之外，诗集中还有很多是诗人与心灵进行对话交流的呈现，譬如组诗《内心伤重的河流》中的《之一》《之二》《之三》等。可见，诗歌在诗人生命中起到治愈疗伤的作用，是诗歌让诗人有了追求新生的渴望，有了面对挫折不言弃的勇气，也是诗歌使诗人从现实的沼泥中获得精神的慰藉。

三、家国情怀的政治书写

艺术的来源与形态，从小方面来说是艺术本身的问题，大处着眼则与社会、政治、经济的背景密切相连。就像鱼儿离不开水一样，诗歌的写作不仅仅只是关乎艺术本身的描摹和诗人个人情绪的外现，谋篇布局之间，便会触及到社会的各个领域，对于杨启刚来说，作为"人民的公仆"，关注民生民情、关心国家时事是义不容辞的责任，体现了作为诗人的一种责任和良知。"一个真正的诗人，从根本意义上来说，他更应该是精神向上，他所关注的除了个人的内心情感，应该是把整个的自己完全融入到现实之中，并担负起作为一个诗人的社会责任和使命。对于那些长久地盘恒于内心情感写作的诗人，不过是一场虚无的舞蹈，一个所谓乌托邦的流放者。"[5]4 诗人对社会主流价值持有认同的态度，坚持创作"主旋律"的作品。在他的第二本诗集《打马跑过高原》中，处处彰显了诗人一种源于内心的诗歌理想，将历史事件和政治事件的题材引进诗歌中，没有语言的雕琢，也不讲究技巧的运用，"清水出芙蓉，天然去雕饰"，一字一句皆来源于内心真挚的情感。

（一）情真意切的民生关怀

科学技术的突飞猛进，现代社会随之急剧变革，一方面，提高了社会的生产力，给人带来了一些福利，使得交流与沟通变得更加简便；另一方面也潜藏了一些危机，生命个体变得更为渺小，面对社会的变革也只能无奈接受，也因此带来了生活上的一些困境："当工厂的机器不再轰鸣/工人们的脸上不再绽放笑容/他们面临的严峻问题/只有一个冰冷的词：下岗"，"工作虽下岗了/可是，心却不能下岗"（《下岗工人》）。对于下岗工人，诗人持以同情，也激励他们不能因此而消沉，"是强者，就应该高昂不屈的头颅"，面对失地农民，诗人字里行间饱含着对土地和农民最真挚的爱，"土地啊，亲爱的土地/万物在您宽阔无垠的怀里/永远都是孩子/您养育了我们"，同样激励他们"没有了土地/但不能因此而没有了家园"，最后对重新寻找出路的农民持以肯定和赞美："做一个农民工吧，用勤劳而有力的双手/用耕种土地时那种炽热的感情/溶入到新城市建设的洪流中"（《失地农民》）。此外，对于留守儿童、低保户等这样的社会问题，在诗歌中也有所反映。

在物欲横流、金钱至上的今天，人们对于物质性的追求成为一种时尚，部分人的生活质量也得到一定的提高，然而，社会上也有不少走在生活边缘的人们，"爸爸走了/接着，妈妈也走了/七岁的留守儿童，这个身高不到一米的孩子/从此，生活艰辛的担子/就沉甸甸地落在他稚嫩的肩上"（《留守儿童》），这是留守儿童的生活处境，更有因各种不幸而造成贫困的温饱户，"爸爸下岗/妈妈残疾/再加上我——一个身患瘫痪重症的女孩"（《低保人家》），然而，他们"没有被病魔和生活击倒/而是从容地咬紧牙关/悄然地走过青春的季节"，在他们的身上，我们看到的是乐观，而不是萎靡。诗人将笔触及到对民生的关怀上，情真意切，呼吁人们对社会上的弱势群体给予同情和关注。

（二）饱含热情的政治书写

从诗集《遥望家园》到《打马跑过高原》，诗人的题材选择发生了重大的转变，由内而外，从对艺术自身和个人问题的抒写转而对主流政治的关注。艾青指出："诗人只有丰富的感觉力是不够的，必须还有丰富的思考力，概括力，想象力……思想力的丰富必须表现在对于事物本质的了解的热心，与对于世界以及人类命运的严肃的考虑上"。[6]182-183 杨启刚在对"主旋律"作品进行创作的同时，对主流价值观给予高度的认同，关注并思考着当下社会发展所面临的一系列问题，体现了诗人在诗歌创作中，在追求艺术美感的同时，也承担着社会的责任感和使命感。其作品组诗《抗冻救灾诗歌三部曲》《情暖中国：2008 四川汶川大地震祭诗》《北京：激情燃烧的八月》等有较为典型的反映。譬如：2008年 1 月中旬开始，中国南方十七个省（区）遭遇五十年来未见的雪凝冰冻灾害天气，许多城市和乡村相继断水、断电。其中，贵州都匀市断水断电长达 13 天之久，成为一座冰冷的"孤城"。但是，在这 13 个漆黑寒冷的夜里，都匀市 500多名公安干警通宵执勤，每天动用警车 100 多辆，用闪烁的警灯照亮了城市……对于此一新闻，诗人在《警灯照亮城市》中对人民警车进行了赞美的书写："看，漆黑冰冷的夜幕下/无数的警灯在闪烁/那是我们都匀这座城市闪亮的眼睛/它照亮了我们的不眠之夜/照亮了我们美丽的城市"，此外，诗人将笔触及到世界的其他角落，对遇难同胞表达同情与关怀："海啸是那么的疯狂，而我的双眸/噙满的只有欲穿的伤情"（《突如其来的灾难灼伤了三月的春天》）。

杨启刚中像这样的饱含热情的政治书写还有很多，在《城市，让生活变得更美好》《在一个秋夜悄然探访玉书兄》《四月：家宝总理，您来了……》等作品中均有体现。在追求财富、物欲成为时尚的现代社会，缺乏的正是人与人之间纯情的传达与交流，诗人对雪凝、汶川地震、北京奥运会、世博会等时事的热切书写，意在提醒人们要关注社会，关心那些与我们住在同一屋檐下的同胞，共同促进社会与世界的和谐。

结语

杨启刚的关注点从个人的小情思到社会的大关怀，这种由内而外的触动，是诗人由现实到幻想，再到现实的思想转变的体现，个人生活经历的小背景和社会生活的大背景，影响着诗人的诗歌创作心理，也影响着诗人的诗歌表达。

作为一位诗人,从自己的灵魂深处出发,塑造个人的精神家园,并且还关注到社会的主流意识,关心民生疾苦、关注社会发展,这是非常难能可贵的。

参考文献

[1] 马忠.因为热爱,所以真诚——杨启刚散文集《一夜灯火》读后[J].民族文学,2007(11).
[2] 耿林莽.散文诗繁荣景象的例证——简评杨启刚散文诗集《低吟或晚唱》[J].散文诗,2015(3).
[3] 耿文福.也解其中味——读布依族青年诗人杨启刚诗集《遥望家园》[N].文艺报,2008-04-17(B02).
[4] 苗时雨.当下诗歌现场"雨时博客"诗论、评论集[M].保定:河北大学出版社,2014.
[5] 杨启刚.打马跑过高原·自序[M].北京:中国文联出版社,2013.
[6] 艾青.诗论[M].北京:人民文学出版社,1980.
[7] 朱光潜.诗论[M].合肥:安徽教育出版社,2006.
[8] (英)燕卜荪著,周邦宪译.朦胧的七种类型·第二版序言(第3版)[M].杭州:中国美术学院出版社,1996.
[9] 谭德晶.现代诗歌理论与技巧[M].成都:电子科技大学出版社,2014.
[10] 杨启刚.遥望家园·后记[M].北京:中国文联出版社,2004.

诗意乡村的溃散
——《百鸟朝凤》解读

徐 成①

【摘　要】《百鸟朝凤》，一曲农村民俗之殇，从它由盛转衰的整个变化过程，可以看出乡村民俗文化在现代化工业进程中，无可挽救地走向消亡。它的消亡，不仅仅是一种文化的消逝，更折射出诗意乡村的溃散。

【关键词】 乡村　民俗　诗意　溃散

肖江虹，一个在贵州人多粮少的偏远之乡生活了十五年的乡土作家，秉承着沈从文、汪曾祺的遗风，创作中不仅浸透着浓郁的乡土气息，还展现着新时期西南偏远农村在城市文明入侵时所面临的困惑和焦灼。他的作品如《百鸟朝凤》《蛊镇》等不仅展现着民间独特的地域文化，还善于用冷静透彻的眼光体察出新时代农民的精神状态，但他拒绝用苦难抒写乡村的蜕变，而是多以民俗文化为切入点，在传统民间习俗因外在的大环境改变而被毁坏的同时，既表现出自己的文化认同，又为诗意乡村的溃散唱一首挽歌。

《百鸟朝凤》就是这样一部以贵州乡村特有的丧葬文化唢呐队为切入点书写的诗意乡村挽歌。"百鸟朝凤"，旧时喻指君主圣明而天下附依，后来也比喻德高望重者众望所归。它作为一首丧葬曲，是大哀之乐，非德高者弗能受也，而且吹奏这首曲子的人也必须是有德之人，唢呐队一代弟子中只传一个。小说开篇就介绍了这支曲子的神圣和高贵，然而，就是这样一支高贵的曲子，最后也没能摆脱沦为街头乞讨之歌。"百鸟朝凤"，不仅是唱给消逝的唢呐文化的一首哀歌，也是写给所有乡村民俗文化的一曲绝唱。

一、退变的乡土

地域性的乡土文化，是大多数作家文学创作的温床和载体，是构成文本地

---

① 作者简介：徐成，贵州师范大学文学院，2015级现当代文学研究生。

方特色和文化特色的重要源头。在现代与传统、城市与乡村的碰撞中，很多乡土作家心中的"乌托邦"已经濒临破碎，迷失在现代化"都市文明"中。就如贵州作家肖江虹，他曾生活在农村，他回忆自己被放养的童年，就是没日没夜的遍地乱跑，快乐的嬉戏让他和那片土地建立了朴素而深厚的感情。他说："如今，一旦空闲下来，我就会回到那里住上一段时间，听老人们絮叨往事，看风掠过村庄，闻烈日下苦蒿的味道。我小说的场景和人物，几乎都和那片土地有关，只要一想到他们，我就特别来劲。"儿时的故土带给肖江虹挥之不去的乡土情结，也可以说，它是作者的精神归依。小说《百鸟朝凤》的素材就来源于作者家乡一支民间唢呐乐班的际遇，展现两代唢呐艺人以及唢呐这种民间艺术形式在现代化的挤压下逐渐消亡的过程，这个过程首先不可忽视的就是乡土的退变。

乡土变化一方面表现在乡村的自然风景上，另一方面作者通过乡村周围环境的改变展现退变的乡土。《百鸟朝凤》的叙述视角一直聚焦在土庄和水庄之间，在经历唢呐的盛衰沉浮的变化过程中，乡村风景也随之改变。在唢呐队兴盛时期，乡村还没有受到现代化的冲击，一切都浸透着田园般的诗情画意，翠绿竹林掩映下的土墙房，细窄弯曲的鸡肠小道，给人悠然的享受。主人公天鸣刚刚拜师学艺时，土庄的风景给人一种清新明丽的感觉：河岸飘动的烟柳、翠绿的河湾、纯白的水鹤等让人如同置身于世外桃源，给人憧憬和希望，即使是春夏秋冬季节的交替，也给人温暖的色泽体验，这是诗意乡村的写照。随着唢呐的由盛转衰，风景的颜色也褪去了一贯的温润而变得冰冷了，自然风景的暖色调也由明丽而退变为萧条衰败的冷色调。如原本雪花飘落的纯白混着雾凇朦胧的美的冬天，到后来变得随随便便和蹬鼻子上脸，"整个冬天都邋里邋遢，只知道一个劲地落冰雨，钉得人脸手生疼不说，还把一个水庄搅得稀泥遍地"；原本耀眼的、黄灿灿的太阳到后来被冷月所代替，寒气逼人。淳朴悠然的田园风景逐渐被现代化的公路楼房所代替，冰冷灰暗代替了温暖明亮的色泽，而这一切自然风景都暗含着唢呐队的未来。

后来年轻一代涌入大城市打工，他们抛却了传统的躬耕生产方式，在城市中寻求新的发展，乡土对于他们来说变成了一个暂时的寄居地——即只有在重要时刻或特殊事件发生时才回去的地方，如丧葬。田地里除了老一辈还在严格地恪守自然节令变化耕作外，如之前焦师傅每日起早贪黑在田间忙活；新一代已不满足于仅仅靠劳作而获得的收益，他们或自己开厂，或当工人，土地的继承者们思想观念已发生改变，他们的双脚已从农村跨入了城市，并试图清掉脚上的污泥，乡土退变就在所难免。不仅土地荒芜，新式的唢呐将们也不再以朴素的穿着吹奏唢呐，来展现丧葬的肃穆，而是替换成了颜色鲜亮的西装配合喧嚣的丧葬庆典。

二、退变的乡民

存在于乡村的诗意在现代文明对它的不断入侵中消逝了,乡村传统、乡情、乡谊也被现代的功利化、物质化追求消解。就如作者所说"我想,在食不果腹的年代,我们还把礼仪看得如此重要,如今物质丰盈了,廉耻却成了稀罕物。今天回过头看,那时候的乡村规规矩矩,鸡犬之声相闻,黄发垂髫怡然自乐,靠什么维持?靠的是人心深处千百年的道德积淀。"的确,传统乡村乡民们最看重的是礼、德,就如"百鸟朝凤"这支曲子,只有有德之人才能享用。而在现代化进程中,这种传统的道德精髓却在不断丢失。在《百鸟朝凤》中,乡民的退变主要表现在对待礼仪规矩的变化上、对于土地的情感以及逐渐淡化的亲情上。

吹唢呐属于一门传统民间技艺,在传承方面要讲究严苛的师徒之礼,如小说中父亲带着天鸣去拜师学唢呐的场景,父亲的紧张、焦虑、小心翼翼,以及后来徒弟天鸣对师傅的敬畏和依从,都是尊卑有序的传统体现,这是"礼"在尊师方面的体现。唢呐是为丧者所吹,而丧葬原本是一个很严肃的仪式,它所展现的是对死者的缅怀和哀恸,不管是对于奔丧家还是唢呐队,都要按规矩来,因为"不依规矩,不成方圆"。对于奔丧家,唢呐班子出活时都要派有专门的接客负责运送唢呐将的工具,演奏时,劳作的人都会来观看,孝子也会随着唢呐奏出的哀号而伤心欲绝、泪流满面,仪式庄重肃穆。"百鸟朝凤"是一曲"非德高者弗能用也"的曲子,能享用这首曲子对于丧葬家是一种荣耀,人人都渴求自己已逝的亲人能享用此曲,所以唢呐队就要坚守"德",按规矩办,不能因为眼前的小利益而丢掉此曲的尊贵,丢掉作为一名匠人的操守。可是重礼重规矩的乡民在现代化、物质化的时代冲击下已经逐渐抛弃"礼"的束缚,变得随心所欲。如年轻一代的长生不屑于行师礼,把丧葬当作一个走走形式的过程,叫天鸣随便吹吹就行,别太当回事儿。逝者能享用"百鸟朝凤"也不再看做是一件了不起的事儿,因为乡民们接受了让葬礼更加热闹、排场更加大的西洋乐队或者十六台唢呐队。传统的礼在新式乐队的冲击下被金钱化消解,传统唢呐从有声之唱到无声之唱也是对乡村礼制社会崩塌的惋叹。

乡民对于土地的归依感淡化也是乡村荒芜的重要原因。老一辈的乡民如焦师傅、游天鸣的父亲他们都是日出而作、日落而息的地地道道的农民,即使要吹唢呐,也没有忘记作为一个农民的本分。作为庄稼人,他们在土地中得到归依和满足,祈求风调雨顺,有个好收成;而成长起来的后辈们却不再固守土地,他们走进大城市去谋求新的生存道路,几乎放弃了传统的躬耕,摇身一变成为了城市的工人。老一辈对于土地的眷念和依赖到后辈们这里已经完全失去了它的价值,现代化浪潮的冲击使他们与土地脱离。乡村后辈们出现的两次场景都是在办理丧事的场合上,他们带着现代化的新思想、新设备给传统的农村丧葬文化带来颠覆性的毁灭。老一辈的不断离去,后辈们的不断背离,田园将芜,满含温情的乡村社会到最后会不会也变成一个冰冷的荒园,到最后土地的守候者会是谁?乡村将一去不复返,古老的文化传统和诚挚单纯的人情所遗留下来的美好观念也会逐渐消逝。乡村也许在不久的将来就会变成另一个城市。

就如肖江虹自己感触颇深地说过:"即便在贵阳呆了七八年,还是感觉自己和城市没什么关系,而若是在乡村,你会知道寨子里哪家人姓什么,有几口人,大的娃娃叫什么名字,小的娃娃叫什么名字,有几头牛,狗凶不凶,甚至放牛路上哪个地方有一洼水,哪个地方的茅草长得好,都知道,乡村是个熟人社会,但在城市不行,比如去沃尔玛,我要牙膏,拿起就走,其它一切还是很陌生。"而这种"陌生"在文本中体现在逐渐淡化的亲情上,亲情的淡化加剧了乡村的溃散。这里的亲情包括很多方面,如父子之情、师徒之情等。让人印象最深的就是游天鸣与他父亲之间感人真挚的父子之情。游家班唢呐队消沉,病危的父亲放弃治疗含泪卖掉家里唯一的老牛支持儿子的唢呐队,父亲的爱真实质朴。还有和谐融洽的师徒之情、师门之情。天鸣在焦师傅家学唢呐时,焦师傅和师母视其如己出。不论是哪一种亲情,都体现了人性善的一面,都让人感到其乐融融的和谐之感。但这种温馨可贵的亲情也在现代化中逐渐淡化并变得陌生。如年青一代的长生,常年在外,他父亲走后,天鸣问老人家怎么走的,他边喷烟边笑着说这个月都死三四次了,死去没多久又缓了过来,直到昨天早晨才算死透[1]。亲人的逝去原本是一件很悲伤的事,在长生戏谑的语气里死亡演变成了一件荒谬好笑的事。而以长生为代表的年轻一代已将逝去亲人的悲痛转移到现代化的丧葬仪式上,他们抛弃了传统的庄严肃静而是以喧闹讲究排场取代。对待死亡的态度以及讲究丧葬仪式的外在红火都在一定程度上呈现出亲情的淡化。

总的说来,不论是对待礼仪规矩的变化上、对于土地的情感以及逐渐淡化的亲情上,都不同程度地展现了淳朴的乡村民风、民情在退变中的溃散。

三、退变的民俗

肖江虹的很多小说都是以民俗为切入点传达他对乡土的思考和眷念。他总是喜欢在县志上收集民俗有关的东西融入到小说中来,他自己就说过:"小说家不可能什么都知道,县志能相对公正地把史料提供给你。"每次打开志书,里面的民俗总会让他灵光一现,他深感那些里面提到的儿歌、孝歌、山歌等语言鲜活、大胆,"最具文学含量和文化涵养"。对肖江虹而言,《修文县志》是他链接家乡的纽带,是一把开启某种神秘体验的钥匙。通过县志,他把对故乡的感情疏通,并用唯美的语言表达出来。所以《百鸟朝凤》本身讲的就是修文县一个关于唢呐文化民俗传承盛衰的故事,它是西南乡村民俗的丧葬文化典型代表。

吹唢呐，是一门匠活，它不是吹给别人听的，而是吹给自己听的。它讲究的是匠人对于技艺的坚守和信仰，里面有很多礼仪。比如焦师傅，对于吹"百鸟朝凤"接班人的选择更多的看重的是"德"和能把这门技艺传承下去的坚守，所以焦师傅没有将"百鸟朝凤"传给天赋极高的蓝玉，而是传给了老实善良的游天鸣，对于交给天鸣的每一个调，焦师傅都会很严苛地要求他练上十来天，这是传统艺人对于技艺笃定坚持的态度。对于唢呐的接班人，也就是《百鸟朝凤》的继承者，一代弟子中只传一个，并要举行盛大的继位典礼，而唢呐继承典礼则是全村人都会前往的神秘盛会，在非常庄重肃穆的供奉仪式中不仅展现出传统乡民对待唢呐继承的敬畏，而且也展现了独具特色的民俗地域文化。如文中描写唢呐继位的场景：屋檐下有一张八仙桌，八仙桌的下面是一头刚宰杀完毕的肥猪。此刻，这头猪是供品，仪式结束后，他将成为全土庄人的一顿牙祭。猪头的前面有个火盆，火盆里的冥纸还在燃烧。焦师傅在人群中将传了五六代人的唢呐小心翼翼地拿出，全村人都屏住呼吸，在最肃穆的时刻中静听谁会成为下一任班主。[3]在庄严肃穆的仪式下不仅见证了一场神圣的继承大典，还让我们见证了民俗的地方性和原始性。

然而曾经被大家争相观看以及备受尊重与期待的唢呐表演，从被敬畏到厌恶，从被围观到无视，从人群的热闹到消散，最终唢呐也没能逃脱被西洋乐队及新式乐队取代的命运。西洋乐队以架子鼓、电吉他、电子琴等现代乐器组成，配以现代流行音乐，喧嚣嘈杂的声音中夹杂着底下看客们欢快的浅吟低唱，丧者家人以及看客们完全忘却了丧葬的悲伤与压抑，丧葬仪式变成了一场集体变异的狂欢。不仅西洋乐队对传统唢呐乐队造成冲击与消亡，新式的唢呐乐队也加速它被其他乐队取代的步伐。以"百鸟朝凤"为代表的传统唢呐表演注重规矩，讲究"不以规矩，不成方圆"，所以再大规模的丧葬场面也只能分为：四台、八台、百鸟朝凤。新式的唢呐乐队则不再讲究规矩，也不再注重唢呐技艺的精湛，而是以排场气势取胜。唢呐的传统演奏模式被新式乐器所代替，"百鸟朝凤"也失去了它所含有的至尊的地位，人们也不再期待是否能享受一场百鸟朝凤的耳听盛宴。小说中西洋乐队演奏时，以游天鸣为代表的唢呐队奋力想压过他们时，不仅徒劳，还被底下欣赏西洋乐队的小年轻用金钱羞辱。另一个十六台的唢呐队器宇轩昂地对着一大沓百元钞票吹奏，这不是一场对死者的祭奠，而是对钱的表演。文中这样描写道：十六个唢呐将占据了整个院坝，连死者这个理所当然的主角都被逼到了狭窄的一隅。一排条桌浩浩荡荡地拉出了雄壮的架势。条桌上的茶盘里有香烟和瓜子。瓶装的润桑酒也精神抖擞地站成一列。唢呐将一色暗红色西装，大宽领，下摆还卷了圆边，一个个向即将走入洞房的新郎……"起"班主发声，接下来就是一场宏达的鼓噪，唢呐太多了，在步调上很难达成一致，于是就出现了群鸟出林的景象，呼啦一片，沸沸扬扬。[2]祭奠死者的悲伤被外在场面的壮观热闹所淹没，在金钱利益化的冲击下传统民俗唢呐演奏被挤下了舞台。而更为讽刺的是，这场盛大的十六台唢呐吹奏表演发生在火庄，而文中说过，火庄是无双镇几个庄子中最落后的庄子，它们的房屋还多是茅草屋，道路也还很狭窄，就连人也是最老实。原本作为无双镇最后一片朴实的原始土地，原本以为乡村民俗会在这里得以保存，却不想也已被喧嚣嘈杂的乐声所取代，现代化的新思想已经侵入了人们的骨髓，而外在的房屋、道路的改变只是时间问题了。

四、诗意的绝唱

"百鸟朝凤"本是敬送亡人的大哀之乐，非德高者弗能受也，最后却落得变成街头卖艺之曲。唢呐演奏的由盛到衰，文本中作者选取了对于唢呐文化的四个不同典型：父亲——唢呐一直的追随者；师傅——唢呐的守护者；我——唢呐无意识的抛弃者；蓝玉——唢呐有意识的抛弃者。小说主要就在父亲、焦师傅、我、蓝玉四人之间对于唢呐的不同态度来展现唢呐的盛衰变化。父亲的梦想是当一名唢呐将，自己的愿望没实现于是就把做唢呐将的理想寄托在了儿子天鸣身上。从陪儿子天鸣去拜见师傅的忐忑到儿子被收为徒弟的喜悦，到后来天鸣当班主的满足，作者展示了父亲对唢呐一直的追随。唢呐走向衰败后，父亲感到愤怒、绝望，想挽回唢呐的困境而又无能为力，最后只有拖着患有绝症的虚弱身体将家里的老牛卖成钱为业已分崩离析的唢呐队尽自己的一点微薄之力。父亲的心情随着唢呐的兴衰而起伏，他的生命也因唢呐的绝唱而终止。"百鸟朝凤"不仅是为自己而唱，从另一种意义上来说，也是为以父亲为代表的民俗文化坚定追随者的逝去而唱的挽歌。父辈中的另一个代表是焦师傅，作为唢呐的守护者和传承者，他一直秉持着以"德"传人，以"德"吹奏，以"德"坚守的坚定信念，所以他没把"百鸟朝凤"传给天赋极高而又聪明的蓝玉而是传给了老实善良的游天鸣；他没有因为钱而给查老爷子（金庄的霸主）吹奏"百鸟朝凤"，而是主动请天鸣为窦老支书（剿匪修路的带头人）吹奏一曲"百鸟朝凤"；他一再嘱咐下一代班主天鸣：唢呐不是吹给别人听的而是吹给自己听的。焦师傅是感受并经历唢呐盛衰最直接的见证人，他一直用自己的德行和技艺努力延续唢呐的生命，但最终也没能挽回它走向衰败的悲惨境遇，焦师傅在绝望中投入了大城市的现代工业化之中，他由农村转向城市，实在是绝望之后的无奈之举，更是对乡村民俗文化被浮躁的大众文化侵占后挣扎无果的妥协。所以《百鸟朝凤》其实也是对焦师傅这类拥有传统技艺的匠人无法将技艺传承而技艺终将尘封于历史长河的惋惜和哀叹。

对于年轻一代的游天鸣和蓝玉——唢呐无意识的抛却者和唢呐有意识的抛

却者来说，游天鸣作为唢呐队的班主，面对外部世界新事物变化所带来的冲击和压力，感到迷惘和不知所措，班主身份的压力又迫使他时刻将唢呐拿在手上，但唢呐却已不在心里，所以到最后连自己都忘了"百鸟朝凤"的曲调。民俗文化的传承者是以天鸣为代表的不坚定的迷惘困惑青年，民俗文化的纯洁性也已被外界的杂质所污染，作者有一种"哀其不幸，怒其不争"的愤怒和无奈。蓝玉为代表的有意扎根于大城市的乡村青年，思想观念的转变使他们已不再局限于依靠传统的技艺过活，更有青年已不屑于这些民间技艺。年轻一代的两种态度都已经或暗或明的展现了对民俗文化的抛却，技艺传承的希望也就变得更加渺茫无望，"百鸟朝凤"也就曲如其名一样成为为唢呐最后的绝唱。

在最后省上派来挖掘和收集民间民俗文化的工作人员来收集游家唢呐班子的一场完整唢呐表演上，原本以为会有的一点重振唢呐乐队的渺小希望也在天鸣到省城后给浇灭了，游家班的师兄们都因各种原因而不能再吹起唢呐了——二师兄在工厂打工中指没了，在水泥厂卸货的四师兄受水泥影响已经吹不响唢呐了。曾经如此诗意美妙的吹奏生命之声，也随着人散而曲终了。对于这种变化，就如贾平凹所说："他们（农民）无法再守住土地，他们一步一步从土地上出走，虽然他们是土命，把树和草拔起来又抖尽了根须上的土栽在哪儿都难活。……我站在街巷的石坡子碾坊前想，土地从此要消失吗？真的是在城市化吗，而农村能真正消失吗？如果消失不了，那又该怎么办？"[4]这也是作者想传达的深深的隐忧，老一辈的逝去，年青一代的远离，诗意的乡村将走向哪里？民俗文化将何去何从？是消失吗？还是异化成另一种现代娱乐？"大哀至圣，敬送亡人"，而这里的《百鸟朝凤》已不仅仅是献给亡人，它也是献给那片行将消失的柳絮飘飘、余烟袅袅的充满诗情画意的土地，那群勤劳朴实、善良单纯的乡民，还有那悲凉凄怆、庄严神圣的唢呐之声。

参考文献

[1] 李海音. 被抛弃这和被侮辱者[J]. 当代作家评论：2014（03）.

[2] 汪青梅，陈斌. 肖江虹小说中的民俗文化与乡村社会变迁[N]. 安顺学院学报，2013.

[3] 王琪君. 肖江虹小说《百鸟朝凤》的内在张力[J]：2016（02）.

[4] 杨倩. 向死而生—浅析肖江虹小说中两辈人的生死观[J]. 剑南文学（上半月）：2015（01）.

[5] 杜国景. 肖江虹底层叙事与突破[J]. 小说评论：2015（01）.

[6] 颜水生. 新世纪贵州小说的主题景观[J]. 小说评论：2016（03）.

[7] 金永清. 农耕文明裂变下的乡土叙事[D]. 河北：河北师范大学，2009（06）.

[8] 春荣. 论贾平凹乡土小说中对乡村文化没落的关注[D]. 内蒙古：内蒙古师范大学，2013（06）.

[9] 王春霞. 现代性焦虑下的迷茫与失落——解读贾平凹《秦腔》[J]. 时代文学（下）：2015（09）.

[10] 王岩. 贾平凹乡土题材小说研究[D]. 山东：山东师范大学，2010（04）.

构建高考语文写作测试中的模糊评估体系

夏 雪[①]

【摘　要】 高考语文写作测试因其特殊性侧重点在于结果评价，传统意义上的结果评价主要是依靠精确评估，具体到作文评分上就是每个考生的作文对应着且只对应一个数值，在日益重视教育考试公平与追求科学评估学生写作能力的今天，显然，这种精确评估方式亟待转型。对此，本文着力构建高考语文写作测试中的模糊评估体系，且从三个方面来组织行文：首先，回答要建构的是什么？即模糊评估的概念界定及其背景梗概；其次，回答为何要建构这种模糊评估体系？主要围绕模糊评估与语文写作的联系及模糊评估在写作测试中的运用来论述；最后，回答怎样构建的问题？则从评分标准、评分员以及模糊评估自身不足等维度提出策略性的措施。

【关键词】 高考语文　写作测试　模糊评估

一、模糊评估简介及发展

模糊评估其理论来源是模糊数学，模糊数学诞生于1965年美国自动控制专家 L.A.Zadeh 基于多值逻辑提出的"fuzzy sets"（模糊集合）概念，它是一种应用模糊集合理论的控制方法。模糊数学理论广泛涉及自然科学、人文社会科学等领域，为其提供了科学化的定量分析方法。多值逻辑在二值逻辑的基础上发展而来，多值逻辑指出对象可以在一定程度上隶属于多个集合，通过对研究对象隶属程度的分项研究，可以使研究结果更加清晰化、科学化，做到尽量的客观性、准确性。这里的"模糊"概念在一定程度上属于某一集合，即模糊集合，模糊评估就是运用这种模糊集合原理而形成的评估体系，相对于精确评估强调是或非的二维端点而言，模糊评估允许中间状态的存在，在细化研究现象的各部分因素下，再得出较为合理、公平的评价结果。

---

① 作者简介：夏雪，贵州师范大学文学院2015级学科教学（语文）研究生。

随着交叉学科研究的深入，模糊评估也运用于口语测试及写作测试这一类人文学科领域，伍铁平先生发表于1979年的《模糊语言初探》论文，可以说是国内最早运用模糊理论进行研究的文章，随后，张文忠、郭晶晶二人于2002年基于模糊数学原理提出模糊评分的方法，并比较现行的分项评分和综合评分方法，得出模糊评分方法在主观性测试中的运用，得出的结果更加客观化、准确化的结论。[1]2008年，金檀、王琰等人对以汉语作为第二语言的留学生进行口语测试模糊评分的实验研究，结合语言测试理论与模糊控制理论提出了三种模糊评分方法：整体主观模糊评分法；分项主观模糊评分推理法及分项主观模糊评分加权法。运用三种方法所得结果均服从正态分布，三者之间没有显著差异，且与现行评分方式在某些因素上有着紧密联系。[2]同年，张文忠及张姮二人基于模糊数学原理而进行口语测试的模糊评估框架构建的研究，其目的是为口语测试提供一个更加符合实际、更具操作性的评估方法。[3]综合这段时期关于模糊评估的研究成果，可以看出模糊评估在运用中有几个不可忽视的关键因素，即隶属度、权重系数以及隶属函数等因素的确定，在运用模糊评估的实际操作中，这几项因素都要确定其适用性的。

模糊评估由口语测试进入语文学科领域是在二十世纪八十年代左右，模糊理论引入语文教学展开相关研究，这一阶段先后出现了李国霖的《试论语文教学的模糊性》《浅谈语文教学的模糊性在教改中的特殊地位》和刘国盈的《应用的广泛性和层次、等级的模糊性——语文学科特点辨析》《模糊性在语文教学中的作用和地位》等，这些研究主要是从宏观上探讨模糊理论对语文教学的启示，对语文模糊教学法进行总体研究。随着模糊理论在语文教学中的研究深入，在九十年代出现了一些专论性文章，如马笑霞的《模糊理论与语文教学心理》《浅谈语文阅读教学与模糊性》和熊成钢的《模糊理论与语文阅读教学》等研究。[4]以上研究主要是运用模糊理论来做理论支撑，并未将模糊评估作为单独的切入点，而且，大多数都集中在语文教学方面，也没有将语文写作测试作为独立的研究点，这给研究者进行模糊评估在写作测试中的运用等相关方面的研究留下了很大的空间。进入21世纪后，由倪文锦和李子建主编的《语文学科教育前沿》[5]作为语文教师教育系列教材出版，更是将"模糊评估与写作测试"作为独立章节进行概要阐述，且重点立足高考语文写作测试与校内语文写作测试来概述模糊评估的具体操作与实施。不得不言之，这又给有意愿研究语文写作测试中模糊评估运用的研究者提供了可启发性的参考文献。

二、模糊评估在写作测试中的运用及关系体现

写作测试是基于语言知识与能力运用的表现型题型，着力考查学生书面表

达的能力。为了能有效且全面的反映学生写作方面的能力、水平，评价体系的科学性、适用性则尤为关键，其中，控制评分误差更是重中之重。特别是在高风险类语文写作测试中，构建一套有效且科学的写作评分体系必不可少。写作测试中有三个重要的维度，即任务、评分标准及评分员，三者的互动协作使写作测试这种主观行为的表现转化成量化的具体的分数，这过程就是评分过程，为了使评分体系更加合理化，客观化展现考生的写作能力，公平地对待考生的写作，基于模糊集合概念的评估体系应运而生。我国的高考写作评分标准的制订主要经历三个阶段：由最初的整体评分到分项分等评分再到分级分项分等评分，标准的制订由粗放向具体过渡，随之对评分员的要求也在逐渐严格。模糊评估基于写作测试的评分标准，进行"模糊化"——"清晰化"的评估过程，主要是改变了以往评分员二值逻辑思维上的评分方式，即要么"优秀"或"不优秀"、"良好"或"差"的划分方式，不存在中间状态的综合分析。模糊评估大致可分为三类：整体主观模糊评估；分项主观模糊评估推理法；分项主观模糊评估加权法。不管是哪一种方法，都要经过"模糊化"——"清晰化"的过程，"模糊化"过程是指评分员通过模糊集合对考生的表现打分；"清晰化"过程是指运用某种方法对模糊化集合进行量化的结果定位，如推理法和加权法。

结合我国2015年全国课标卷考生样卷来进行分项主观模糊评分加权法，它由"模糊化""加权"和"清晰化"三个步骤组成。首先根据高考写作评分标准，来确定分项内容以及各项权重系数。2015年新课标卷中将写作评分标准分为基础和发展两个等级，基础部分又分为内容与表达两大块，且各项各占20分，由此可将权重系数均设定为1。具体评分标准内容见表1：

表1：新课标卷作文等级评分标准（满分：60分）

		一等（20-16分）	二等（15-11分）	三等（10-6分）	四等（5-0分）
基础等级	内容20分	符合题意 中心突出 内容充实 思想健康 感情真挚	符合题意 主题明确 内容较充实 思想健康 感情真实	基本符合题意 中心基本明确 内容单薄 思想基本健康 感情基本真实	偏离题意 中心不明确 内容不当 思想不健康 感情虚假
	表达20分	符合文体要求 结构严谨 语言流畅 字迹工整	符合文体要求 结构完整 语言通顺 字迹清楚	基本符合文体要求 结构基本完整 语言基本通顺 字迹基本清楚	不符合文体要求 结构混乱 语言不通顺语病多 字迹潦草难辨
发展等级	特征20分	深刻 丰富 有文采 有创意	较深刻 较丰富 较有文采 较有创意	略显深刻 略显丰富 略显文采 略显创意	个别语句有深意 个别例子较好 个别语句较精彩 个别地方有深意

确定分项和权重系数后,选取考生的作文样卷为例,首先评分员就该学生的作文进行隶属度的模糊判断,如从基础等级的角度来衡量,该生作文大致可归为一类卷和二类卷之间;从发展等级来看,大致可归入二类卷。以10分为总分,基础等级和发展等级各项分值如表2所示:

表2:评分员对作文分项进行模糊判断

等级	一类文	二类文	三类文	四类文
内容	7	2	1	0
表达	3	6	1	0
发展	2	7	1	0

由表可得出:该生作文在一类文的各项集合为{7, 2, 1, 0},二类文{3, 6, 1, 0},三类文{1, 1, 1},四类文{0, 0, 0},这便是"模糊化"过程。然后对各项进行"加权",得出加权后的模糊集合,如表3所示:

表3:对分项进行加权计算(权系数为1)

等级	一类文	二类文	三类文	四类文
内容	7*1=7	2*1=2	1*1=1	0*1=0
表达	3*1=3	6*1=6	1*1=1	0*1=0
发展	2*1=2	7*1=7	1*1=1	0*1=0
合并	(7+3+2)/3=4	(2+6+7)/3=5	(1+1+1)/3=1	(0+0+0)/3=0

该生作文加权后得出的模糊集合为{4, 5, 1, 0},分别指其作文属于四类文的程度为0;三类文的程度为1;二类文的程度为5;一类文的程度为4。接着进行"清晰化"过程,目的是让上述模糊评估结果{4, 5, 1, 0}转换为一个具体的分数。由于标准的隶属度函数取值范围在0到1间,所以我们将这位考生作文的模糊评估结果{4, 5, 1, 0}转换为标准形式{0.4, 0.5, 0.1, 0.0},并将其体现在隶属度函数图上,函数图的横坐标方向上从左到右依次是,四类文,三类文,二类文,一类文,横坐标最大值为满分60;纵坐标是0到1之间,将该生作文的模糊评估结果{0.4, 0.5, 0.1, 0.0}标注在函数图中,对重叠部分采取重心法找出重心,最终重心点所对应的横坐标数值即为该生作文具体得分。[6]

三、构建高考语文写作测试中的模糊评估体系

模糊评估在写作测试中的研究、运用,一方面在于其自身的优越性,即公立者、接地气、大气这三个互为一体的独特价值。公立者:模糊评估在写作评

价中处于教师与学生的公立者。它不是传统的整体评分，参杂众多的教师个人因素，而是在尽量客观化的评分或评语中公平对待学生的写作。接地气：模糊评估要求教师评语要接地气，用朴实、针对性的语言明确指出学生作文中的问题。以往的作文评语要么就是寥寥几语，要么就是修辞性的语句一大推，不实际。大气：模糊评估中的"模糊"二字，就体现了大气，它涉及的评价点全面且有重点，而在传统评价中，往往会偏向于某重点进行评价，而忽视其他写作因素。除了保持其优越性的特征，另一方面要针对其不足采取有效措施，完善模糊评估。从上文可以看出，在写作测试中运用模糊评估不得不考虑几点重要因素，即评分标准的清晰；评分员评分信度。这两点的完善才能保证模糊评估实施的可信度。

首先，写作评分标准制订要清晰。观察我国高考新课标卷写作评分标准，不难发现评分标准存在着不清晰的问题，标准中的四类文用了程度词加以区别，的确简洁，但并未制订全国统一且详细的各项评分的具体说明作为参考，使其清晰化。最典型的就是文体不清。评分标准中提出"符合文体要求"，但并未提出其符合的具体标准，更没有针对不同文体提出具体标准。2009年上海和江苏率先制订了高考议论类文体和记叙抒情类文体评分标准，虽然也存在某些问题，但此举值得学习。对此，构建高考语文写作测试中的模糊评估体系，写作评分标准制订一定要清晰。

其次，增强评分信度。作文评分员偏颇的产生呈多源性，评分员在评阅过程中与诸多因素，如考生"写作任务难度""评分员宽松——严厉度""评分员背景""评分项目""评阅时段""评阅方式"，等等，且会产生交互作用，导致评分员评分一致度不高的问题。由此又导致评分偏离"真分数"。[7]因此，尽量做到评分信度最大化，平衡评分信度与效度。对此，必须对评分员进行培训，客观地减少评分员的偏颇。具体内容包括：选取具有丰富写作教学经验的优秀教师；尽量使用分项法评分量表；建立更加详细的评分员档案；注释加强评分者对评分标准的理解并一起探讨制订评分细则；解读典型样卷；在定向的培训思维中立足多个角度进行思维培训，特别是立足学生的立场。

除此之外，构建高考语文写作测试中的模糊评估体系，模糊评估有不可忽略的两大事实：一则它引自国外，主要是英语口语测试；二则国内早在2002年便介绍了英语口语模糊评估，随后也影响到了语文写作测试的评估，但并未受到足够的重视。据此可知，模糊评估在我国写作测试中存在不成熟问题，还需要不断完善。对此，笔者主要建议两点：一是结合语文写作特点，做大量模糊评估的实证性研究，使其操作环节日益科学化。模糊评估在高考中语文写作测试的运用，主要是采用分项主观模糊加权法。这里重点就是"加权法"三字，它涉及了权重系数、隶属度函数的建立以及重心的计算，怎样确定它们的操作过程，使之成为最合理、最科学的方式？无疑，这需要研究者进行大量的相关实验性研究加以完善和确定。二是研发模糊评估——计算机一体化的操作系统。在高考写作测试评分中，模糊评估涉及复杂、精细的操作程序，不可能靠评分员独立完成，增其心理压力和强度。一定要借助计算机这一载体，使其承担复杂的操作过程。

综合来说，评分标准的清晰化是为了给评分员制订明确的培训任务，使其尽量地客观、合理性进行分项评估，在此基础上，再由计算机进行科学的模糊评估运算，最终得出最大化的公平性得分。这几大策略之间实质就是一条环环相扣的链条，互不可分。理想效果就是：使模糊评估能在高考语文写作测试中顺利且有效的构建且推行起来。

四、结语

就外部形势而言，随着我国新课标改革的不断推进与实施，高考试卷也在不断地改进、更新，这必然要求构建适应现代化高考体制的评分体系。立足于高考评分体系本身来看，如何减小评分误差，实现高考评分的最大公平化、客观化，一直以来都是高考测试研究的热点与难题，模糊评估就是利用模糊理论的合理性与科学性，结合语文写作特性生成一套独特、先进的高考语文写作评估体系。鉴于各方面条件，模糊评估现在还不完全成熟，还存在诸多不足，在语文写作测试中的评估运用也要经过大量实证性的研究，为此，构建并实施高考语文写作测试中的模糊评估体系还有一段漫长且艰难的道路要走！

参考文献

[1] 张文忠，郭晶晶. 模糊评分：外语口试评分新思路[J]. 现代汉语，2002（01）：98-102.

[2] 金檀，王琰等. 口语测试模糊评分方法设计及实验研究[J]. 2008（02）：1.

[3] 张文忠，张妲. 基于模糊数学原理的口语测试模糊评估框架[J]. 外语教学与研究（外国语文双月刊），2008（06）：1.

[4] 王伟. 模糊理论在中学语文教学中的运用[D]. 山东师范大学，2005：11.

[5][6] 李子建，倪文锦. 语文教师教育系列教材：语文学科教育前沿[M]. 北京：高等教育出版社. 2012：138-139.

[7] 陆远. 写作测试公正性研究——作文评分员偏颇研究综述[J]. 外语测试与教学，2011（02）：35.

文学视域下的梵净山佛教源流考

谢慧文[①]

【摘　要】 以"弥勒道场"闻名于世的梵净山，与山西五台山、安徽九华山、浙江普陀山及四川峨眉山齐名，并称中国佛教"五大名山"。其神秘的自然景观及流传千年的佛教文化吸引着国内外佛教信众与学者文士的广泛关注。但关于梵净山佛教的起源及发展，众说纷纭，辅证待考，尚无定论。历代文人学士与僧侣创作的诗文中多有涉及梵净山佛教文化者，这些文献可作为探究梵净山佛教源流的辅证资料。本文将从涉及梵净山佛教的文献资料中选取部分诗文及志书记载，就梵净山佛教源流问题做文学视域内的探讨。

【关键词】 文学视域　梵净山　佛教　源流

梵净山为贵州佛教名山之最，与山西五台山、安徽九华山、浙江普陀山及四川峨眉山齐名，并称中国佛教"五大名山"。除了令世人叹为观止的绝美自然风光外，佛教文化也是梵净山的一大景观。自佛教传入之日起，梵净山区内开山建刹、广修梵宇，使之成为佛光普照的一片"梵天净土"，故名"梵净山"。关于梵净山佛教的起源，历来并无确论，或以为唐代已有僧人入梵净山境内传法，或认定宋、明之时梵净山佛教才有迹可循。与梵净山佛教相关的文献，包含了地方志、灯录、语录、家谱、诗文集等多种形式，如《铜仁府志》《黔南会灯录》《语嵩语录》《徐氏家谱》《黔诗纪略》等。这些志书和文献记录了梵净山区的300多座寺庙，近千篇诗文是研究梵净山佛教文化源流的重要文物资料。本文将从这些文献资料中摘录部分诗文，以其所处之时、所述之事，在文学视域中探求梵净山佛教文化之源。

一、乌江佛缘

佛教最初具体在何时传入贵州，史书并无确切记载，但《贵阳市志》[1]中

[①] 作者简介：谢慧文，贵州师范大学文学院在读硕士。

有这样一段文字："贵州地处祖国西南，山川险阻，过去对外交通艰难，佛教何时传入，史缺无证。民国《贵州通志·方外》载，唐至元共 6 人，仅 1 人为佛教僧侣。"另有《印江县志》载：唐贞观二十年（624 年）佛教传入印江，在梵净山西北麓建寺庙一座[2]同时，唐义净《求法高僧传》中也有记载，"唐僧二十许人，从蜀道牂柯而出"。由此可见，虽然实证缺失，但从古时传书与历代方志文献中可以判断，佛教传入贵州应是自唐朝开始。梵净山位于湘、渝、鄂三省、市交界的黔东北边陲，分乌、沅两江之水，自古便是川、湘入黔孔道。加之锦江东连沅江，印江西连乌江，佛教就极易从川、湘之地沿沅江、乌江水道传入贵州。那么，佛教又是何时传入梵净山境内的呢？刘禹锡曾写过一首七言律诗，名为《送义舟师还黔南》：

> 黔江秋水侵云霓，独泛慈船路不迷。
> 猿狖窥齐林叶动，蛟龙闻咒浪花低。
> 如莲半偈心常语，问菊就诗手自携。
> 常说摩围认灵鹫，却将山屐上丹梯。

元和十年（815 年），时任朗州（今湖南常德）司马的刘禹锡被移作播州（今贵州遵义）刺史，诏书下达后，柳宗元感刘禹锡老母年迈、长途颠簸之不易，奏请与其对调任职，同朝大臣亦协同为刘禹锡求情，于是，刘禹锡最终被改派为连州（今广州连县）刺史。这首诗便写于刘禹锡在连州、夔州任职期间，具体年代不详。

诗中所提到的"黔江"即乌江，奔流于梵净山西侧，是贵州境内开发最早的水道之一。唐贞观十三年（639 年），侯弘仁开辟牂柯道，佛教文化溯江而上，传入乌江两岸。刘禹锡在连州任刺史时结识了僧人义舟，这首诗正是刘禹锡送义舟和尚回贵州时所作，诗引中讲到"适有沙门义舟道黔江而来。能画地为山川，及条其风俗，纤悉可信。"义舟遍游贵州，体察其风土人情，称道贵州风景绝佳、人杰地灵，而非如境外人所想的"蛮荒不化"之地。虽然诗中并无明确指出义舟游历梵净山区之处，但从其"能画地为山川，及条其风俗"来看，义舟定是遍游贵州名山胜地，这其中，必是少不了梵净山的。因此，刘禹锡为送义舟回黔南而作的这首诗，可算是佛教在唐代就已经传入梵净山区的重要佐证。

二、寺院起兴

佛教自唐时传入梵净山区，但并无可供查证的志书、文献资料显示当时已有寺院存在于梵净山境内。宋朝在开拓新领地及安定边土的过程中极其重视佛教的感化作用，借助佛寺和僧侣的力量统治边远地区民众，甚至在民族战争中招募僧侣为间谍，或者让间谍假冒为僧侣，使之成为开疆拓土的最佳说客。这些事迹多见于当时的志书、小说中，如北宋魏泰所撰文言轶事小说《东轩笔录》中便讲到越州僧愿成因善"符箓禁咒"前往黔地俘获民心却猥亵当地妇女而被"素事佛"的南江土酋田元猛严惩而未杀之事。引文如下：

> 越州僧愿成客京师，能为符箓禁咒，时王雱幼子夜啼，用神咒而止，雱虽德之，然性靳啬。会章惇察访荆湖南、北二路，朝廷有意经略溪洞，或云南人多行南法，畏符箓，雱即荐成于章。章至辰州，先遣张裕、李资、明夷中及成等，入南江受降，裕等至洞而秽乱蛮妇，酋田元猛不胜其愤，尽缚来使，剐斩于柱。次至成，成搏频求哀，元猛素事佛，乃不杀，押而遣之。[3]

这段文字讲到，越州僧愿成秽乱溪洞妇女，当地酋长田元猛愤怒不已，欲杀之以示惩戒。但愿成为求活命，以手掌脸求饶，田元猛平日里信奉佛教，见僧人自惩以示悔过，便不杀而遣之。这表明在宋代，佛教信仰已深入到民众生活当中，以至于西南"蛮夷"之地的酋长都能"放下屠刀"，心念佛旨，予人生路。除诗文中显示出的宋代佛教信仰已深入梵净山区以外，更值得一提的是历代志书沿袭中皆有梵净山在宋代建有寺庙的记载。《印江县志》中统计历代所建寺院时，显示：西岩寺始建于宋代。[4]西岩寺位于梵净山西麓印江河畔印江镇（1954年已毁），它不仅是梵净山境内最早建造的寺院，也是贵州境内修建较早的寺院之一。《思南府志》及《贵州名胜古迹概说》中对此也都有记载。由此可知，宋时梵净山已经建有佛寺，而且境内佛教已在民间普及，故梵净山佛教编年应自宋代建西岩寺始。

三、盛衰有定

元祚短浅，梵净山佛教于此时亦无考。至明代初期，梵净山佛教就已经兴盛起来。《松桃县志》记载：天马寺在乌罗镇毛溪沟村南双凤山前，距县城78.6公里，明洪武六年（1373年）僧毁墨建。[5]另有《思南府志》载：正德以前"乡人祭祀俱用浮屠"。明万历年间，贵州巡抚郭子章所撰《黔记》载梵净山云："贵州山以梵净山为第一，可比天台。"新寺院的修建，深入生活的民间信仰，管理者的重视，足以证明明代初期梵净山佛教已有兴盛之态。此时亦有许多文士、僧侣为梵净山所做的诗文。光绪《铜仁府志》收录明万历乙未科（1595年）进士喻政的《登梵净山》一诗，点名梵净山乃"辟支佛"道场，为明初梵净山佛教宗派体系提供了佐证。[6]原诗如下：

> 回溯昆仑是本根，辟支复起小昆仑。

> 但看上界三垣近，肯信中华五岳尊。
> 古殿灯燃长白昼，危楼钟动欲黄昏。
> 到来却悟无生旨，贝叶何须细讨论。

辟支，为佛教三乘之一，为声闻乘，意为无师而能自通自悟者。除喻政之诗外，清《贵州通志》《铜仁府志》以及《松桃厅志》中都有梵净山"相传有辟支佛遗迹"的字样。吴恩泽在《庄严佛国梵净山》一书中，通过研究梵净山佛教遗迹认为梵净山佛教源于辟支佛。由此可见，最早开始在梵净山境内活动的佛教应是辟支佛，之后又相继出现净土宗、临济宗而至梵净山为"弥勒道场"的最终定位。[7]

因明宣德以后禁佛之故，自明中叶开始梵净山佛教沉寂了百年之久，直至隆庆间弛禁，一些年久失修的寺院才得以重修。后又经明末两次重建，梵净山最终形成五大皇庵、四大脚庵，环山四大古寺的格局。所以，明末文人学士游历梵净山并提笔为诗者大有人在，也有明亡后"逃禅"至梵净山境内归隐者，诗文颇丰。诗有黄堂《观音阁》、王藩《金仙寺》、王泽《题圆通寺》、徐以暹《粤中初旋游大悲阁有感》、王永年《东山寺》等，文有郑逢元《募修水月庵引》、万任《开建莲池庵碑记》等。值得一提的是，明末清初临济宗高僧语嵩也常与文人学士往来唱和，语嵩之《语录》(亦称《语嵩语录》)，吐辞见地深得临济精髓，广受佛教信众与这些文人学士的敬仰。《黔诗纪略》曾收录语嵩与南明"逃禅"文士郑逢元往来唱和之作——《答天虞郑居士》一诗：

> 山居一室两三椽，折脚锅中煮碧莲。
> 茶熟不逢佳客至，日高独许老僧眠。
> 棒驱佛祖浑无迹，喝验龙蛇别有天。
> 断舌英才曾解玉，休将文字谤逃禅。

郑逢元与语嵩多有往来，这首诗既写语嵩居梵净山修行讲法之自得，也表示自己对郑逢元在南明灭亡后选择"逃禅"一事的肯定与谅解。同时也是明代佛教盛行于士大夫之中的写照。广修佛寺、宗派弘传、文士僧侣相与唱和，不得不说，明代是梵净山佛教最为兴盛的时期，正如《敕赐梵净山重建金顶序》碑(《敕赐碑》)所记："盖自开辟迄今，海内信奉而奔趋，不啻若云而若水；王公大臣之钦谒，恒见月盛而日新。久已灵驰于两京、倾动于十三布政、劳旌于抚安、烦顾于道府，诸侯莫不期以魂交黄帝而梦接安期。"

四、佛老运厄

梵净山佛教在清代的发展可谓是一波三折、祸福不定。明末清初，中原战火连绵不断，四方僧侣为避乱纷纷入黔，梵净山作为黔地佛教名山，吸引了许多高僧大德聚集于此洪宣法教。同时，还有一大批明末官员"逃禅"隐居于此，或披剃出家，或缁衣尽孝，上文所提到的南明礼部尚书郑逢元即是其中一员。这些高僧文士的到来给梵净山佛教文化注入了新活力。此外，清代梵净山也多得敕封，康熙年间敕赐天庆寺，道光年间敕赐承恩寺，光绪年间敕赐隆参和尚为"五属都纲"，以体现统治者对梵净山佛教正性的肯定与嘉许。有了统治者的支持，文人学士对梵净山的描绘也更直白明了，对梵净山佛教寺院及其境内自然景观的喜爱之情溢于文中。如康、乾年间庠生夏之骥《团岩寺》一诗：

> 何年凿碣石，云垒叠千重。
> 楚北无双境，黔南第一峰。
> 松音清梵语，竹响杂晨钟。
> 不尽流连意，高人应注胸。

然而，清初梵净山佛教的良性发展并未使这块佛光宝地免于军事祸害。即使地处西南边陲，贵州也难免战火蔓延。清咸同光绪年间，战乱频仍，黔东铜仁、松桃一带不断爆发农民起义。据《贵阳市志》载：清末，贵州变乱频仍，少数僧侣，只知经忏法事，甚至染上烟癖，盗卖寺产，不讲佛门修持，加之佛、道混淆，光怪陆离，佛教以此渐衰[8]。光绪元年（1875年），"黑地大王"刘满盘踞梵净山与清军周旋，贵州巡抚岑毓英亲临督剿，山上寺院再度毁于战火。当时曾参与围剿的书生廖云鹏《花山投戈集》中有诗云：

> 领军小住梵王宫，片石荒凉四壁空。
> 断佛一龛成朽腐，残碑几字认朦胧。
> 神明自古原诛恶，香火于今也受穷。
> 闻道生灵曾赫弈，金刀何事不平戎。

此外，清末举人田慎修在《梵净山诗会集韵》中收有作者不详的《茶殿感旧》诗一首：

> 烂额焦头枕石眠，烧残破庙锁荒烟。
> 如何佛法无边大，一个金身保不全。

由这两首诗足见当时梵净山寺庙被毁之状。经历了清初期延续明代的兴盛之状后，梵净山佛教的命运也随清王朝的命运跌宕起伏，在战火硝烟中历经坎坷。所幸明清两朝，梵净山高僧辈出、徒众云集，且广泛参学、志行高远，颇多文采，梵净山因佛教之缘"人杰地灵"。

五、可望中兴

民国时期，时局动荡，军阀混战，各据一方，梵净山管理松弛，铁瓦被盗、寺产被毁，佛教于此时逐渐衰落。即便有些许文士心念佛法，欲重振梵净山佛堂遗风，于时于世，却是力不从心。此时，谈及梵净山之作甚少，但有周国华于民国七年（1918年）所作的《紫云山偶作》一诗较为典型，其诗如下：

> 天佑斯民灭众凶，凯歌唱到梵王宫。
> 山经野火初生草，竹长新枝渐引风。
> 出地春雷声壮烈，及时霖雨泽流通。
> 佛前稽首无多祝，四境初平稼穑丰。

周国华于民国七年任石阡县知县，民国八年率兵平定本庄野毛渡周老海之乱后，专程赴紫云山福寿寺进香，并赋此诗。可见，民国时期，时局虽乱，但佛教信仰在梵净山区也算有喘息之地，不至灭绝。

战乱不止、时局动荡，使得梵净山佛教在发展中举步维艰、千疮百孔。然而，梵净山境内的珍稀物种资源却成了它的"救命稻草"。科学家们在梵净山内发现了古老珍稀植物物种珙桐、贵州紫薇以及黔金丝猴等，梵净山重又引起外界关注。解放后，政府也积极致力于梵净山科学研究和佛教恢复工作，多次派专家入山考察，组织专人进行文物普查，并于1978年设立贵州梵净山自然保护区。1986年，梵净山被列为国家级重点自然保护区，同年，梵净山加入"世界人与生物圈保护网"。1992年举办"1992观光暨梵净山佛教恢复大典"，盛况空前。这一年，著名书法家、国学大师启功秋季游梵净山时曾著诗一首，名为《题梵净山》，原诗如下：

> 梵呗传三界，潮音净六根。
> 众山眼底小，南国此峰尊。

由此可见，梵净山此时已经恢复佛事，千年佛山重负盛名。近年来，梵净山相继举办了各种佛教文化及自然保护为主题的大小会议及活动，使得梵净山不仅在国内、甚至在国际上也颇负盛名，吸引了海内外大量香客前来朝拜。梵净山成了信众心中的"弥勒道场""梵天净土"。对梵净山佛教文化及自然风景的称颂之作更是随着梵净山旗鼓重振而产量颇丰，随着互联网在人们生活中的普及和渗透，新时代的文学创作也以电子信息的形式丰富着时代的审美需求与沟通，这些诗词文赋也与时俱进地不再拘泥于纸质流通，而是以网络文学的方式方便更多的人了解梵净山这块神奇的土地。以梵净山文艺网为例，网站内收集了大量与梵净山佛教文化相关的作品，文有赵素《和谐梵净》、任平波《梵净山游记》、游来林《三拜弥勒》、张贤春《一日梵净山》等，赋有周静《梵净山夏赋》、刘轩滔《梵净山赋》、李安辉《梵净山赋》等等。现节选马铭清《梵净山赋》开篇以示其诗文之盛茂：

> 梵天何时造净土，佛主何因临圣山？苍天厚爱，誉之名岳之宗；

大地垂青，尊之武陵正源。青峦千层，如天龙游云海；翠峰万座，似罗汉参佛天。溪流纵横，条条绿带携鹤影；飞瀑悬泻，潭潭碧波抚琴弦。悟天机于奇洞，参禅意于危岩。异香阵阵而蝶舞，古木森森而猴攀。梵音渺渺，久飘兰若；佛光熠熠，时现昊天。白云悠悠，千古梦魂绕幽境；香火袅袅，多少往事化云烟？

梵净山佛教始于唐，扩展于宋元，盛于明清，中兴于当代。佛教在梵净山地区的发展，同历史一起，同文化一起，在更替中推陈出新而不变宏旨，跌宕起伏而不致消亡。随着社会经济的发展，禅意的审美格调与回归自然的生活追求成为一种时尚，物质与精神的同步提升，也为文化的发展提供了更坚实的平台。梵净山以其绝妙的自然之美，历经千年的佛性之正，复兴鼎盛指日可待。与此同时，文学视域中的梵净山佛教发展也将在新时代文人学士的传唱中继续谱写新篇章。

参考文献

[1] 贵阳市志编纂委员会.《贵阳市志·宗教志》[M]. 贵阳：贵州人民出版社，1996：74.

[2] 印江县志编纂委员会.《印江县志》[M]. 贵阳：贵州人民出版社，1992：894.

[3] 魏泰.《东轩笔录》[M]. 北京：中华书局，1983：81.

[4] 印江县志编纂委员会.《印江县志》[M]. 贵阳：贵州人民出版社，1992：897.

[5] 松桃县志编纂委员会.《松桃县志》[M]. 贵阳：贵州人民出版社，1996：795.

[6] 政协铜仁地区工作委员会.《中国梵净山佛教文化文物研究》[M]. 贵阳，贵州人民出版社，2011：337.

[7] 龙云清.梵净山佛教宗派探析[J]. 铜仁：铜仁师范高等专科学校学报，2006（7）：22-38.

[8] 贵阳市志编纂委员会.《贵阳市志》[M]. 贵阳，贵州人民出版社，1996：75.

后 记

高校作为知识库和人才库的基地，不仅是培养人才的摇篮，也是孕育新思想、新理论、新知识的重要阵地。近年来，贵州师范大学文学院坚持突出特色、服务地方的办学理念，凝练并形成相对成熟的研究方向。为更好地推动硕博研究生培养，营造良好的学术氛围，学院在首届（2015）硕博学术论文报告会的基础上，举办了第二届硕博学术论文报告会。

为总结硕博研究生科研成果，文学院硕博论文集编委会遴选了涉及文艺学与比较文学、汉语言文字学、中国古代文学、中国现当代文学和语文教育等5个领域的论文26篇，编订《贵州师范大学文学院2016年硕博学术论文报告会论文集》。这是研究生近一年来学术训练的集中反映，也是学校和社会支持的结果，更是学院不断发展的重要动力。

在此次论文集的编纂和出版过程中，得到了易闻晓院长、刘海书记、管新福副院长和史光辉语言研究与文化传播研究生导师工作室的全力支持；王永伦、马若宏、冯加峰等老师，从硕博论坛策划、组织到论文编排和送审，做了许多工作；参加硕博论坛的各位研究生，从论文提送到论文修改，再到校对，始终是认真对待。

为了存真，除了校对个别错别字之外，一字不改。走过来的脚步，回头看看，不足之处难免。奉献于同行及广大读者面前，盼望得到教正。

谢谢为论文集出版付出辛勤劳动的全体师生和出版社的工作人员。

贵州师范大学文学院
二〇一七年九月